中國學術思想 研究輯刊

十一編

林慶彰 主編

第 38 冊

漢代養生思想研究
——以黃老思想爲主題

王 璟 著

花木蘭文化出版社

國家圖書館出版品預行編目資料

漢代養生思想研究——以黃老思想為主題／王璟 著 — 初版
— 新北市：花木蘭文化出版社，2011〔民100〕
目 2+228 面；19×26 公分
（中國學術思想研究輯刊 十一編：第38冊）
ISBN：978-986-254-484-6（精裝）
1.養生 2.黃老治術 3.秦漢哲學

030.8 100000817

ISBN-978-986-254-484-6

中國學術思想研究輯刊
十一編 第三八冊 ISBN：978-986-254-484-6

漢代養生思想研究——以黃老思想為主題

作　　者 王璟
主　　編 林慶彰
總 編 輯 杜潔祥
出　　版 花木蘭文化出版社
發 行 所 花木蘭文化出版社
發 行 人 高小娟
聯絡地址 新北市永和區中正路五九五號七樓之三
　　　　　電話：02-2923-1455／傳眞：02-2923-1452
網　　址 http://www.huamulan.tw 信箱 sut81518@ms59.hinet.net
印　　刷 普羅文化出版廣告事業
封面設計 劉開工作室
初　　版 2011年3月
定　　價 十一編40冊（精裝）新台幣62,000元

漢代養生思想研究
——以黃老思想爲主題

王　璟　著

作者簡介

王璟，臺灣臺北人，國立臺灣師範大學國文研究所碩士、博士。曾任國立成功大學中文系博士後研究員，國立臺北科技大學、國立臺北商業技術學院、國立臺南大學、實踐大學兼任助理教授，現任國立澎湖科技大學通識教育中心專案助理教授，著有學術論文十餘篇。

提　要

　　養生是個既傳統又合時的議題，在中國傳統學術中固有重要地位。先秦至兩漢是中國傳統醫學與養生學奠基的時期，此時雖尚未出現養生專著，但是無論是諸子學說抑或醫家著作，均有養生的相關論述，可見當時對於養生議題的重視。養生思想在秦漢時期的蓬勃發展可從近年來出土的簡帛醫書中再次得到證明。但是，就目前養生學研究的成果顯示，就時代而言，研究者大多將焦點集中在先秦或魏晉以後的發展，對於兩漢時期多存而不論，或是以概論的方式帶過，是故此階段尚存討論空間。就主題而論，以養生為題的研究論著雖然不少，但論者往往將研究主題孤立化，缺乏將養生議題放在歷史時空背景下來處理，基於現今研究概況，本論文擇定以漢代為時代背景，並將焦點集中在當時學術主流——黃老思想。

　　本論文計分六章，第一章為緒論，一方面說明本論文研究動機，以彰顯研究之意義。另一方面檢討前人研究成果，以明本論文之開展空間，並交代本論文所採行之研究方法與論文架構。第二章討論漢代養生思想之淵源——先秦以來的養生思想，本章擬就先秦老莊道家、醫家與神仙派方士三個方向進行鋪論，分別細究它們的生命觀與身體觀。第三章以《淮南子》為主題，就漢代氣化宇宙論的背景著手，逐步探討關於生命的起源、形神關係的建構，與養生之理的開展及施用，以明其時代意義。第四章則針對漢武帝的尊儒，黃老思想由治國轉向治身的時代背景切入，順此探討黃老養生思想在東漢的發展。第五章討論秦漢以來在神仙思潮影響下所發展的養生方技，以藥物服食、導引行氣、房中養生為討論主題。第六章綜合各章所言，提出結論，並探討漢代養生思想的現代意義，最後針對本論文不足處提出未來展望。

第一章　緒　論 ……………………………………… 1
　　第一節　研究動機 ………………………………… 4
　　第二節　前人研究成果述評 ……………………… 5
　　第三節　研究範圍 ………………………………… 8
　　第四節　研究方法與論文架構 …………………… 11
第二章　漢代養生思想之淵源──先秦以來的養
　　　　　生思想 …………………………………… 17
　　第一節　先秦道家生命意識的高揚 …………… 17
　　　一、貴生全生的生命價值觀 ………………… 18
　　　　（一）貴生而不益生 ……………………… 18
　　　　（二）神重於形、養形不足以存生 ……… 21
　　　二、生必有死的自然體認 …………………… 26
　　　　（一）死生同狀的生命歷程 ……………… 26
　　　　（二）全生以盡年的生命安頓 …………… 30
　　第二節　醫藥衛生的進步 ……………………… 32
　　　一、巫醫分流的理性發展 …………………… 33
　　　　（一）巫者對醫學的掌握 ………………… 33
　　　　（二）醫學的獨立發展 …………………… 37
　　　二、《黃帝內經》的養生思想 ……………… 40
　　　　（一）整體全面的養生原則 ……………… 41
　　　　（二）不治已病治未病的預防觀 ………… 46
　　第三節　另類生命觀的刺激 …………………… 49
　　　一、長生不死與神仙的追求 ………………… 50
　　　二、神仙方士的早期探索 …………………… 56
第三章　西漢黃老養生思想──以《淮南子》為核
　　　　　心 ………………………………………… 61
　　第一節　氣化宇宙論下生命的開展 …………… 66
　　　一、道生萬物 ………………………………… 66
　　　二、天人同構、氣類相動 …………………… 73
　　第二節　氣化的身體觀──形、氣、神關係的建構
　　　　　　 ……………………………………… 77
　　　一、精神生於天、形體稟於地 …………… 78
　　　二、形神相倚、神主形從 ………………… 79
　　　三、氣與形、神的關係 …………………… 81
　　第三節　《淮南子》的養生理論 …………… 84
　　　一、形神交養、以神為主 ………………… 84
　　　二、清靜寡欲、適情辭餘 ………………… 88

三、原心返性、自然勿迫 ………………………… 93
第四章 東漢黃老養生思想的發展 ………………… 101
第一節 黃老思想由治國側向治身的歷史轉折 …… 101
一、黃老思想在政治上的失勢 ………………… 101
二、黃老思想後續的發展與轉化 ……………… 104
第二節 《老子河上公章句》的養生思想 ………… 111
一、《老子河上公章句》作者與成書年代 …… 112
（一）《老子河上公章句》的作者討論 … 112
（二）《老子河上公章句》的成書年代 … 114
二、《老子河上公章句》治身重於治國的養生
思想 …………………………………………… 121
（一）因氣立質、愛養精氣 …………… 123
（二）靜以養神、除情去欲 …………… 127
（三）延年益壽、長存久生 …………… 134
第三節 《老子想爾注》的養生思想 ……………… 138
一、黃老道形成的時代氛圍 …………………… 138
二、《老子想爾注》的養生思想 ……………… 141
（一）長生成仙的終極目標 …………… 143
（二）信守道誡、法道不離 …………… 145
（三）清靜養氣、結精自守 …………… 151
（四）行善積德、競行忠孝 …………… 154
**第五章 養生之道與不死之方的交涉——紛呈多姿
的養生方技** ………………………………… 159
第一節 服食與辟穀 ………………………………… 161
一、藥物服食——從尋藥到煉藥 …………… 161
二、辟穀之術 …………………………………… 169
第二節 行氣導引 …………………………………… 174
一、行氣 ………………………………………… 174
二、導引 ………………………………………… 177
第三節 房中保養 …………………………………… 183
第六章 結 語 ……………………………………… 199
第一節 各章總結 …………………………………… 199
第二節 漢代養生思想的現代意義 ………………… 203
一、養生與政治的結合 ………………………… 203
二、養生方技在現實生活的施用 ……………… 204
第三節 未來展望 …………………………………… 208

參考書目 …………………………………………… 211

第一章　緒　論

　　養生自古又稱攝生、衛生，其內涵簡言之，指在依順生命規律的前提下，採取積極的手段來維護、保養生命，以達到保持健康、預防疾病、延年益壽的目的。中國養生學的發展源遠流長，在傳統學術中有著重要地位，現今養生學雖隸屬醫學範疇，但傳統養生思想的形成及發展，與哲學、宗教有著密不可分的關係，也因其多元性格，故展現出獨特的歷史價值。養生行為最早起源於何時已難確考，應是由人類自發的求生本能逐漸發展而成。上古先民面對惡劣的生存環境與外來災禍的侵害，在各式生存危機的威脅下，如何維繫生命成為第一要事，從文獻的記載不難想見先民與自然搏鬥的艱苦歷程：

> 古者禽獸多而人少，於是民皆巢居以避之，晝拾橡栗，暮栖木上。
> 〔註1〕（《莊子‧盜跖》）

> 上古之世，人民少而禽獸眾，人民不勝禽獸蟲蛇，……民食果蓏蚌蛤，腥臊惡臭，而傷害腹胃，民多疾病。有聖人作，鑽燧取火，以化腥臊，而民悅之，使王天下，號之曰燧人氏。〔註2〕（《韓非子‧五蠹》）

> 古者，民茹草飲水，采樹木之實，食蠃蚌之肉，時多疾病毒傷之害。
> 〔註3〕（《淮南子‧修務》）

可見早期人類面臨野獸攻擊逼迫而避居樹上洞穴；因不懂用火，在飲食上過

〔註1〕　參見郭慶藩：《莊子集釋》（台北：河洛圖書出版社，1974 年 3 月），頁 994。
　　　　本章所引之《莊子》原文，皆以此本為據，以下僅注篇名，不再另注版本出處。
〔註2〕　參見陳奇猷：《韓非子集釋》（台北：華正書局，1982 年 8 月），頁 1040。
〔註3〕　參見劉文典：《淮南鴻烈集解》（北京：中華書局，1989 年 5 月），頁 629。

著生食果蓏蚌蛤，茹毛飲血的生活，加上寒暑欺凌、疾病肆虐與天災的橫臨，此時維持生命是首要之務，還談不上養生與長壽。不過，不同於動物僅能以天賦本能與自然抗衡，人類不僅能適應自然環境，更具有改變環境的能力，先民在探索自然環境的過程中，不斷尋求更爲適宜的生活方式，隨著火的發明使用，人類的發展邁向嶄新里程，除了利用火來取暖與熟食，也發展出簡單的醫療行爲（如灸、熨等），在衛生保健上對維護人類健康有著重大意義。先民在生活實踐與經驗積累中，漸漸能掌握自然規律，進而有意識地展開趨利避害的活動，如史籍所載：

> 往古之人居禽獸之間，動作以避寒，陰居以避暑。〔註4〕（《黃帝內經・素問・移精變氣論》）

> 昔陶唐氏之始，陰多滯伏而湛積，水道壅塞，不行其原，民氣鬱閼而滯者，筋骨瑟縮不達，故作爲舞以宣導之。〔註5〕（《呂氏春秋・古樂》）

> 神農……嚐百草之滋味，水泉之甘苦，全民之所避就。當此之時，一日而遇七十毒，由此醫方興焉。（《淮南子・修務》）

無論是「動作以避寒，陰居以避暑」、「作舞以宣導」、「全民之所避就」，都是先民對抗嚴峻的外在環境所探索出的適應之道，這應該是養生行爲的萌芽。到了周代，人文精神發揚，健康長壽的觀念更爲時人所重視，對於生命長生健康的祈求表現得益加明確，《尚書・周書・洪範》說：

> 五福：一曰壽，二曰富，三曰康寧，四曰攸好德，五曰考終命。六極：一曰凶短折，二曰疾，三曰憂，四曰貧，五曰惡，六曰弱。〔註6〕

此時已將長壽、康寧、考終命列爲「五福」的首要內容，以作爲人生幸福的指標，短折、早夭、疾病則爲極惡之首。可見當時人們對於幸福的定義並非物質慾望的滿足，而是生命的健康與長壽。此外，金文銘文中常見「眉壽永

〔註4〕 參見王冰：《黃帝內經素問》（北京：人民衛生出版社，2002年12月），頁82。本章所引之《素問》原文，皆以此本爲據，以下僅注篇名，不再另注版本出處。

〔註5〕 參見陳奇猷校釋：《呂氏春秋校釋》（台北：華正書局，1985年8月），頁284。本章所引之《呂氏春秋》原文，皆以此本爲據，以下僅注篇名，不再另注版本出處。

〔註6〕 《尚書正義》：「五福者，謂人蒙福祐有五事也。一曰壽年得長也。二曰富，家豐財貨也。三曰康寧，無疾病也，四曰攸好德，性所好者美德也。五曰考終命，成終長短之命不橫夭也。」（參見孔安國傳、孔穎達正義：《尚書正義》（阮刻本）（台北：藝文印書館，1989年1月），頁178～179。

年」、「眉壽無疆」、「萬年眉壽」之語，在《詩經》裡更是屢屢出現，諸如「為
此春酒，以介眉壽」（〈豳風‧七月〉）、「餒我眉壽、黃耇無疆」（〈周頌‧雝〉）、
（〈商頌‧烈祖〉）、「報以介福，萬壽無疆」（〈小雅‧甫田之什〉）、「如南山之
壽，不騫不崩」（〈小雅‧天保〉）、「遐不眉壽」、「遐不黃耇」（〈小雅‧南山有
台〉）等頌讚長生的祝辭，「眉壽」、「黃耇」、「鮐背」都是老者的體態特徵，
這些祝辭充分反映當時人們渴盼長壽的願望。不過《詩經》中對生命長續永
駐的追求，除了向祖考禱請之外，尚未發展出更積極的養生方法，這應該跟
當時生命觀念有關。杜正勝對於早期生命觀念的發展有著如下的論述：

> 不論眉壽黃耇或齯齒鮐背，雖曰壽徵（《毛詩》鄭玄《箋》），其實
> 都是老態。當頌壽祝嘏使用這類語彙時，我們知道他們都是承認
> 凡人必老，老則必衰，衰則必死的，而且也可以肯定還不敢奢望
> 卻老延年、輕身童顏和青春永駐，當然也不可能有後世養生家發
> 展出來的養生文化。不過後世養生思想在春秋時期已漸萌芽，今
> 存銅器祝嘏銘文有少數出現「難老」「毋死」和「永保其身」的文
> 句，顯示比「眉壽黃耇」更高的期待。就思想或文化而言，這是
> 一項極大的轉變。〔註7〕

根據杜氏的分析，大概至春秋晚期「新的生命觀念也開始誕生。人們相信盡力
於人事可以求得長生，不必非聽命於鬼神不可。人們相信經過努力，可以主宰
自己的生命，突破先天的生理限度，於是各種養生文化紛紛形成。」〔註8〕誠
如杜氏所言，自春秋晚期至戰國之際，由於諸子百家競出，此時人們對於自身
能力表現出前所未有的自覺，因此對於生命的思考成為諸子學說探討的焦點，
他們均體認到生命具有時效性的存在，死亡為人生必然之歸宿，也因為人的生
命之有限性與唯一性，對於生命的珍視成為諸子的普遍共識。面對死亡與日俱
增的威脅，這一危機意識促使人們更積極尋求如何延緩生命邁向終點的方法，
當養生由最初的動物本能逐漸發展為自覺行為，養生理論也應運而生。

　　先秦至兩漢是中國傳統醫學與養生學奠基時期，此時雖尚未出現養生學
之專著，但無論是諸子學說抑或醫家著作，皆有為數不少相關論述，《莊子‧
達生》記載田開之的老師祝腎專門學「生」，即習養生之術，該篇還記載周威

〔註7〕　參見杜正勝：《從眉壽到長生——醫療文化與中國古代生命觀》（台北：三民
　　　　書局，2005年4月），頁237。

〔註8〕　參見杜正勝：《從眉壽到長生——醫療文化與中國古代生命觀》，頁303。

公對於此道頗爲好奇，希望藉田開之一窺祝腎所學之究竟。《呂氏春秋‧重己》也說：「世之人主貴人，無賢不肖，莫不欲長生久視。」反映出當時人們對此道的熱衷。《黃帝內經‧素問‧上古天眞論》亦有：「上古之人，其知道者，法於陰陽，合於術數，食飮有節，起居有常，不妄作勞，故能形與神俱，而盡終其天年，度百歲乃去。」明白揭示出，人只要能掌握住養生之道，則可達到健康長壽，盡終其天年的理想。哲人與醫者從不同立場闡述了養生理論與方法，豐富了養生學的內容。

養生思想在秦漢時期蓬勃發展的景況，還可從近年來陸續出土的簡帛醫書中得到應證，其中尤以一九七三年湖南長沙馬王堆三號漢墓所出土的大批簡帛爲最，這批帛書中包括十餘種醫學著作，相關文獻諸如《養生方》、《卻穀食氣》、《導引圖》、《十問》、《合陰陽》、《天下至道談》等，其內容主要包括行氣、導引、服食、房中四大類，這些失傳已久的著作，不僅塡補了學術空白，也讓我們一窺先秦漢初養生學發展的實際情形，更加證明了養生議題在此時所獲得的重視。

第一節　研究動機

時至今日，養生更是潮流所至，如何延緩人類衰老，延長壽命，可說是全體人類的共同願望，養生實爲一既傳統又合時，且極具研究價值的議題。但是，據目前養生學研究的成果顯示，就時代而言，研究者大多將焦點集中在先秦或是魏晉以後的發展，兩漢時期較少爲人探討，不是避而不論，就是以概論的方式帶過。然而，漢代在養生思想的發展進程中，有著承上啓下的重要地位，是故此階段尚存討論的空間。

再者就主題而論，以養生爲題的研究論著雖不少，但論者往往將研究對象與主題孤立化，缺乏將養生議題放在廣袤的歷史時空下來處理。誠如馮友蘭先生所言：「一個事物的發展總不是孤立的，它必然受到它的周圍事物的影響或制約，而反過來也影響或制約其周圍的事物。」〔註9〕況且一個學說思想內容，著實反映著時代問題。是故對於養生的討論亦不宜僅著重技術層面，而忽略思想發展史上的整體性。基於上述兩點，本論文擇定以漢代爲時代背

〔註9〕　參見馮友蘭：《中國哲學史新編》（第一冊）（台北：藍燈文化事業股份有限公司，1991 年 12 月），頁36。

景，並以當時學術主流——黃老思想爲討論核心。

第二節　前人研究成果述評

本節主要就前人研究成果予以檢討，分爲專書與學位論文兩部分論，藉此呈顯當今學界研究概況，以明本論文可再發揮的空間。

一、專書部分

目前以養生爲題的論著雖頗爲豐富，但絕大多數爲概論性的論述，或僅爲單篇之個案，不過以下兩本專著頗值得參考：

1. 杜正勝《從眉壽到長生——醫療文化與中國古代生命觀》

按照作者的說法，該書的主體部分主要乃「形神」、「祝禱」、「威儀」、「養生」四篇，係根據〈形體、精氣與魂魄——中國傳統對『人』認識的形成〉與〈從眉壽到長生——中國古代生命觀念的轉變〉兩篇長文重新組合而成。本書主要以古代生命觀爲主軸，自殷商西周起分爲三個階段討論。首先自商周起，當時長命的欲望大抵託之於禱請，禱請的對象主要是祖考而非天神。此爲古代生命觀的第一階段。此階段還可細分爲前後兩期，西周前期以前，封建貴族關注生命延續，多著重於宗族群體的生命；中期以後，個人的意識才漸覺醒，在祈求宗族生命綿延之外，再加上個人壽考。第二階段是天帝和天神取代祖先，成爲人生命的來源與主宰。第三階段大約在春秋晚期，此時人們相信盡力於人事可以求得長生，不必非聽天命或鬼神不可，認爲人可以經過努力來主宰自己生命，於是各種養生文化紛紛形成。該書對於古代生命觀的演變與發展，討論極爲細緻，有助於我們了解古人對待生命的態度與養生文化興起的時間點。不過，書中對於戰國以來養生技藝的討論，僅限於行氣與導引，至於房中與藥餌，則存而不論。又作者提及長生之上爲神仙，屬於生命觀另一層次的課題，作者擬留待日後另行論述，因此這兩部分尚有發揮的空間。

2. 郝勤《中國古代養生文化》〔註10〕

本書共分十三個章節，雖以概論的方式介紹傳統養生思想，但對於討論養生思想不可忽略的幾個主題，諸如神仙家與方士、道家思想、傳統醫學與

〔註10〕參見郝勤：《中國古代養生文化》（四川：巴蜀書社，1989 年 12 月）

導引房中、飲饌服食、四時調攝等均有涉及，雖稍嫌粗疏籠統，但對於掌握傳統養生思想發展的概況，仍有相當的助益，具有一定的參考價值。

二、學位論文

就台灣地區學位論文目前以「養生」爲主題的計有：(依時間先後劃分)

1. 先秦時期：

1	盧建潤	《莊子養生思想研究》	私立輔仁大學哲學研究所碩士論文	1996 年 6 月
2	李介偉	《呂氏春秋貴生思想研究》	國立政治大學哲學研究所碩士論文	1996 年 6 月
3	謝慧芬	《先秦養生思想》	國立中山大學中國文學研究所碩士論文	2000 年 6 月
4	黃憶佳	《由〈養生主〉看莊子的養生觀》	私立輔仁大學中國文學研究所碩士論文	2002 年 6 月
5	張芸芸	《《呂氏春秋》的養生思想研究》	私立玄奘大學中國文學研究所碩士論文	2004 年 7 月
6	胡倩茹	《孔孟荀之養生論及其比較》	國立中正大學中國文學研究所博士論文	2004 年 7 月

2. 秦漢時期：

1	董家榮	《《黃帝內經》養生思想研究》	國立臺灣師範大學國文研究所碩士論文	2002 年 6 月
2	呂綉枝	《先秦道家與《黃帝內經》兩者相關養生思想之研究》	私立中國醫藥學院研究所碩士論文	2002 年 7 月
3	羅金發	《《黃帝內經》養生思想初探》	私立南華大學哲學研究所碩士論文	2004 年 12 月

3. 魏晉時期：

1	金仁壽	《稽康養生思想之研究》	私立中國文化大學哲學研究所碩士論文	1996 年 6 月
2	王玉娟	《稽康及其〈養生論〉研究》	私立華梵大學東方人文思想研究所碩士論文	2002 年 6 月
3	楊　旋	《稽康之養生論與樂論研究》	私立東海大學中國文學研究所碩士論文	2003 年 6 月

4	丁婉莉	《葛洪養生思想研究》	國立高雄師範大學國文研究所碩士論文	2004 年 1 月
5	郭璟瑩	《魏晉名士養生思想研究——以養生成仙思想為中心》	國立臺灣大學中文研究所碩士論文	2004 年 6 月
6	陳昭銘	《魏晉養生思想研究》	國立高雄師範大學國文研究所博士論文	2006 年 7 月

上述研究成果顯示，目前以養生思想為題的學位論文，絕大多數均將焦點集中在專人或專書上的討論，又討論的時代無一以漢代為主題。其中較為可觀者有：

1. 郭璟瑩《魏晉名士養生思想研究——以養生成仙思想為中心》

本論文主要以「養生成仙」作為研究魏晉養生思想的核心，關於養生與成仙思想的遠源，在一章之內，即從上古巫醫方術、戰國以來道家、黃老、陰陽諸家思想一路討論到被作者視為養生成仙理論肇始的《周易參同契》，大致勾勒出養生成仙思想的發展進程。由於作者受過傳統醫學的訓練，在上古巫醫方術部分，探討頗為深入，極具參考價值。然而或許囿於篇幅設限，以致對於其他部分無法有更進一步的討論。又該論文既以「養生成仙」為討論核心，但文中對於「神」、「仙」的原始意義及發展演變卻隻字未提。在論文第二部分「黃老學派衍生的養生與神仙思想」裡，對於黃老思想如何與神仙信仰相結合的背景與原因，僅以「思想成分複雜」、「不擬多所牽附」交代。然而欲討論黃老養生思想與神仙思想的關係，其合流之歷史背景實不容被忽略。此外，整節僅以《管子》與《淮南子》為討論核心，在選材上略顯不足。

2. 陳昭銘《魏晉養生思想研究》

本論文對魏晉以前的養生思想，無論是儒、道、黃老道家、道教均有涉及，總共處理孔、孟、荀、老、莊、《呂氏春秋》、《淮南子》、《老子河上公章句》、《太平經》、《老子想爾注》計十一個部分，取材之廣，可見作者的企圖心。不過也因討論範圍牽涉過於寬泛，以致於內容多流於概論式的敘述與資料的呈現，是較為可惜之處。文中也未交代為何選擇這些典籍為討論對象？以及在養生思想發史上有何意義？又它們彼此在養生思想發展進程上有何關係？另外，作者將《淮南子》視為「開啟黃老養生術與神仙方術結合的進程」，並將《老子河上公章句》全然視為道教養生思想的代表，這些論點皆有待商榷，值得我們重新檢討與思考。

第三節　研究範圍

　　基於現今研究情況，本論文擇定以漢代爲時代背景，並將焦點集中在當時學術主流——黃老思想。「黃老」作爲一個學術名稱，其時間點在西漢初年。根據文獻的記載，在先秦黃帝與老子都是單獨被提到，此時尙未有「黃老」這個名詞，黃、老並稱或連稱，乃出自漢人之手。《史記》提到的「申子之學，本於黃老而主刑名」（〈老莊申韓列傳〉），及愼到、田駢、接子、環淵「皆學黃老道德之術」（〈孟荀列傳〉），可知「黃老」作爲一種學術派別，至晚在申子、愼到所處的年代（約戰國中期）就已產生。根據史籍記載可知，黃老思想自戰國中期盛行於齊國稷下學宮，在西漢初年政治上施用成功，爲大漢帝國奠下穩定的治政基石。黃老思想乃戰國至秦漢間道家一系的學術思潮，其內容基本面貌可從司馬談〈論六家要旨〉中一窺究竟：〔註11〕

> 道家使人精神專一，動合無形，贍足萬物。其爲術也，因陰陽之大順，採儒墨之善，撮名法之要，與時遷移，應物變化，立俗施事，無所不宜，指約而易操，事少而功多……形神騷動，欲與天地久長，非所聞也。……凡人所生者神也，所託者形也，神大用則竭，形大勞則敝，形神離則死，死者不可復生，亡者不可復返，故聖人重之。由是觀之，神者生之本也，形者生之具也，不先定其神，而曰我有以治天下，何由哉？〔註12〕

以元氣化生萬物的宇宙論爲基點，本著天人合一的立場，由天道推衍人事，暢論治國與治身一體之道，是黃老思想的基本主張。西漢前期黃老思想的主題，偏重在君人南面之術，其治身養生內容雖不似治國之術突出，但卻是君

〔註11〕　丁原明認爲司馬談〈論六家要旨〉的論述，可以作爲界定「黃老學」的標準。據此可將黃老學的特色區分爲三大點：「一是"道"論（"氣化論"或規律論），二是虛無爲本、因循爲用的"無爲論"，三是在對待百家之學上"采儒墨之善，撮名法之要"。其中心是圍繞著道與治國、治身的問題而展開的。前者是後者的究竟，後者（治國和治身）是前者（"道"）的邏輯展延，"黃老學"關注的就是道與治國、治身怎樣協調一致的問題。這也就是"黃老學"的理論建構。據此，我們認爲"黃老學"就是在老莊原始道家之外所興起的以"道"爲究竟，而兼取百家之學的治國、治身學說。判斷某人某著作是否屬於"黃老學"，或在某人某著作中是否有黃老思想，只能以此爲據。」（參見氏著：《黃老學論綱》（濟南：山東大學出版社，1997年12月），頁3～4。）

〔註12〕　參見司馬遷：《史記》（北京：中華書局，1982年11月），頁3289。本章所引之《史記》原文，皆以此本爲據，以下僅注篇名，不再另注版本出處。

主邦興國治的基礎，誠如〈論六家要旨〉所言：「神者生之本也，形者生之具也，不先定其神，而日我有以治天下，何由哉？」自戰國起《管子》、《呂氏春秋》等著作中，均有不少相關論述，《呂氏春秋・審分》更明確提出「凡治身與治國一理之術」的觀點。至西漢，第一部推闡黃老道家思想的《淮南子》，書中豐贍的養生理論大抵遵循老莊清靜寡欲、自然無為的原則，卻又不同程度轉化了老莊思想，發展至此黃老理論已推闡至高峰，誠如陳麗桂先生對《淮南子》的評價：

> 可以說，舉凡黃老學說的幾個重要論題，諸如：道、精氣、虛靜、因循、時變、刑名等，或得到徹底的推闡，或得到空前的綜合，或有了相當的轉化，呈現了前所未有的詳備內容與完整體系……因此，《淮南子》裡這些方面的思想理論，不但是戰國以來這一系列理論的終結者、集大成者，也可視為西漢黃老治術的理論記錄。〔註13〕

因此本論文在處理西漢時期擇定以《淮南子》為主題，來探討此時黃老養生思想的發展。在武帝採董仲舒之議，將儒學定於一尊後，促使黃老思想黯然退出政治舞台，雖然其君人南面之術不再流行，但原本修身養生思想更為彰顯。此時黃老思想逐漸將主力轉移至養生領域，加上武帝沈迷於神仙方士之說，其後幾位帝王亦好此道，可以說整個漢代社會都籠罩在追求長生成仙的氛圍裡。黃老思想和神仙方術各自因應現實需要，各取所需的互相靠攏，兩者合流所激盪出的火花，給予養生思想十分有利的發展空間，促成東漢養生之風熾盛，到了東漢更成為養生學的代名詞，無論是公卿貴族，或是文人隱士，對於修身養生的議題皆投入不少關注。其中，《老子河上公章句》即是反映兩漢之際黃老學轉變的代表性著作。不過，由於該書的成書年代歷來備存爭議，至今尚未有定論，因此該書作者與成書時代亦是本論文欲討論的重點，在董理檢討前賢研究成果的基礎上，以期能給予該書恰當的時代定位。

自東漢中期後，黃老之學與神仙思想進一步發展，逐漸轉往宗教的道路邁進，東漢末期，道家神學化的傾向加劇，以宗教神學立場來注解《老子》的《老子想爾注》，象徵道家思想向道教轉化的一個鮮明標誌，該書從宗教立場立論養生，認為養生不僅可以延壽，更可藉此成仙。書中力倡學「生」之可貴，屢屢以「生」來解「道」，養生境界已被無限擴張至生命不死，其濃郁

〔註13〕參見陳麗桂先生：《秦漢時期的黃老思想》（台北：文津出版社，1997年2月），頁3～4。

的宗教使命反映出黃老養生想的重大轉化，更體現自先秦以來道家生命觀念的改變。必須說明的是，漢代另一部注解《老子》的論著——《老子指歸》，之所以未在本論文主要討論範圍的原因，誠如陳麗桂先生對於《老子指歸》的評價：

> 整部《指歸》因此充滿了對「道」的質性、內容和如何契「道」，玄虛繁複的鋪敘。這便使他的理論呈現出有似莊子「心齋坐忘」的氣質，而不大關切氣、形、神之間的關連與調養問題。因使《指歸》在後期道家的養生論中沒有太多可觀的理論與貢獻，反倒是開啟了魏晉之學的玄虛之門。〔註14〕

不過，《老子指歸》書中亦有養生議題的探討，故該書雖未以專門章節來討論，但仍列爲重要參考資料。本論文主要針對《淮南子》、《老子河上公章句》與《老子想爾注》這三本著作爲討論對象，藉此呈現黃老養生思想的發展與轉化。又本文雖以黃老道家思想爲主軸，但是對於先秦以來養生思想發展之時代背景必須有一交代。首先，先秦老莊道家對於養生可謂最有心得，其重生的生命觀及養生理論可說是黃老道家、道教乃至傳統醫學共同的源頭，因此首先就先秦道家進行討論。

　　再者，醫學的發展對於促進人體健康的維護，有著積極的意義。作爲目前最早一部醫學專著，被歷代醫家奉爲圭臬的《黃帝內經》，它的出現象徵醫學已由經驗的積累，發展到系統理論的確立，該書將當時零散、欠缺組織的養生理論予以綜合，並將養生納入醫學體系，書中豐贍的養生論述對於養生學的發展有著促進作用，更是了解秦漢養生思想不可忽略的重要資料。〔註15〕

　　此外，先秦至漢，神仙思潮大興，在當時成爲一股強烈的社會意識，在東漢與黃老思想合流，促成黃老思想的重大轉變，神仙思想更是道教重要的思想理論淵源。神仙一類在《漢書・藝文志》與醫經、經方、房中並列，均

〔註14〕 參見陳麗桂先生：〈道家養生觀在漢代的演變與轉化——以《淮南子》、《老子指歸》、《老子河上公章句》、《老子想爾注》爲核心〉，《國文學報》（國立臺灣師範大學國文學系），第39期，2006年6月，頁52。

〔註15〕 《黃帝內經》在傳統醫學上的地位及其研究價值誠如學者的評價：「《內經》之所以被歷代醫家奉爲經典，是因爲它不僅包含豐富而科學的理論、防治疾病的重要原則與技術，同時還從宏觀的角度論證了天、地、人之間的相互關係，並且運用古代多科學理論與方法，討論和分析了醫學科學最基本的課題——生命規律，從而建立起中醫學的理論體系。」（參見王洪圖主編：《黃帝內經研究大成》（上冊）（北京：北京出版社，1997年1月），頁1。）

被歸屬方技一派，雖然絕大部分的著錄多散佚殆盡，已難窺全豹，但從殘佚或出土的篇卷不難想像當時這些「生生之具」（藝文志・方技略）發展的盛況。且這些著作不少託名黃帝、容成等上古帝王名臣，〔註16〕與黃老學關係可見一斑，尤其是近年出土的馬王堆醫藥養生專書，與張家山的《引書》等簡帛文獻的出土，更印證了漢代發達的醫藥養生學，深受黃老思想影響的事實，誠如陳松長所言：

> 馬王堆漢墓醫書，包括《導引圖》、《卻穀食氣篇》、《養生方》、《五十二病方》等，與《老子》、《黃帝四經》、《周易》等放在一起，這不是偶然的。它應該是與道家學說密切相關的一部分內容，或者說，本來就是西漢道家學說中的養生術。〔註17〕

這些養生方技展現出秦漢以來養生技術的真實面貌，與諸子哲學理論相互輝映，故此部分亦在討論之列。以二重證據法從事學術研究已為主流，本論文將援引相關之出土文獻為佐證，以充實研究基礎。

第四節　研究方法與論文架構

在詮釋的過程中如何忠實呈現文本，合理詮釋作者或作品之思想意蘊，是研究者必然要遇到的難題，袁保新所提出的詮釋之法，或許可為參考，其說以為：

1. 一項合理的詮釋，其詮釋本身必須在邏輯上是一致的。
2. 一項合理的詮釋必須能夠還原於原典，取得文獻的印證與支持；其詮釋觀點籠罩的文獻愈廣，則詮釋就愈能成功。
3. 一項合理的詮釋應該盡可能運用經典本身無疑義的文獻，來解釋有疑義的章句，用清楚的觀念來解釋不清楚的觀念。

〔註16〕《漢書・藝文志》託名黃帝、黃帝臣的書目就〈方技略〉裡計有：1. 醫經類：《黃帝內經》十八卷、《外經》三十七卷。2. 經方類：《泰始黃帝扁鵲俞拊方》二十三卷、《神農黃帝食禁》七卷。3. 房中類：《容成陰道》二十六卷、《天老雜子陰道》二十五卷、《黃帝三王養陽方》二十卷。4. 神仙類：《黃帝雜子步引》十二卷、《黃帝岐伯按摩》十卷、《黃帝雜子芝菌》十八卷、《黃帝雜子十九家方》二十一卷。
〔註17〕陳松長從而將馬王堆簡帛定位為「西漢黃老學派的資料匯編」詳文參見氏著：〈馬王堆漢墓帛書的道家傾向〉收錄於陳鼓應主編《道家文化研究》（第三輯）（台北：文史哲出版社，2000年8月），頁415。）

4. 一項合理的詮釋應該將經典本身視爲在思想上一致和諧的整體，避免將詮釋對象導入自相矛盾的立場。

5. 一項合理的詮釋必須一方面將詮釋主題置於它們隸屬的特定的時代與文化背景來了解，另一方面也要能夠抽繹出它不受時空拘限的思想觀念，而且儘可能用現代語言與哲學經驗傳遞給讀者。

6. 一項合理的詮釋對其詮釋方法與原則應有充分的認識，並願意透過其他詮釋系統的對比，調整修正其方法與原則。〔註18〕

就上述六項詮釋方法而言，首先本論文在處理《老子河上公章句》的成書年代及其養生內容時所秉持的原則，正是袁氏所強調的「必須要能夠還原於原典，取得文獻的印證與支持」、「盡可能運用經典本身無疑義的文獻，來解釋有疑義的章句」。雖然在學術研究上，二手資料的參考與應用，可以幫助我們快速掌握文獻大旨與研究概況，亦可避免流於閉門造車之弊，但是要能將原思想家或原典的義理盡可能原汁原味的呈現，最根本的作法仍是回歸原典，讓原典來說話。因此，面對《老子河上公章句》成書年代的眾說紛紜，及該書究竟有無得道成仙思想之爭議，本論文盡可能還原於原典，以取得文獻的印證與支持，以期給予該書恰當的評斷。

再者，在詮釋的進路上「要能將詮釋主題置於它們隸屬的特定時空與文化背景來了解」，這正是本論文在選題上的主要考量，有鑑於目前研究成果多將主題侷限於就書論書的範圍，或僅從技術層面上探討養生，缺乏思想發展史上的整體洞見，故筆著嘗試將時代背景設定在漢代，並循著黃老思想發展與轉化的歷史脈絡，來探討黃老思想的一大主題——養生。畢竟，經典或思想乃歷史性的產物，在一定程度上反映了特定時空背景下人們的某種追求，離開歷史背景的研究是片面且狹隘的，因此學術研究必須與歷史背景聯繫考察，才能彰顯出該思想特殊的歷史價值及時代定位。不過，在注重歷史的前提下，「另一方面也要能夠抽繹出它不受時空拘限的思想觀念」，如何從歷史性開拓出現代性，使學說煥發出超越時空的光彩，也是本論文努力的目標。

相較於袁氏所論，傅偉勳則側重於詮釋之「創造性」，提出了創造詮釋學方法（Creative Hermeneutics），其應用「層面分析法」分爲五項辯證層次：

〔註18〕 參見袁保新：《老子哲學之詮釋與重建》（台北：文津出版社，1991 年 9 月），頁 77。

〔註 19〕

1. 實謂層次——主要探問「原作者（或原典）實際上說了什麼？」基本上關涉到原典校勘、版本考證與比較等校讎學課題。

2. 意謂層次——探索「原思想家想要表達什麼？他所表達的究竟是什麼？」主要透過語意澄清、脈絡分析與時代背景考察，藉此詮釋原典或思想家之意向。

3. 蘊謂層次——詮釋者必須繼續探問：「原思想家或原典（本來）應當表達什麼？」或「創造的詮釋學家為思想家或原典應當如何重新表達，以便講活原來的思想？」此一層次關涉到思想史的理路發展，主要以歷史上的發展變化為考察主題。藉此以窺原典或原思想家之理論學說的可能意蘊。

4. 當謂層次——此一層次主要為檢視「原思想家本來應當說些什麼？」或「創造的詮釋學者當為原思想家說出什麼？」詮釋學者所側重者，為批判性的比較考察，設法在原思想家的表層結構中挖掘其深層結構。

5. 創謂層次——此層次預期從批判的繼承者轉變成為創造的發展者，以期為原思想家完成他所「未能完成」之創造性思維課題，為完成此一詮釋學的終極課題，必須從事於中外各大思想家及其傳統之相互對談與交流，進而培養出能為原有思想及其歷史傳統「繼往開來」的創新力量。

按照傅氏所言，詮釋過程中不僅在追求合理，如何批判地超越原思想家的侷限，為其解決未能完成的思想課題才是詮釋之最終目的，然「當謂」、「創謂」層次非本論文力能所及，故本論文所論主要以「實謂」、「意謂」、「蘊謂」層次為主。

　　除了上述詮釋方法外，另根據王開府先生〈思想研究法綜論——以中國哲學為例〉一文所示，〔註 20〕在綜合整理目前學界所累積之諸多研究方法，

〔註19〕傅氏「創造性的詮釋學」最早於〈創造的詮釋學及其應用——中國哲學方法論建構試論之一〉一文中所提出，收錄於《從創造的詮釋學到大乘佛學》（台北：東大圖書股份有限公司，1990 年 7 月），1991 年 12 月。作者採納霍韜晦教授之建議，把最高一層的「必謂」，改為「創謂」一辭，認為這樣更能表達於此層次，創造的詮釋學最後轉化而為創造性思維的理趣。（詳說參見氏著：《學問的生命與生命的學問》（台北：正中書局，1994 年 1 月），頁 220～247。）

〔註20〕參見王開府先生：〈思想研究法綜論——以中國哲學為例〉，《國文學報》，第 27 期，1998 年 6 月，頁 168～182。

將其歸納爲：「發生研究法」、「解析研究法」、「系統研究法」、「比較研究法」與「實踐研究法」。本論文採循之研究方法，有發生研究法、解析研究法與系統研究法。所謂的「發生研究法」，根據勞思光的定義：「即著眼於一個哲學的思想如何一點點發展變化，而依觀念的發生程序作一種敘述。」〔註21〕本論文以養生思想爲研究對象，自當將討論焦點放置於養生思想的發生與發展。而「解析研究法」按勞氏說法，爲「解析以往哲學家所用的詞語及論證的確切意義」〔註22〕去做一些客觀的分析，主要透過個別哲學概念、命題的考察，獲得精確的理解，以作爲理解更大範圍思想的穩固基礎。王開府先生特別強調，對於這些個別概念、命題的解析，不能只用訓詁的方法，去做字義的解釋或文法上的分析，必須以哲學性思考進行分析，才能做出較爲精準的詮釋。故本論文將以哲學角度針對與論題相關的個別概念，如：「形」、「神」、「神」、「仙」、「黃老思想」、「黃老道」等進行分析。而解析研究法重在「分析」；系統研究法則重在「整合」，在分析各個概念之哲學意涵之外，尚須注意它們彼此間的關連與整合，藉此才可建立一完整之思想體系。

　　根據上述的研究範圍與詮釋方法，本論文定名爲漢代養生思想研究，以漢代黃老思想爲主題。本論文計分六章進行，略述各章梗概如下：第一章爲緒論，一方面說明本論文研究動機，以彰顯本研究之意義。另一方面呈現並檢討前人研究成果，以明本論文之開展空間，並交代本論文所採行之研究方法與論文架構。第二章則討論漢代養生思想之淵源——先秦以來的養生思想，本章擬就先秦老莊道家、醫家與神仙派方士三個方向進行鋪論，分別細究它們的生命觀與身體觀。第三章專以《淮南子》爲主題，就漢代氣化宇宙論的背景著手，逐步探討關於生命的起源、形神關係的建構，與養生之理的開展及施用，以明其時代意義。第四章則針對漢武帝的尊儒，黃老思想由治國轉向治身的時代背景切入，順此探討黃老養生思想在東漢的發展。並以《老子河上公章句》與《老子想爾注》兩書爲討論焦點，藉此呈顯出黃老養生思想在漢代的演化及轉變。不過由於《老子河上公章句》的成書年代歷來備存爭議，至今尚未有定論，故在探討其養生思想之前，首先討論該書的作者與成書年代，並論證將其定位於西漢中後期至東漢中前期的理由。第五章討論秦漢以來在神仙思潮影響下所發展的養生方技，以藥物服食、導引行氣、房中養生爲討論主題。第六章綜合各章

〔註21〕 參見勞思光：《新編中國哲學史》（台北：三民書局，1997年10月），頁 10～11。
〔註22〕 參見勞思光：《新編中國哲學史》，頁 10～11。

所言，提出本文結論。

　　進入正文前的說明：

　　1、本論文所引用之古籍，僅於各章首次引用時詳細註明所使用的版本、
　　　　出版地、出版日期與頁碼，餘則僅注篇名，不再另注版本出處。

　　2、本論文所引現代研究論著，僅於各章首次引用時詳明其出版地、出版
　　　　年月（以西曆爲準）及頁碼，餘則僅注（書名）篇名與頁碼。

第二章　漢代養生思想之淵源
——先秦以來的養生思想

　　自先秦起，隨著人類生命意識的覺醒，對於生命的態度更爲積極，逐漸從本能維繫生命的「求生」，演變爲提高生命層次的「養生」。本章擬探討先秦以來養生思想發展之背景。

第一節　先秦道家生命意識的高揚

　　要講養生，必先確立生命的價值，對生命的珍視是各家學派的共識，身爲九流十家代表的儒道，對生命的思考特爲清醒。就儒家而言，孔、孟認爲人的生命之所以值得珍貴，是因爲具有道德善性，因此儒家重生的生命觀，是以倫理道德爲前提，當生命與道德仁義相衝突時，生命可容犧牲。此外，儒家認爲生理生命雖然有限，但道德生命卻可超越時空而永存，而道德生命之不朽立基於現世的道德實踐。〔註1〕是故儒家的生命觀，將焦點凝聚在道德的實踐，以道德的圓成作爲有限人生的主要任務，甚至認爲「朝聞道，夕死可矣！」（《論語・里仁》）也因儒家將生命安頓在道德心性的存養與顯揚，這種以道德人事爲重的生命思維，對於生理生命的討論未若道家深刻。〔註2〕

〔註1〕　誠如李豐楙所言：「儒家的不朽觀，依然是理性、重視現世的，爲一種人文主義精神的表現，它們肯定生命不朽的方式仍與生命是否存在一論題無關。」（參見氏著：《不死的探求》（台北：久大文化股份有限公司，1987 年 9 月），頁64。）

〔註2〕　在先秦時期各家對於養生有著不同的詮解，儒家多從社會與人生角度來解釋，在《孟子》、《禮記》、《荀子》裡均屢屢出現「養生送死」一詞，其養生

不同於儒家以道德爲本位的生命觀，道家的生命觀指向個體生命。道家高揚重生旗幟，如何使生命因循自然規律，避免斲傷，自然而然地圓成其歷程，是道家對待生命的基本態度。本節主要由道家生命觀的視角切入，探討先秦道家養生思想的特色。

一、貴生全生的生命價值觀

先秦道家對於個人生命特爲重視，以下就「貴生不益生」與「神重於形、養形不足以存生」兩方面進行論述，以明道家貴生全生的生命價值觀。

（一）貴生而不益生

老子認爲，就個體生命而言，一切外在的名利富貴皆無足輕重，唯有生命本身值得寶貴。他要人愛身、貴身。「身」字在《老子》書中，除了代表人外在可見的形軀外，主要統稱人整體生命及存在狀態。老子將「身」放在至高的位置，在身與名利、天下的對比天平上，其指標明顯是傾向於「身」的。《老子》說：「名與身孰輕？身與貨孰多？得與亡孰病？是故甚愛必大費，多藏必厚亡。」（〈第四十四章〉），[註3] 對於那些爲了外在權位名利而損傷生命的當權者，老子不禁發出「奈何萬乘之主，而以身輕天下？」（〈第二十六章〉）的感嘆，老子認爲，唯有能「貴以身爲天下，若可寄天下，愛以身爲天下，若可託天下。」（〈第十三章〉），莊子繼承老子愛身重生的主張，他身處戰禍綿延、人命微淺的時代，面對「殊死者相枕也，桁楊者相推也，刑戮者相望也」（〈在宥〉）的現實處境，如何使生命得到妥善的安頓乃其學說之終極關懷。莊子貴生的生命觀，是以保存和頤養爲前提，以全生與盡年爲目的，他感嘆當時世俗君子「多危身棄生以殉物」，〈駢拇〉說：

> 自三代以下者，天下莫不以物易其性矣。小人則以身殉利，士則以
> 身殉名，大夫則以身殉家，聖人則以身殉天下。故此數子者，事業
> 不同，名聲異號，其於傷性以身爲殉，一也。……伯夷死名於首陽
> 之下，盜跖死利於東陵之上，二人者，所死不同，其於殘生傷性均

內容主要包含對生者的供養與死者後事處理，並認爲使「養生送死而無憾」爲王道之始，即是統治者的基本任務，綜觀儒家所提及的養生，主要以「群生生活的供養」爲主，與道家著重個體生命的養護不同。

〔註3〕 參見王弼注：《老子·帛書老子》（台北：學海出版社，1989年9月），頁53。本章所引之《老子》原文，皆以此本爲據，此後僅注篇名，不再另注版本出處。

也，奚必伯夷之是而盜跖之非乎！天下盡殉也。〔註4〕

〈盜跖〉裡也提到：

> 世之所謂賢士，伯夷叔齊。伯夷叔齊辭孤竹之君而餓死於首陽之山，
> 骨肉不葬。鮑焦飾行非世，抱木而死。申徒狄諫而不聽，負石自投
> 於河，爲魚鱉所食。介子推至忠也，自割其股以食文公，文公後背
> 之，子推怒而去，抱木而燔死。尾生與女子期於梁下，女子不來，
> 水至不去，抱梁柱而死，此六子者，無異於磔犬流豕操瓢而乞者，
> 皆離名輕死，不念本養壽命者也。

不論君子或是小人，盜賊或是聖賢，它們皆「以物易性」、「以身爲殉」，不論
出於什麼動機，因何目的，均使生命淪爲追利求名下的犧牲品，喪失了人之
爲人的根本，違背了保身全生的原則。因此，在〈繕性〉中他嚴詞譴責那些
「喪己於物，失性於俗者」乃「倒置之民」，莊子進一步提出不該「傷性以身
爲殉」的呼籲。在〈讓王〉裡，連舉「堯以天下讓許由」、「舜三讓天下」、「子
華子以兩臂重於天下」等故事來論述「天下至重也，而不以害其生」、「天下
大器也，而不以易生」的道理，它說：

> 道之眞以治身，其緒餘以爲國家，其土苴以治天下。由此觀之，帝王
> 之功，聖人之餘事也，非所以完身養生也。今世俗之君子，多危身棄
> 生以殉物，豈不悲哉！凡聖人之動作也，必察其所以之與其所以爲。
> 今且有人於此，以隨侯之珠，彈千仞之雀，世必笑之。是何也？則其
> 所用者重而所要者輕也。夫生者，豈特隨侯之重哉！（〈讓王〉）

莊子賦予生命無上之定位，相較於平治天下的功業，後者只是「土苴」、「餘
事」。在〈秋水〉與〈列禦寇〉皆記載了莊子不願因外在權力富貴而妨害生命
的宣言；他以「寧生而曳尾於塗中」的神龜〔註5〕及「欲爲孤犢」的牲牛〔註6〕
自況，表明其欲保全生命的存在與自在，不願爲「境內之累」所害的立場。
莊子認爲，唯有切實釐清生命與外物間的輕重本末，才是談愛生、養生的基

〔註4〕　參見郭慶藩：《莊子集釋》（台北：河洛圖書出版社，1974 年 3 月），頁 323。
　　　　本章所引之《莊子》原文，皆以此本爲據，此後僅注篇名，不再另注版本出處。

〔註5〕　〈秋水〉：「莊子釣於濮水，楚王使大夫二人往先焉，曰：『願以竟內累矣！』
　　　　莊子持竿不顧，曰：『吾聞楚有神龜，死已三千歲矣。王巾笥而藏之廟堂之上。
　　　　此龜者，寧其死爲留骨而貴乎？寧其生而曳尾於塗中乎？』二大夫曰：『寧生
　　　　而曳尾塗中。』莊子曰：『往矣！吾將曳尾於塗中。』」

〔註6〕　〈列禦寇〉：「或聘於莊子。莊子應其使曰：『子見夫犧牛乎？衣以文繡，食以
　　　　芻叔，及其牽而入於大廟，雖欲爲孤犢，其可得乎！』」

本前提。是故，身外之物之所以可貴，在於它對人的生命有增益的價值，但相較於生命，畢竟只是配件與附庸，因此當生命與外物相衝突時，當以生命的保全爲優先。

生命當如何「貴」？如何「愛」？具體之法就是透過養生的手段來實踐，《老子‧第五十章》爲我們揭示出養生的標準，它說：

> 出生入死，生之徒十有三，死之徒十有三。人之生，動之於死地亦十有三。夫何故？以其生生之厚。〔註7〕蓋聞善攝生者，陸行不遇兕虎，入軍不被甲兵，兕無所投其角，虎無所措其爪，兵無所容其刃。夫何故？以其無死地。

老子此言將人分爲三類，第三類人雖體認到生命的至爲可貴，但卻愛之太過，反而導致「動之死地」，結果是欲求生，反速死。王弼注說：「夫善攝生者，無以生爲生，故無死地也。器之害者，莫甚乎戈兵；獸之害者，莫甚乎兕虎。而令兵戈無所容其鋒刃；兕虎無所措其爪角，斯誠不以欲累其身心者也，何死地之有乎？」〔註8〕王弼此言頗得老子之義。對於爲愛其身、養其身而馳逐競營於生生之厚的行爲，老子稱之爲「益生」，故物質生活的過度講求，反而構成養生的大害，〈第十二章〉分析道：「五色令人目盲；五音令人耳聾；五味令人口爽；馳騁畋獵，令人心發狂；難得之貨，令人行妨。」故〈第五十五章〉說：「益生曰祥（祥，災也）」，可見老子所愛之身，並非生理欲望之身。

究竟該如何養護我們的生命？首先，老子認爲，「無以生爲生」與「不自生」才是對待生命的正確態度。〈第七章〉教人順應自然、效法天地的「不自生」，它說：「天長地久。天地所以能長且久者，以其不自生，故能長生。是以聖人後其身而身先，外其身而身存。」魏源《老子本義》引宋代程俱之的見解來注解此章：

> 天地人一源耳。天之所以爲天，地之所以爲地，人之所以爲人，固同。而天地之能長且久，人獨不然者何哉？天不知其爲天，地不知其爲地。今一受形爲人，則認以爲己，曰人耳人耳。謂其有身不可

〔註7〕 吳澄對於老子此論的注解值得參考，他說：「生生之厚，求生之心太重也。……貴生，貴重其生，即生生之厚。求生之心重，保養太過，將欲不死，而適以易死。至人非不愛生，順其自然，無所容心，若無以生爲者，然外其身而身存，賢於重用其心，以貴生而反易死也。」（參見氏著：《道德經注》（台北：廣文書局，1985年），頁140。）

〔註8〕 參見王弼注：《老子‧帛書老子》，頁59。

以不愛也，而營分表之事，謂其養生不可以無物也，而騁無益之求。
貴其身而身愈辱，厚其身而身愈傷。是世之喪生，非反以有其生為
累耶？〔註9〕

此說可謂對〈第七章〉的最佳詮解。老子所反對的正是這種「謂其有身不可
以不愛也」、「謂其養生不可以無物也」的養生態度。〈第十三章〉也說：「吾
所以有大患者，為吾有身，及吾無身，無有何患？」可見「不自生」、「無以
生為」、「外其身」不以生為意，反可收到「存身」、「長生」、「無所患」的效
果。唯有不拘執於生命的過當養護，才不會使生命陷落於危險之境，〈第五十
二章〉所說的：「無遺身殃，是謂襲常」意即在此。它強調「無以生為者，是
賢於貴生」（〈第七十五章〉）、「善攝生者無死地」（〈第五十章〉），才是養護生
命的大道。因此為避免「益生」、「厚愛」、「逐生生之厚」，老子要人「塞其兌，
閉其門」（〈第五十六章〉），意即閉塞一己的感官知覺，損滋味、禁聲色，不
順任嗜欲的放縱；要人依循「為腹不為目」（〈第十二章〉）、「治人事天莫若嗇」
（〈第五十九章〉）、「去甚、去奢、去泰」（〈第二十九章〉）的原則，一切以滿
足基本生存的欲求為限，並告誡人們：「甚愛必大費，多藏必厚亡」（〈第四十
四章〉）、「罪莫大於可欲，禍莫大於不知足，咎莫大於欲得。故知足之足，常
足矣。」（〈第四十六章〉），唯有「見素抱樸，少私寡欲」（〈第十九章〉）、「知
足不辱，知止不殆，可以長久」（〈第四十四章〉），如此才是長生久視之道。

（二）神重於形、養形不足以存生

相較於老子著眼於整體層面的生命觀照，莊子對於人生命結構有著清楚
的區判，他將生命理解為外在的身形與內在的精神，〈養生主〉篇旨清楚地分
判出「生」有所主，作為生命主體之精神，才是養生焦點所在。誠如王夫之
所言：

形，寓也，賓也；心知寓神以馳，役也；皆吾生之有而非生之主也。……
養形之累顯而淺，養知之累隱而深。……養生之主者，賓其賓，役
其役，薪盡而火不喪其明；善以其輕微之用，遊於善惡之間而已矣。
〔註10〕

形雖為吾生所有，卻非生命之主，對於居於賓位的外在身形，莊子僅求保之
守之，在〈刻意〉中提及：「吹呴呼吸，吐故納新，熊經鳥申，為壽而已矣，

〔註9〕 參見魏源：《老子本義》（台北：台灣商務印書館，1967 年 6 月），頁 8。
〔註10〕 參見王夫之：《莊子解》（台北：河洛圖書出版社，1977 年 9 月），頁 30。

此導引之士，養形之人，彭祖壽考者之所好也。」此言針對刻意保養形軀以求長壽的作法頗不以爲然。莊子認爲，形軀作爲生命具體存在的表徵及生命之主精神之寓府，其保養固然重要，但並非養生的終極目的。然而，時人卻普遍存在「養形足以存生」（〈達生〉）的觀念，因此莊子就「養形」與「物養」間的關係步步論證「養形不足以存生」，它說：

> 達生之情者，不務生之所無以爲；達命之情者，不務命之所無奈何。養形必先之以物，物有餘而形不養者有之矣；有生必先無離形，形不離而生亡者有之矣。生之來不能卻，其去不能止。悲夫！世之人以爲養形足以存生；而養形果不足以存生，則世奚足爲哉！雖不足爲而不可不爲者，其爲不免矣。（〈達生〉）

首先，「有生」必先「無離形」，故需養形，而養形又「必先之以物」，需要物質條件，但有物並不代表必能「養形」，他觀察世俗之人貪多資貨以厚養其身，然積聚有餘，養衛不足者卻大有人在。且物養過度，愛形太甚，形雖未離，但其神已失，結果如同行屍走肉一般，是故莊子所重的養生之道絕非養形所能盡意。

莊子爲了破除世人養形的迷思，在〈人間世〉、〈德充符〉中，列舉了支離疏、兀者王駘、申徒嘉、叔山無趾、哀駘它等形體殘缺的例子爲佐證，這些在世俗標準中形軀殘缺的醜怪者，卻能德充於內而符應於外，原因在於他們「形有所忘」，故能「才全而德不形」、「內葆之而外不蕩」，因此莊子說：「夫支離其形者，猶足以養其身，終其天年。」〔註11〕（〈人間世〉），故形體的完滿與否並不影響盡其天年的可能，因此貪求物欲以供形軀之養乃不必要的作法，更何況紛呈無窮的物欲是永遠逐不盡、求不完的。〈養生主〉起首即藉由「有涯之生」與「無涯之知」的對反進行論證，要人勿以有涯逐無涯。這個「知」除了指稱心知的執取之外，亦包括所有牽引人心，造成無限追逐的外物。〔註12〕莊子告誡人們若一味向外馳逐不知所止，終將使生命陷落困頓之

〔註11〕成玄英疏說：「夫支離其形，猶忘形也。」（參見郭慶藩：《莊子集釋》，頁182。），「忘形」說的正是忘卻世俗主觀浮泛的美醜、有用無用等價值系統。

〔註12〕牟宗三先生對此剖析道：「『知』是用來作此問題的一個一般關節，它有代表性與概括性，不只限於知之本身，而知之本身亦當然是一重要關節。從其爲一般關節言，知是表示離其自在具足之性分而陷於無限的追逐中。……凡陷於無限追逐而牽引支離其性者，皆可爲知所概括。聲、色、名、利、仁、義、聖、智，皆可牽引成一無限之追逐，而學與知本身當然亦是其中一項。此可總之曰生命之紛馳，意念之造作，意見之繳繞，與知識之葛藤。此皆所謂離其自性之失當，亦即皆傷生害性者也。故養生之主，亦即在『心』上作致虛

境。

　　莊子更從反面立論，告誡人們馳逐不當物欲以養形，對生命所帶來的損傷，它說：

> 夫失性有五：一曰五色亂目，使目不明；二曰五聲亂耳，使耳不聰；
> 三曰五臭薰鼻，困惾中顙；四曰五味濁口，使口厲爽；五曰趣舍滑
> 心，使性飛揚。此五者，皆生之害也。（〈天地〉）

> 夫天下之所尊者，富貴壽善也；所樂者，身安、厚味、美服、好色、
> 音聲也；所下者，貧賤夭惡也；所苦者，身不得安逸，口不得厚味，
> 形不得美服，目不得好色，耳不得音聲；若不得者，則大憂以懼，
> 其為形也，亦愚哉！（〈至樂〉）

若不能妥善安排物欲，將成為養生大害，故莊子呼籲，「能尊生者，雖富貴不以養傷身，雖貧賤不以利累形。」（〈讓王〉），否則失去養生之本，再多的養生之資又有何用？在〈德充符〉裡，一段惠施與莊子的對話，反映出莊子對益生的否定，它說：

> 惠子曰：「人而無情，何以謂之人？」莊子曰：「道與之貌，天與之
> 形，惡得不謂之人？」惠子曰：「既謂之人，惡得無情？」莊子曰：
> 「是非吾所謂情也。吾所謂情者，言人之不以好惡內傷其身，常因
> 自然而不益生也。」惠子曰：「不益生，何以有其身？」莊子曰：「道
> 與之貌，天與之形，無以好惡內傷其身。今子外乎子之神，勞乎子
> 之精，倚樹而吟，據槁梧而瞑，天選子之形，子以堅白鳴！」

「不益生，何以有其身？」應是世人的共同疑問，莊子沿承老子「善攝生者不益生」的主張，對於養生之物的標準，同樣以維持生命的基本為度。莊子教人以「無情」來對待「道」所賦予的形軀相貌。鍾泰對此段的註解頗為精當，他說：

> 「是非吾所謂情」，情之正曰性情。情之賊曰情欲。「無人之情」者，
> 無情欲之情，非無性情之情也，故於此辨之。或曰：「好惡非性情之
> 情乎？抑性情之情獨無好惡乎？」曰：「好惡誠性情也，然以之內傷
> 其身，則非性情之正，而情欲矣。情欲、性情，豈有二哉？用之過
> 當與不過耳。」「常因自然而不益生」，因其自然則不過。若益之，

守靜之工夫，而將此一切無限追逐消化滅除，而重歸於其自己之具足。」（參
見氏著：《才性與玄理》（臺北：臺灣學生書局，1985 年 4 月），頁 206～207。）

未有不過者也。「益生」之「生」，即「養生」之「生」。「生」猶性也，性上豈有可加者乎！故老子曰：「益生曰祥。心使氣曰強。物壯則老，是謂不道，不道早已。」〔註13〕

可見莊子其所謂的「無情」，是不委情肆欲，是「不以好惡內傷其身」，是「常因自然不益生」，因此欲避免過當的形軀之養，使己身不陷溺於物欲的洪流中無法自拔，根本之道在於消解以感官與知覺對應外物的方式，即上述老子所說的「玄同」（〈第五十六章〉）。莊子認爲閉守一己的視聽，停止官能的造作，使生命無爲復道，才是安頓生命的最佳方式。〈在宥〉裡敘述了修身千二百歲、形未嘗衰的廣成子達於至道的方法：

> 廣成子南首而臥，黃帝順下風膝行而進，再拜稽首而問曰：「聞吾子達於至道，敢問，治身奈何可以長久？」廣成子蹶然而起，曰：『善哉問乎！來！吾語女至道。至道之精，窈窈冥冥；至道之極，昏昏默默。無視無聽，抱神以靜，形將自正。必靜必清，無勞女形，無搖女精，乃可以長生。目無所見，耳無所聞，心無所知，女神將守形，形乃長生。慎女內，閉女外，多知爲敗。我爲女遂於大明之上矣，至彼至陽之原也；爲女入於窈冥之門也，至彼至陰之原也。天地有官，陰陽有藏，慎守女身，物將自壯。我守其一以處其和，故我修身千二百歲矣，無形未嘗衰。』

廣成子告訴黃帝擺脫外物干擾的具體方法，就是摒棄感官向外執求的習性，畢竟感官是人與外物相交接的最前線，欲對治形軀必先從感官著手，若能「目無所見，耳無所聞，心無所知」，清靜自守，則「神將守形，形乃長生」，兩者各得其宜，方能達到廣成子所說的「守其一以處其和」，此種境地如同〈庚桑楚〉中假老子之口，所提出的「衛生之經」，它說：

> 南榮趎曰：「里人有病，里人問之，病者能言其病，然其病病者猶未病也。若趎之聞大道，譬猶飲藥以加病也，趎願聞衛生之經而已矣。」老子曰：「衛生之經，能抱一乎？能勿失乎？能無卜筮而知吉凶乎？能止乎？能已乎？能舍諸人而求諸己乎？能翛然乎？能侗然乎？能兒子乎？兒子終日嗥而嗌不嗄，和之至也；終日握而手不掜？共其德也；終日視而目不瞬，偏不在外也，行不知所之，居不知所爲，與物委蛇，而同其波。是衛生之經已。

〔註13〕 參見鍾泰：《莊子發微》（上海：上海古籍出版社，2002年4月），頁126～127。

何謂「衛生之經」？李頤解釋為：「防衛其生，令合道也。」〔註14〕只要能把握住「純一之道」，復返如嬰兒般純真無識無知的狀態，虛無與外物委蛇，自可避免外物的傷害與侵擾。〈養生主〉中「庖丁解牛」的寓言所寄託的即是此理，當庖丁支解牛體時，其「以神遇而不以目視，官知止而神欲行。依乎天理，批大卻，導大窾，因其固然。」可見當形軀官能處於靜止妥適的狀態時，精神才能發揮其靈妙的作用，故能「彼節者有閒，而刀刃者無厚；以無厚入有閒，恢恢乎其於遊刃必有餘地矣。」莊子希望藉由精神的專一來統合感官作用，憑藉精神的自由來超越形軀的限制。因此莊子對於形軀及所屬之感官甚為戒惕，他屢屢要人「墮肢體，黜聰明，離形去知」（〈大宗師〉）、「墮爾形體」（〈在宥〉）、「墮汝形骸」（〈天地〉）、「忘其身」（〈人間世〉）、「忘其肝膽，遺其耳目」（〈大宗師〉、〈達生〉）乃至「外其形骸」（〈大宗師〉）、「刳形去皮」（〈山木〉）。尤其是對「心」的克治，因為精神的發用，往往以心的能知與主宰性來表現，但心的能知，易受情欲所障蔽，而造成精神的無限追逐與耗損，故莊子要人「刳心」（〈天地〉）、「洒心去欲」（〈山木〉）從心上做虛靜工夫，以恢復其「靈台」（〈達生〉）、「靈府」（〈德充符〉）的特質。莊子所欲「墮」、所欲「離」、所欲「忘」之身形，即如徐復觀所說：

> 莊子的「墮肢體」、「離形」，實指的是擺脫由生理而來的欲望。莊子的「黜聰明」、「去知」，實指的是擺脫普通所謂的知識活動。二者同時擺脫，此即所謂「虛」，所謂「靜」，所謂「坐忘」，所謂「無己」、「喪我」。……莊子所謂「離形」，也和老子之所謂無欲一樣，並不是根本否定欲望，而是不讓欲望得到知識的推波助瀾，以致於溢出於各自性分之外。在性之內的欲望，莊子即視為性分之自身，同樣加以承認的。〔註15〕

「墮肢體」並非對形軀官能的傷害或否定，而是擺脫物欲智巧的負累，以精神為生命的主宰。故養形雖非養生的主軸，但也不可傷形，對待形軀的正確態度應該是：「雖不足為而不可不為者，其為不免矣。」（〈達生〉）故莊子對於形神的安排，以神為生之主，要人藉由精神的修養工夫，來對治官能心知的馳逐。唯有精神上的「逍遙自得」、「自適忘適」〔註16〕、「恬淡無為」，〔註17〕才是養

〔註14〕參見郭慶藩：《莊子集釋》，頁 785。
〔註15〕參見徐復觀：《中國藝術精神》（台北：台灣學生書局，1988 年），頁 72～73。
〔註16〕成玄英疏：「夫澤中之雉，任於野性，飲啄自在，放曠逍遙，豈欲入樊籠而求

生之道的眞諦。

二、生必有死的自然體認

先秦道家雖重視個體生命的存在與安養，但不認爲生命可以永存不死，還淸醒的指出死亡是人人不可違逆的必然結局，面對時人樂生惡死的普遍情緒，其以一氣之聚散爲人們豁顯生命眞相，以此消彌生死界限，使人明白人的生命雖終有其限，但卻可在不違背自然之性的前提下，盡其天年，這才是講養生的最終期待。

（一）死生同狀的生命歷程

人類很早就已經認識到，從生命肇生起，同時正一步步邁向死亡之路。至春秋戰國之際，人類死亡意識愈加強烈，《左傳・昭公二年》：「子產曰：『人誰不死？』」〔註18〕、《論語・顏淵》：「自古皆有死。」〔註19〕對生命的留戀與死亡的厭惡是一般人的共同傾向，《左傳・昭公二十五年》說：「生，好物也；死，惡物也。好物，樂也；惡物，哀也。」《孟子・告子上》：「生，亦我所欲也，……死，亦我所惡也。」《墨子・尚賢》：「民生爲甚欲，死爲甚憎。」《荀子・正名》：「人之所欲生甚矣，人之所惡死甚矣。」〔註20〕《禮記・禮運》：「死亡貧苦人之大惡存焉。」〔註21〕揭示出春秋戰國以來人們悅生惡死的普遍心理。

諸子對於生死議題已有不同程度的探索，《論語・先進》：「季路問事鬼神，子曰：『未能事人，焉能事鬼？』曰：『敢問死。』曰：『未知生，焉知死？』」

服養！譬養生之人，蕭然嘉遁，唯適情於林籟，豈企羨於榮華！欲明自適忘適。」（參見郭慶藩：《莊子集釋》，頁126。）

〔註17〕 〈刻意〉說：「平易恬惔，則憂患不能入，邪氣不能襲，故其德全而神不虧。……故曰：『純粹而不雜，靜一而不變，惔而無爲，動而以天行，此養神之道也。』」

〔註18〕 參見杜預注、孔穎達正義：《春秋左傳正義》（阮刻本）（台北：藝文印書館，1989年1月），頁174。本章所引之《左傳》原文，皆以此本爲據，以下僅注篇名，不再另注版本出處。

〔註19〕 參見何晏注、刑昺疏：《論語注疏》（阮刻本）（台北：藝文印書館，1989年1月），頁107。本章所引之《論語》原文，皆以此本爲據，以下僅注篇名，不再另注版本出處。

〔註20〕 參見王先謙：《荀子集解》（北京：中華書局，1988年9月），頁527。本章所引之《荀子》原文，皆以此本爲據，以下僅注篇名，不再另注版本出處。

〔註21〕 參見鄭玄注、孔穎達正義：《禮記正義》（台北：藝文印書館，1989年1月），頁431。本章所引之《禮記》原文，皆以此本爲據，以下僅注篇名，不再另注版本出處。

孔子拒絕正面回答生死問題，其慎言生死的態度反映出儒家對於現實人生的關注。對儒家而言，面對與時俱增的死亡威脅，如何把「太上有立德，其次有立功，其次有立言」（《左傳‧襄公二十四年》）的人生目標落實在有限的生命中，才是他們的首要關懷，因此孔子呼籲：「君子疾沒世而名不稱焉」（《論語‧衛靈公》）。此外，儒家賦予個體生命強烈的社會性，強調個人對社會的責任義務，人固然有抉擇生死的自由意志，但取捨標準必須符合道德取向。〔註22〕是故儒家所關注的，是人生的意義與死的價值是否得當，以此轉移死亡所帶給人類的衝擊。〔註23〕

　　相較於儒家將生命的焦點集中在現實世界，要人對於死亡這種幽遠窈冥之事毋需思慮過重，先秦道家對於生死議題傾注了極大關注。道家認為，要討論生，必須要先能正視死，唯有冷靜直觀地正視芸芸眾生皆無法規避的共同結局，確切體悟到死亡的必然性，才能使人以更為客觀理性的態度去面對生命。老子的生命哲學，除了亙古永存的大道外，自然界的一切都是有限的存在，老子援引自然物象為喻，說明事物發展的最終結果即是走向終結與死亡，其云：「物壯則老，是謂不道，不道早已。」（〈第三十章〉）「飄風不終朝，驟雨不終日，孰為此者？天地。天地尚不能長久，而況於人乎。」（〈第二十三章〉），人的短暫生命如同自然界的飄風驟雨一般，無法永久存在。

　　在〈養生主〉裡莊子開宗明義指出：「吾生也有涯，而知也無涯。」一語道盡生命處境的困局。〈田子方〉說：「死生亦大矣」，認為生死是人生之大事，莊子對於生死議題的討論在諸子之中最為豐富深刻，其論散見於內、外、雜諸篇，莊子對於生死現象有著深切的反省，他觀察到時人面對死亡所產生的強烈恐懼，〈知北遊〉云：

〔註22〕孔子明確指出「志士仁人，無求生以害仁，有殺生以成仁。」（《論語‧衛靈公》）孟子也說：「生亦我所欲也，義亦我所欲也；二者不可得兼，捨生而取義者也。生亦我所欲，所欲有甚於生者也，故不為苟得也；死亦我所惡，所惡有甚於死者，故患有所不避也。」（《孟子‧告子上》），死亡既然不可避免，但必須死得其所，為了追求生命中最高價值，即便犧牲生命也要成全之，這種置死生於度外的價值觀正反映出儒家處理生死的態度。

〔註23〕誠如郭于華所說：「儒家哲學雖也執著於生，但與道家、道教卻不相同。道家的養生全生及道教的肉體成仙都是指向個體生命的，儒家的生命哲學則是群體的，而不是個體的。也就是說，在儒家看來，個體生命只有加入群體，與家國族類的生命之流合而為一，才能得到不朽。」（參見氏著：《死的困惑與生的執著》（台北：洪葉文化事業有限公司，1994 年 10 月），頁184～185。）

> 人生天地之間，若白駒之過隙，忽然而已。注然勃然，莫不出焉，
> 油然漻然，莫不入焉。已化而生，又化而死，生物哀之，人類悲
> 之。

人往往執著於形軀的存有，以此爲生命之全部，而落入戀生懼死的纏結之中，莊子認爲，唯有消解對生的執著造作，生命才不再是痛苦的負擔，唯有破除對死亡的恐懼，才能不受惡死的情緒所攪擾，而臻於精神上的逍遙自得，因此他以「氣化」爲人們呈顯生命的眞相。《莊子》說：

> 舜問乎丞曰：「道可得而有乎？」曰：「汝身非汝有也，汝何得有夫
> 道？」舜曰：「吾身非吾有也，孰有之哉？」曰：「是天地之委形也；
> 生非汝有，是天地之委和也。性命非汝有，是天地之委順也。孫子
> 非汝有，是天地之委蛻也。故行不知所往，處不知所持，食不知所
> 味，天地之彊陽氣也，又胡可得而有邪？」（〈知北遊〉）
>
> 天地者，萬物之父母也；合則成體，散則成始。（〈達生〉）

「氣」是構成生命的基本質素，天地萬物均由此所生，〈知北遊〉講得更爲明白，它說：

> 人之生，氣之聚；聚則爲生，散則爲死。若死爲生之徒，吾又何患，
> 故萬物一也，是其所美者爲神奇，其所惡者爲臭腐；臭腐化爲神奇，
> 神奇化爲臭腐。故曰：「通天下一氣耳」，聖人故貴一。

人之生死，乃至於物的成滅，均是一氣聚散下的結果，人既稟氣而生，死後亦復歸於氣，氣的聚散現象就如同晝夜更替、四季運行一般的規律自然。故莊子說：「死生，命也，其有夜旦之常，天也。人之有所不得與，皆物之情也。」（〈大宗師〉）、「四肢百體將爲塵垢，而死生終始將爲晝夜而莫之能滑。」（〈田子方〉），說明或生或死並不會因人悅生惡死的情緒而有所改易。莊子企圖從自然現象，讓人了解生與死在本質上其實並無區別，〈大宗師〉說：

> 彼方且與造物者爲人，而遊乎天地之一氣。彼以生爲附贅縣疣，以
> 死爲決贅潰癰，夫若然者，又惡知死生先後之所在？假於異物，託
> 於同體；忘其肝膽，遺其耳目；反覆終始，不知端倪；芒然彷徨乎
> 塵垢之外，逍遙乎無爲之業。彼又惡能憒憒然爲世俗之禮，以觀人
> 之耳目哉！

人之生來死往，是再自然不過的現象，他將對生的執著視爲附贅縣疣，拋開肝膽耳目的形軀拘執，把對死的恐懼當作決贅潰癰，實在無須以樂生惡死的

主觀情緒應之。

　　不過，莊子並非只是要人消極的接受，而是教人積極的超越。從另一個角度而論，莊子認為人之所以貪戀生、抗拒死，原因之一在於生的過程是可感知的經驗，死後的情狀卻無從體驗了解，只能任憑假設猜想，因而使人陷入莫名的恐懼之中。為了消解世人對於生死的迷惑，莊子藉其豐富的想像力，以生動的寓言、譬喻的手法為人們描繪出死後的世界，在〈至樂〉中，假骷髏之口說明畏死乃是人生的累患，並指出死後的世界「無君於上，無臣於下，亦無四時之事，從然以天地為春秋，雖南面王樂，不能過也。」是曠達無拘，與天地同終始的樂土，那是連居於天子之位都無法相比擬的。莊子更以自己面對妻死的切身體驗來說明：

　　　　是其始死也，我獨何能無概然！察其始而本無生，非徒無生也而本
　　　　無形，非徒無形也而本無氣。雜乎芒笏之間，變而有氣，氣變而有
　　　　形，形變而有生，今又變而之死，是相與為春秋冬夏四時行也。人
　　　　且偃然寢於巨室，而我嗷嗷然隨而哭之，自以為不通乎命，故止也。
　　　　（〈至樂〉）

莊子面對妻死，起初的反應是「我獨何能無概然」，然而他對生命本質進行反省，為我們步步推導人出從無形、無氣到有形、有氣、有生，再歸返到無生、無形、無氣的過程。形體乃氣所聚生，生命由形體的存有而開展，由生至死的過程是自然而然，所謂的死亡即是回歸原始的起點，再度融入於氣化的流行中，人面對這種自然的進程，應如〈人間世〉所說的：「行事之情而忘其身，何暇至於悅生惡死！」因此又有什麼好悲傷的？是故人終其一生，不過就是氣→形→生→死→氣這幾個過程不斷的循環往復，生與死只是生命的兩種不同表現方式，故生死並非絕對對立，而是一體。《莊子》說：

　　　　胡不直使彼以死生為一條，以可不可為一貫者，解其桎梏，其可乎！
　　　　（〈德充符〉）

　　　　萬物一府，死生同狀。（〈天地〉）

　　　　不以生生死，不以死死生，死生有待邪？皆有所一體。（〈知北遊〉）

　　　　以生為脊，以死為尻；孰知生死存亡一體者，吾與之友矣！（〈大宗
　　　　師〉）

死生一體既是生命的真相，面對死亡時，究竟該以什麼樣的態度來相應？莊子認為，唯有坦然達觀，無心以順應。書中以不少寓言故事表達對生死問題

的看法，〔註24〕在此不一一引述，僅以〈養生主〉爲代表，它說：

> 老聃死，秦失弔之……適來，夫子時也；適去，夫子順也。安時而
> 處順，哀樂不能入也。

能「安時處順」，不讓哀樂的情緒入於胸次，生命的桎梏就自然解開，這如同解放一個倒掛的人，莊子稱之爲「懸解」。莊子不厭其煩地對生死議題有著深刻且清醒的反省，其最終目的在於破除時人對形軀生命的執著所產生的悅生惡死的情緒，如此人才能拋開對形軀存有的執著，避免誤入厚生、益生之途，使養生之道有所偏差。

（二）全生以盡年的生命安頓

先秦道家講論貴生、重生，其目的就是希望能藉由養生之道的落實使人能全生盡年。人如何全其生？居處在這複雜紛擾如筋骨錯節的人世間，如何使生命周遊其中不受傷害？道家認爲，「道」既是天地萬物的根源本體，人生命活動中亦潛存著「道」的性質，莊子名之爲「性」，〔註25〕莊子說：「畱動而生物，物成生理，謂之形；形體保神，各有儀則，謂之性。」（〈天地〉）、「性者，生之質也。性之動謂之爲；爲之僞謂之失。」（〈庚桑楚〉）、「聖人達綢繆，周盡一體矣，而不知其然，性也。」（〈則陽〉），莊子所謂的「性」，指的即是

〔註24〕《莊子》在討論生死議題，有許多精彩的寓言故事，譬如〈齊物論〉中「死爲大覺，則生是大夢」的「死生夢覺」，與「莊周夢蝶」的故事提出「物化」的觀點，以「麗之姬」的「後悔其泣」來說明「予惡乎知夫死者不悔其始之蘄生乎」，以破除死後世界既不可知，且死未必可悲，又何必悅生惡死。諸如此等，礙於篇幅無法一一引述。徐復觀綜合莊子關於生死議題的討論，分析道：「莊子以人的樂生而惡死，實係精神的桎梏。他爲了解除其桎梏，他似乎採取三種態度。一是把它當作時命的問題，安而受之，無所容心於其間。二是進而以『物化』的觀念，不爲當下的形軀所拘繫，隨造化之化而俱化。三則似乎莊子已有精神不死的觀點。……對於死生的變化，一爲安時處順，『善吾生，所以善吾死』的安命態度，這與儒家並無大分別。但他卻更進而隨其變化而變化的態度，這在齊物論中稱之爲『物化』。」（參見氏著：《中國人性論史》（先秦卷）（台中：私立東海大學出版，1963 年 4 月），頁 405～407。）

〔註25〕徐復觀先生進一步揭示出道與性的關係：「莊子一書的用詞，以採取廣泛的用法時爲多。因之，不僅在根本上，德與性是一個東西，並且在文字上，也常用在同一層次，而成爲可以互用的。性好像是道派在人身形體中的代表。因之，性即是道。道是無，是無爲，是無分別相的一，所以性也是無，也是無爲，也是無分別相的一。更切就人身上說，即是虛，即是靜。換言之，即是在形體之中，保持道地精神狀態。」（參見氏著：《中國人性論史》（先秦篇）（台中：私立東海大學出版，1963 年 4 月），頁 373～374。）

人生來所具有的天然本眞，是人之所以爲人之理，亦是大道在人身的彰顯。人原始本性的特質就是素樸自然、無執無染，只要順性而爲，便是合於「道」的正行。因此要能全其生，關鍵就在於全其性。在〈養生主〉中，莊子藉由庖丁解牛的故事，爲我們指引出一條「緣督以爲經」的道路，〔註26〕人的生命雖然是有限與不完滿的，但只要能「因其固然」、「依乎天理」，便能如庖丁一般「以無厚入於有間，恢恢乎其於游刃必有餘地」，即順守自然理路而行才是常道。〈秋水〉藉由河伯與北海若的對話，說明排除人爲刻意的造作，各遂其自然之性的可貴，它說：

　　（河伯）曰：「何謂天？何謂人？」北海若曰：「牛馬四足，是謂天；
　　落馬首，穿牛鼻，是謂人。故曰，無以人滅天，無以故滅命，無以
　　得殉名。謹守而勿失，是謂反其眞。」

「以人滅天」、「以故滅命」都是違背自然的作法，因此養生的關鍵，就在於維持人自然純樸的狀態，即順適自然之性而爲。〈應帝王〉中渾沌鑿竅而死與〈天地〉「百年之木，破爲犧尊而失其性」的寓言所寄託的正是此理。

　　此外，要使生命整體獲得妥當的安養，除了講究內在的頤養之外，避免外物的戕害也是不容忽略的課題。老子以「道」之「綿綿若存，用之不勤」（〈第六章〉）、「弱者，道之用」（〈第四十章〉）的性格，再三呼籲不要表現自己的勇敢堅強，避免因鋒芒太露而遭致災禍，它說：「強梁者不得其死」（〈第四十二章〉）、「今捨慈且勇，捨儉且廣，捨後且先，死矣。」（〈第六十七章〉）、「勇於敢則殺，勇於不敢則活。」（〈第七十三章〉）並援引經驗世界中的自然物象爲喻，告訴人們守柔處下、退而不爭而得以保全的道理：「天下之至柔，馳騁天下之至堅。」（〈第四十三章〉）、「守柔曰強」（〈第五十二章〉）、「天下莫柔弱於水，而攻堅強者莫之能先，以其無以易也。故柔之勝剛，弱之勝強」（〈第七十八章〉），柔弱體現著生命的本質：「人之生也柔弱，其死也堅強；草木之生也柔脆，其死也枯槁。故堅強者，死之徒；柔弱者，生之徒。是以兵強則不勝，木強則兵。」（〈第七十六章〉），柔弱才能充滿生機，在老子的哲學裡，唯有「善下」、「不爭」、「守雌」、「致柔」，方能使生命長久存在。

───────────

〔註26〕郭象注此句爲「順中以爲常」，成玄英疏則有進一步的論述：「緣，順也。督，中也。經，常也。……故能順一中之道，處眞常之德，虛夷任物，與世推遷。養生之妙，在乎茲矣。（參見郭慶藩：《莊子集釋》，頁117。）」這個「一中之道」指的即是大道於人身中的朗現，只要能順自然之性爲常則，自能任物而變，臻於生命之逍遙。

　　莊子繼承老子「退」與「避」的人生哲學，他剖析世俗的價值觀中，有用之物往往成爲爭奪掠取的對象，〈人間世〉說：「桂可食，故伐之；漆可用，故割之。」莊子感嘆世人「皆知有用之用，而莫知無用之用」（〈人間世〉）的道理，往往陷生命於危險之境，故藉著「櫟社樹」以其不材而無所可用，故能免遭斤斧之害，故能「若是之壽」的故事，闡述「無用之用」的好處。在〈山木〉裡更教人「處於材與不材之間」的折衷辦法，如此才是全生避害的最佳法則。它呼籲內養其生，外避其害，內外兼養才是全生的要義，在〈達生〉中威公與田開之討論養生之理時提到：

> 開之曰：聞之夫子曰，善養生者若牧羊然，視其後者而鞭之。威公曰：何謂也？田開之曰：「魯有單豹者，岩居而水飲，不與民共利，行年七十而猶有嬰兒之色，不幸遇惡虎，餓虎殺而食之。有張毅者，高門懸薄，無不走也，行年四十，而有內熱之病以死。豹養其內，而虎食其外，毅養其外，而病攻其內，此二子者皆不鞭其後者也。」

文中藉單豹及張毅的例證，說明養護生命應如牧羊者鞭其後一般，全面關照，內外兼養，不可偏執一端，如此才能「終其天年而不中道夭」。所謂的「盡其天年」意謂人的生命雖然終有盡頭，但可以在不違背自然之性的前提下，藉由各式養生方法，使人畢盡自然所賦予的生命極限，這才是莊子講養生的最終期待。

　　總結先秦道家的生命觀，在高揚個體生命價值的前提下，要人重生、貴生，但又清醒的道出人是無可逃於天地的有限存在，死亡是人人不可違逆的結局，目的在使人明白生命的有限性與可貴性，再從自然的視角切入，以一氣之聚散詮解生命現象，來消彌死生界線，一切都是氣化流行下的自然歷程。生不足喜，故無須以聲色貨利厚之益之；死不足惡，故不因恐懼死亡而惶惶不可終日，生死不能惑動其心，一切順隨自然之性。是故，道家重己貴生、死生一如以全生盡年的生命觀，在一定程度上促進了養生思想的發展，尤其老、莊清靜寡欲、重神遺形、循性以養的養生理論，對傳統養生思想有著極深遠且重要的影響。

第二節　醫藥衛生的進步

　　早期原始社會，由於先民認識力的侷限，對於自然現象乃至人體疾病，找不出合理解釋，因而存在一種以巫術爲業的集團，在萬事均求之於巫的時期，

診治疾病的工作亦由巫者負責。隨著醫藥知識的積累，人文精神昂揚，醫學才逐漸脫離巫術，走向獨立發展的道路，這樣的轉變象徵人們已有能力以更為理性科學的方式，來處理生命問題。作為醫家典範的《黃帝內經》，它的出現標誌著傳統醫學基礎理論的建立，書中對於養生議題的探討頗為豐富，對養生思想的發展有其一定的地位與影響。本節嘗試以巫、醫關係為起點，進而討論《黃帝內經》的養生思想，以呈現醫學發展對養生思想的影響。

一、巫醫分流的理性發展

巫術廣泛存在於世界各民族，是人類最古老的文化現象，早期醫學乃巫術的附庸，兩者間的關係即如醫史學家陳邦賢所言：

> 中國醫學的演進，始而巫，繼而巫和醫混合，再進而巫和醫分立，
> 以巫術治病，為世界各民族在文化低級時代的普遍現象。〔註27〕

此言概括出巫術在醫學演進歷程中所扮演的角色，以下即就巫者對醫學的掌握為起點，探討巫者與醫學的關係，及醫學如走向獨立發展之途。

（一）巫者對醫學的掌握

在遠古人類社會中，先民面對諸如風雨雷電、山洪地震、晝夜循環、四季更迭等紛呈莫測的自然現象，因認識力的侷限，從而產生敬畏的心理，深信其背後有股超自然的神秘力量在控制、主宰著人類無法控制的一切，舉凡日月星辰、山川草木、風雨雷電乃至死人亡魂，都視為神靈，在當時人們心中，存在著一個有別於人世間的鬼神世界，從而產生「萬物有靈」的觀念。先民相信人與神的關係至為密切，舉凡人世間的生死、禍福，乃至疾病的產生，莫不來自於這股神秘力量的操縱。上古社會因而存在著一種專以巫術為業的集團，〔註28〕擔負人神之間溝通的橋樑，〔註29〕調和自然與超自然間的

〔註27〕參見陳邦賢：《中國醫學史》（台北：臺灣商務印書館，1958年11月），頁7。
〔註28〕遠古之時，本是「民神雜揉」、「家為巫史」，相傳自顓頊「命重、黎絕地天通（《尚書·呂刑》）」後，始有專職的巫覡出現，專司人神交通的媒介。
〔註29〕誠如張光直所說：「中國古代文明中的一個重大觀念，是把世界分成不同層次，……不同層次之間的關係不是嚴密隔絕、彼此不相往來的。中國古代許多儀式、宗教思想和行為的很重要的任務，就是在這種世界的不同層次之間進行溝通。進行溝通的人物就是中國古代的巫、覡。從另一個角度看，中國古代文明是所謂薩滿式（shamanistic）的文明。這是中國古代文明最主要的一個特徵。」（參見氏著：《考古學專題六講》（北京：文物出版社，1986年5月），頁4。）

關係，此種媒介者即是《國語‧楚語》所說的「巫覡」：

> 古者民神不雜，民之精爽不攜貳者，而又能齋素衷正，其智能上下
> 比義，其聖能光遠宣朗，其明能光照之，其聰能聽徹之，如是則明
> 神降之，在男曰覡，在女曰巫。〔註30〕

根據這段記載可知，能扮演通鬼神、達祖先的重要角色並非人人所能勝任，巫或覡必須在品行、才學或智能各方面都超越眾人之上，因此成為少數者獨擁的技藝。眾所周知，殷商時期鬼神信仰氣氛濃厚，所謂「殷人尊神，率民以事神。」（《禮記‧表記》），商代可謂巫者的全盛時期，他們深受統治者青睞，不僅能參與國家軍政大事，對政治事務亦享有決策權，在當時有著舉足輕重的地位。此外，他們還是天文、曆法、音樂、醫藥知識的執掌者，可見巫者在中國古代社會中所扮演的重要角色，在萬事均求助於巫的時期，診疾治病的工作也是由巫者負責。巫術醫學相較於原始人類醫療活動，其最大的分野如同馬伯英所言：

> 顯明的特點在於真正開始了將人類生命及其疾病作為一個對象來認
> 識，試圖用自己的神靈體系來解釋病因和疾病之間的因果聯繫，並
> 從而嘗試著用巫術的方式去控制它、治療它，用超自然的魔法（魔
> 力）去控制另一種超自然的力量。這在以前，還沒有人意識到，更
> 沒人嘗試過。〔註31〕

巫者與醫療間的密切關係，還可從諸多先秦、兩漢典籍記載得見。在古代文獻中有關巫醫的記載，當屬《山海經》最具代表性，據《山海經‧海內西經》的記載：「開明東有巫彭、巫抵、巫陽、巫履、巫凡、巫相，夾窫窳之尸，皆操不死之藥以距之。」〔註32〕郭璞注說：「皆神醫也。」《大荒西經》：「大荒之中，有山名曰豐沮玉門，日月所入。有靈山，巫咸、巫即、巫盼、巫彭、巫姑、巫真、巫禮、巫抵、巫謝、巫羅十巫，從此昇降，百藥爰在。」郭璞注說：「群巫上下此山采之也。」《山海經》中有名可徵的巫醫即多達十餘人。此外，古代巫、醫往往連文並舉，諸如《逸周書‧大聚解》：「鄉立巫醫，具

〔註30〕 參見《國語》（台北：九思出版有限公司，1978 年 11 月），頁 21。

〔註31〕 參見馬伯英：《中國醫學文化史》（上海：上海人民出版社，1994 年 5 月），頁184。

〔註32〕 參見袁珂點校：《山海經校注》（上海：上海古籍出版社，1980 年 7 月），頁301。本章所引之《山海經》原文，皆以此本為據，以下僅注篇名，不再另注版本出處。

百藥，以備疾災，畜百草，以備五味。」〔註33〕反映出當時巫醫並列，普遍存在的情況。又如《論語‧子路》：「南人有言曰：『人而無恆，不可以作巫醫。』」《管子‧權修》：「上恃龜筮，好用巫醫。」〔註34〕《呂氏春秋‧勿躬》也說：「巫彭作醫，巫咸作筮。」〔註35〕《太平御覽》引《世本‧作篇》說：「巫咸，堯臣也，以鴻術為帝堯之醫，能祝，延人之福，癒人之病。祝樹樹枯，祝鳥鳥墜。」這些皆是巫者執行醫療行為的記載。

　　從文字學的角度來看，「醫」字最早寫作「毉」，在《集韻》中以「毉」為「醫」字的重文，「毉」字雖不見於《說文解字》，但《廣雅‧釋詁》：「醫，毉覡，巫也。」〔註36〕王念孫疏証：「醫即巫也。巫與醫皆所以除疾，故醫字或從巫作毉。」〔註37〕足見早期社會巫術與醫學並無嚴格的界線。

　　巫者肩負起醫療疾病的職能，和先民對於疾病的認識有關，誠如上述，疾病多被視為鬼神作祟或祖先示罰的結果，巫者在治療疾病時所採取的方式主要以祭禱、祝由、禁咒為主，藥石針艾為輔。祭禱是通過某種特定儀式乞神降福遠禍，以祭禱進行醫療活動的方法，尤以殷商為盛，有學者統計殷墟甲骨文中關於疾病的紀錄約有四百一十五辭，〔註38〕治療方法幾乎都是巫者通過占卜的方式，以祈求鬼神寬恕。所謂的「祝由之術」也是一種溝通鬼神的手段，「祝由」之「祝」可訓為祝禱與詛咒，孔穎達在《尚書‧無逸》「否則厥口詛祝」下疏云：「以言告神謂之祝，請神加殃謂之詛。」〔註39〕與祭禱不同處在於「祭禱的對象是天帝或先王而祝由的對象往往是鬼魅，從早期文

〔註33〕參見黃懷信、張懋鎔、田旭東：《逸周書彙校集注》（上海：上海古籍出版社，1995年12月），頁423。

〔註34〕參見黎翔鳳撰、梁運華整理：《管子校注》（北京：中華書局，2004年6月），頁55。本章所引之《管子》原文，皆以此本為據，以下僅注篇名，不再另注版本出處。

〔註35〕參見陳奇猷校釋：《呂氏春秋校釋》（台北：華正書局，1985年8月），頁1078。本章所引之《呂氏春秋》原文，皆以此本為據，以下僅注篇名，不再另注版本出處。

〔註36〕參見王念孫：《廣雅疏證》（台北：廣文書局，1991年），頁125。

〔註37〕參見王念孫：《廣雅疏證》，頁125。

〔註38〕學者研究指出：「據有關資料表明，殷墟出土的甲骨約16萬餘片，其中載有疾病的有323片，415辭。所載疾病的名稱有20餘種。」（詳說參見甄志亞主編、傅維康副主編：《中國醫學史》（修訂版）（台北：知音出版社，2003年9月），頁23。）

〔註39〕參見孔安國傳、孔穎達正義：《尚書正義》（阮刻本）（台北：藝文印書館，1989年1月），頁243。

獻中有關祝由法術的記載，也可以看出，祝由是詛咒，而非如祭禱一樣是乞求。」〔註40〕《黃帝內經》中也有上古之人運用祝由之術治病的記載：

> 黃帝問曰：余聞古之治病，惟其移精變氣，可祝由而已。今世治病，毒藥治其內，針石治其外，或癒或不癒，何也？岐伯對曰：「往古人居禽獸之間，動作以避寒，陰居以避暑，內無眷慕之累，外無伸宦之形。恬憺之世，邪不能深入也。故毒藥不能治其內，針石不能治其外，故可移精祝由而已。〔註41〕（《素問·移精變氣論》）

> 黃帝曰：其祝而已者，其故何也？岐伯曰：先巫者，因知百姓之勝，先知其病之所從生者，可祝而已也。〔註42〕（《靈樞·賊風》）

> 疾毒言語輕人者，可使唾癰咒病。（《靈樞·官能》）

巫醫禱唸祝（咒）詞治療疾病，類似今日的心理治療，其操作方式從《韓詩外傳》可知：「上古醫曰茅父，茅父之爲醫也，以菅爲席，以芻爲狗，北面而祝。」《說苑·辨物》亦載有：「上古之爲醫者曰苗父。苗父之爲醫也，以菅爲席，以芻爲狗，北面而祝，發十言耳，諸扶而來者，舉而來者，皆平復如故。」〔註43〕馬王堆出土帛書《五十二病方》裡更保存了大量祝由之法。〔註44〕總之，巫醫治病所採取的祭禱或祝由之術，主要是從精神層面加以誘導，在當時時空背景下，雖可緩解一些身心方面的疾病，達到一定的療效，但是面對與日紛繁的各式疾病，其療效究竟有限，即使巫者在治療過程中也輔以藥物，但畢竟只是巫術的附庸，隨著醫藥知識的累積與技術發展，巫醫祝由之術在醫療過程中的地位開始降低。

〔註40〕 參見姜生、湯偉俠主編：《中國道教科學技術史·漢魏兩晉卷》（北京：科學出版社，2002 年 4 月），頁 487。

〔註41〕 參見王冰：《黃帝內經素問》（北京：人民衛生出版社，2002 年 12 月），頁 82。本章所引之《黃帝內經素問》原文，皆以此本爲據，以下僅注篇名，不再另注版本出處。

〔註42〕 參見河北醫學院校釋：《靈樞經校釋》（北京：人民衛生出版社，2004 年 3 月），頁。本章所引之《靈樞》原文，皆以此本爲據，以下僅注篇名，不再另注版本出處。

〔註43〕 參見向宗魯：《說苑校正》（北京：中華書局，1987 年 7 月），頁 471。

〔註44〕 趙璞珊指出：「《五十二病方》保存相當數量巫祝的內容，它一定程度反映了用巫祝手段治病向醫藥轉化前進中的必經過程。它比《山海經》時代，以巫爲主，醫藥爲輔，已大有進步，而是開始以醫藥爲主，巫祝居於次要地位了。或者說，當時人們有了疾病，主要利用方劑醫藥，但仍未完全擺脫巫祝的羈絆。」（參見氏著：《中國古代醫學》（北京：中華書局，1997 年 9 月），頁 28。）

（二）醫學的獨立發展

《禮記‧表記》說：「殷人尊神，率民以事神，先鬼而後禮，先罰而後賞……周人尊禮尚施，事鬼神而遠之。」大約至周代時期，隨著人文精神昂揚，神權的動搖，巫和醫有了初步的分化。按《周禮》記載，當時已把「巫祝」列於「春官大宗伯」的職官系統，其中，「司巫」爲巫官之長，負責「群巫之政令。若國大旱，則率巫而舞雩；國有大災，則率巫而造巫恒」，而「醫師」則分屬於「天官冢宰」的部門管轄，可見在國家統治機構中，兩者已分屬於不同系統。《周禮‧天官‧冢宰》記錄了周代朝廷的醫事制度，這個機構由「上士二人、下士四人、府二人、史二人、徒二十人」組成，統領各科，其中提到：

> 醫師掌醫之政令，聚毒藥以供醫事。凡邦之有疾病者、疕瘍者造焉，則使醫分而治之，歲終，則稽其醫事以制其食，十全爲上，十失一次之，十失二次之，十失三次之，十失四爲下。

這裡說明了醫師乃眾醫官之長，主掌醫藥行政，負責將病患分配給各醫官進行治療，並將治療效果記錄在案，十全爲上，治十失四爲下，依次分爲五個等級，以作爲考核業績的標準，於年終之際據此來決定他們的薪俸。又據《周禮‧天官‧冢宰》的記載，此時醫學已開始分科，並將醫師劃分爲四類：專門負責王室飲食衛生的「食醫」；相當於今日的內科醫師的「疾醫」；相當於今日的外科醫師的「瘍醫」與專門治療牲畜疾病的「獸醫」。此外還制訂一套醫政組織及醫療考核制度。春秋時期已出現了如醫和、醫緩、扁鵲等專職醫生，象徵醫學發展已趨成熟，逐漸脫離巫者的控制，開始走向獨立發展的道路，春秋至戰國時期，社會經歷巨大變革，隨著生產力的提升、自然科學的進步、學術思想的活躍，在這樣的時代背景下，否定天命鬼神的學說日益興起。從《左傳》中的幾筆史料可以證明。如《左傳‧成公十年》記載了桑田巫與醫和的故事，文曰：

> 晉侯夢大厲，被髮及地，搏膺而踊曰，殺余孫不義，余得請於帝矣。壞大門，及寢門而入，公懼，入于室，又壞戶。公覺，召桑田巫，巫言如夢。公曰：「何如？」曰：「不食新矣，公疾病，求醫于秦，秦伯使醫緩爲之，未至，公夢疾爲二豎子，曰：「彼良醫也，懼傷我，焉逃之。」其一曰：「居肓之上，膏之下，若我何。」醫至，曰：「疾不可爲也，在肓之上，膏之下，攻之不可，達之不及，藥不至焉，不可爲也。公曰：「良醫也，厚爲之禮而歸之。六月，丙午，晉侯欲

> 麥，使甸人獻麥，饋人爲之，召桑田巫，示而殺之。將食，張，如
> 廁，陷而卒。小臣有晨夢負公以登天，及日中，負晉侯出諸廁，遂
> 以爲殉。

晉景公病篤，先召桑田巫求治，但因懷疑桑田巫的診斷，後派人至秦國求醫，醫緩爲之診治，桑田巫與醫緩皆指出晉侯將死，不過醫緩得到厚禮之賜，桑田巫卻遭示而殺之，說明巫醫的衰微。另外，《左傳・昭公元年》載有：「晉侯有疾，鄭伯使公孫僑如晉聘，且問疾，叔向問焉，曰：『寡君之疾病，卜人曰實沈台駘爲祟。』」當時子產反對卜人之說，認爲應是飲食哀樂所致，之後晉侯求醫於秦：「秦伯使醫和視之，曰：『疾不可爲也。是謂：『近女室，疾如蠱。非鬼非食，惑以喪志。……公曰：女不可近乎？對曰：節之。』」醫和診視後認爲晉侯病因是由於情欲過度所引起，並非所謂鬼神降災所致，對此，他明確提出了「六氣致病」的理論：

> 天有六氣，降生五味，發爲五色，徵爲五聲。淫生六疾。六氣曰陰、
> 陽、風、雨、晦、明也。分爲四時，序爲五節，過則爲菑；陰淫寒
> 疾，陽淫熱疾，風淫熱疾，雨淫腹疾，晦淫惑疾，明淫心疾。女陽
> 物而晦時，淫則生內熱惑蠱之疾。今君不節不時，能無及此乎？

醫和觀察到自然之四時、五節、六氣等氣候變化的不調，是導致疾病產生的主因，可見醫和已試圖從理性的角度探索病因、診斷及治療之法，大大沖淡鬼神致病之說。由此也反映當時對於疾病雖仍巫、醫並用，但對巫者的信任已大爲降低。這種站在理性的立場上揭露並批判巫醫之術的思想，亦散見於諸子學說之中，如《論語・述而》記載，孔子有病，子路請禱，孔子曰：「丘之禱也久！」孔子此言表明反對以祈禱來治病的作法。在先秦諸子當中，墨子可說是少數崇信鬼神者，但某次墨子生病，跌鼻進以鬼神之論非難於他，墨子回答：「雖使我有病，何遽不明！人之所得於病者多方，有得之寒暑，有得之勞苦，百門而閉一門焉，則盜何遽無從入？」〔註45〕（《墨子・公孟》）在〈節葬〉裡也提及：「冬不仞寒，夏不仞暑，作疾病死者不可勝計。」可見墨子基本上也認爲鬼神致病說無法概括一切病因，寒暑及勞苦都是導致人生病的因素。《管子・權修》：「上恃龜筮，好用巫醫，則鬼神驟祟。」論述好用巫醫的後果將給國家帶來嚴重禍患。《韓非子・八說》也說：「有惡病，使之

〔註45〕 參見孫詒讓：《墨子閒詁》（台北：華正書局，1995 年 9 月），頁 425。本章所引之《墨子》原文，皆以此本爲據，以下僅注篇名，不再另注版本出處。

事醫，不隨師則陷於刑，不事醫則疑於死。」〔註46〕強調信醫的重要，《呂氏春秋》更針對當時人們崇尚卜筮禱祠或是藉助巫醫來治療疾病的作法提出異議，批評此法無疑是揚湯止沸，它說：

> 今世上卜筮禱祠，故疾病愈來。譬之若射者，射而不中，反修于招，
> 何益於中？夫以湯止沸，沸愈不止，去其火則止矣。故巫醫毒藥，
> 逐除治之，故古之人賤之也，爲其末也。（〈盡數〉）

對於巫醫治病抨擊最甚者莫過於醫家，戰國時期的名醫扁鵲，綜合其醫療心得提出病有「六不治」（《史記·扁鵲倉公列傳》）之說，「信巫不信醫」便是其中一項，〔註47〕此論象徵醫學技術與理論已發展到一定程度，足以與鬼神巫術等迷信思想相對抗，作爲最早醫學典籍代表的《黃帝內經》，從醫學的立場探究人之所以患病的原因，以此推翻鬼神致病說，《靈樞·順氣一日分爲四時》說：「夫百病之所始生者，必起於燥濕、寒暑、風雨、陰陽、喜怒、飲食、居處。」《靈樞·百病始生》也說：「夫百病之始生也，皆生於風雨寒暑，清濕喜怒，喜怒不節則傷藏，風雨則傷上，清濕則傷下」此論擴充了醫和的「六氣致病」論，並注意到人體之七情六欲、飲食因素、居住環境都可能是致病的因素。不過，當人生病並非上述因素所致，若排除鬼神所致，又該如何解釋？對此，《黃帝內經》認爲這是因爲邪氣入侵身體之時尚未發病，後來由於某種誘因引發，才導致病發，《靈樞·賊風》云：

> 其毋所遇邪氣，又毋怵惕之所志，卒然而病者，其故何也？唯有因
> 鬼神之事乎？岐伯曰：「此亦有故，邪留而未發，因而志有所惡，及
> 有所慕，血氣內亂，兩氣相搏。其所從來者微，視之不見，聽而不
> 聞，故似鬼神。」

此外，疾病的產生不單取決於邪氣，人體正氣的虛實亦具有決定性的影響，《靈樞·百病始生》：「風雨寒熱，不得虛，邪不能獨傷人。」又如：「邪之所湊，其氣必虛。」（《素問·評熱病論》）說明在一般情形下，人體的正氣旺盛，邪

〔註46〕參見陳奇猷：《韓非子集釋》（台北：華正書局，1982年8月），頁975。本章所引之《韓非子》原文，皆以此本爲據，以下僅注篇名，不再另注版本出處。

〔註47〕《新語·資質》中亦載有扁鵲欲爲患者療病遭拒的故事：「昔扁鵲居宋，得罪於宋君，出亡之衛，衛人有病將死者，扁鵲至其家，欲爲治之。病者之父謂扁鵲曰：『吾子病甚篤，將爲迎良醫治，非子所能治也。』退而不用，乃使靈巫求福請命，對扁鵲而咒，病者卒死，靈巫不能治也。」（參見王利器：《新語校注》（北京：中華書局，1986年8月），頁110。）信巫不信醫的後果即如文中的衛人一樣難逃一死。

氣就不易傷害人體。反之,人體正氣一旦虛弱,不足以抵抗外邪,邪氣趁虛而入,導致臟腑血氣功能失調,疾病就會產生。故《素問‧五藏別論》明白總結:

> 凡治病必察其下,適其脈,觀其志意,與其病能。拘於鬼神者,不
> 可與言至德;惡於針石者,不可與言至巧。病不許治者,病必不治,
> 治之無功矣。

明確提出若拘於鬼神,則「病必不治,治之無功」的警告。《黃帝內經》從科學理性的角度分析歸納人得病緣由,有力批判了鬼神致病說,在診斷與治療上也有別於巫術,使人在面對疾病生死,不再唯鬼神是從。

不過必須說明的是,醫學雖莊嚴地宣告與巫術分途,兩者間看似處於對立的態勢,但是醫學發展與巫術間的關係並未全然斷絕,一旦遇上醫學無法解決的難題,往往給予巫者表現的機會。故自漢代起,雖然巫醫之勢已明顯衰微,但在兩漢乃至醫學昌盛的今日,巫者在醫事活動中始終佔有一席之地。是故,隨著醫學的獨立發展,明白地劃出一條科學與迷信的界線後,人類對於生命的態度已從消極被動的維持,逐漸走向積極的照護,在面對身體的病痛疾患時,懂得藉由理性科學的途徑尋求積極有效的解決之道,因此醫學的獨立發展對於人類生命健康的維護與養生思想的發展,起著關鍵性的影響,尤其被歷代醫家奉爲圭臬的《黃帝內經》,它的出現不僅象徵醫學已從單純醫療經驗的積累,發展至系統理論的確立,書中諸多醫療觀念對於養生思想更有莫大啓發作用。以下就《黃帝內經》中與養生相關的內容做一概括性的介紹。

二、《黃帝內經》的養生思想

春秋起至戰國時期,醫學得到長足的發展,許多今已不傳的專門醫學著作在當時陸續問世,〔註48〕在巫、醫分道揚鑣的時代背景下,中國早期醫學

〔註48〕 據《漢書‧藝文志》記載,當時醫經有七家,計兩百一十六卷,不過絕大部
　　　　分已經失傳。此外,尚有許多不見於文獻所載的古代醫書,在《黃帝內經》
　　　　成書以前,已出現不少更爲古老的醫藥文獻,像是《五色》、《脈變》、《九針》、
　　　　《熱論》、《本病》、《刺法》,這些書雖已亡佚,但從《黃帝內經》的引用可知。
　　　　據龍伯堅的研究,《黃帝內經》中所引用的古代醫書多達二十一種。(參見龍
　　　　伯堅:《黃帝內經概論》(上海:上海科學技術出版社,1980 年 9 月),頁 70
　　　　～80。) 加上近年馬王堆漢墓、江陵張家山漢墓、滿城中山靖王墓及武威漢
　　　　簡等漢墓陸續出土的醫書,再次應證當時醫藥學發展已達相當可觀的水準。

專著《黃帝內經》，〔註49〕第一次總結了先秦以來的醫學理論與醫藥成果，《黃帝內經》雖爲醫學專著，但書中諸多論述對於養生學的發展提供理論基礎，關於書中豐贍的養生思想，主要可以整體全面的生命觀照與不治已病治未病的預防觀來概括。

（一）整體全面的養生原則

《素問‧上古天眞論》從醫學的角度綜觀人之生、長、壯、老的生命歷程：

> 女子七歲腎氣盛，齒更髮長。二七而天癸至，任脈通，太衝脈盛，月事以時下，故有子。三七腎氣平均，故眞牙生而長極。四七筋骨堅，髮長極，身體盛壯。五七陽明脈衰，面始焦，髮始墮。六七三陽脈衰於上，面皆焦，髮始白。七七任脈虛，太衝脈衰少，天癸竭，地道不通，故形壞而無子也。丈夫八歲腎氣實，髮長齒更。二八腎氣盛，天癸至，積氣溢瀉，陰陽和，故能有子。三八腎氣平均，筋骨勁強，故眞牙生而長極。四八筋骨隆盛，肌肉滿壯。五八腎氣衰，髮墮齒槁。六八陽氣衰竭於上，面焦，髮鬢頒白。七八肝氣衰，筋不能動，天癸竭，精少，腎臟衰，形體皆極。八八則齒髮去。

這裡區分了男女身體的生理變化，以少陽之數七，少陰之數八，及臟腑、經脈的生長、盛滿、氣衰，分述男女的生長階段。女子年紀一過三十五，男子

〔註49〕《黃帝內經》的成書年代歷來備存爭議，蔡璧名綜合整理前人看法，概分爲以下二說：1. 多數學者主張《素問》、《靈樞》即《漢書‧藝文志》所著錄之《黃帝內經》，並認爲《黃帝內經》之主要部分成書於戰國，或者認爲主要部分編輯於西漢。2. 主張《素問》、《靈樞》並非《漢書‧藝文志》所著錄之《黃帝內經》，此派學者主要有廖育群，廖氏根據王莽自謂黃帝之後故尚黃帝之名等理由，將今本《黃帝內經》之成書時代後推至西漢末年至東漢前期之間。田樹仁、王建中則認爲「心主火」這種五行應五臟的說法於東漢纔出現，而由此推論《素問》、《靈樞》成書於東漢。對此，韓振廷已提出反對觀點，韓氏根據《史記‧封禪書》載漢武帝時神仙家曾提出「漢興復當黃帝之時」，而於太初元年正式按土德改制的情況，說明西漢中期黃帝已受無上尊崇，據此回應廖氏言王莽朝方崇黃帝的說法。此外，韓氏更舉《淮南子》之〈天文〉、〈地形〉兩篇之「南方，火也」、「南方……赤色主心」爲例，證明「心屬火」的說法早見於西漢前期，據此否定田、王二者的論斷。在上述討論基礎上，蔡璧名提出：「今本《黃帝內經》的主要著成年代可約略概括爲春秋、戰國或秦漢之際。」關於以上諸位學者的論述詳見蔡璧名：《身體與自然——以《黃帝內經素問》爲中心論古代思想傳統中的身體觀》（台北：國立臺灣大學文史叢刊，1997 年 4 月），頁 37～39。

一過四十，身體機能便開始走下坡，又《素問·陰陽應象大論》通論男女生理發展大體上的情況是：「年四十而陰氣自半也，起居衰矣；年五十體重，耳目不聰矣；年六十，陰萎，氣大衰，九竅不利，下虛上實，涕泣俱出矣。」可見人生健壯美好的年歲並不長久，雖然人的生命有週期限制，但若能保養得宜，仍可達到盡其天年的境界。「天年」究竟有多長？《黃帝內經》的定義大抵以百歲爲限，〔註50〕因此在《素問·上古天眞論》裡，首段即藉著黃帝與岐伯對於今昔年壽短長的討論，來闡發養生的要意，此論可謂《黃帝內經》養生理論的總綱，它說：

> 余聞上古之人，春秋皆度百歲，而動作不衰；今時之人，年半百而動作皆衰者，時世異耶？人將失之耶？岐伯對曰：「上古之人，其知道者，法於陰陽，和於術數，食飲有節，起居有常，不妄作勞，故能形與神俱，而盡終其天年，度百歲乃去。今時之人不然也，以酒爲漿，以妄爲常，醉以入房，以欲竭其精，以耗散其眞，不知持滿，不知御神，務快其心，逆於生樂，起居無節，故半百而衰也。」夫上古聖人之教下也，皆謂之虛邪賊風，避之有時，恬淡虛無，眞氣從之，精神內守，病安從來。是以志閑而少欲，心安而不懼，形勞而不倦，氣從以順，各從其欲，皆得所願。……是以嗜欲不能勞其目，淫邪不能惑其心，愚智賢不肖，不懼于物，故合于道，所以能年皆度百歲而動作不衰者，以其德全不危也。

岐伯回應上古之人所以能終其天年，度百歲而去，關鍵就在於養生之道的掌握，亦即「法陰陽、和術數、節飲食、調起居、寡嗜欲、不妄作勞」，故能使形神各處其宜以終其天年。時人卻反其道而行，以「妄」、「竭」、「耗」、「逆」的態度來對待生命，因而半百即衰。

其中，陰陽學說在《黃帝內經》裡得到充分的發展，《黃帝內經》認爲，天地萬物無不包含在陰陽的範圍之內，皆可以此理來概括，《素問·陰陽應象

〔註50〕 《靈樞·天年》以十歲爲週期，描述人生命之發展狀況時提到：「黃帝曰：其氣之盛衰，以至於死，可得聞乎？岐伯曰：「人生十歲，五臟始定，血氣已通，其氣在下，故好走；二十歲，血氣始盛，肌肉方長，故好趨；三十歲，五臟大定，冗肉堅固，血脈盛滿，故好步；四十歲，五臟六腑十二經脈，皆大盛以平定，腠理始疏，榮貨類落，髮頗斑白，平盛不搖，故好坐；五十歲，肝氣始衰，肝葉始薄，膽汁始減，目始不明；六十歲，心氣始衰，若憂悲，血氣懈惰，故好臥；七十歲，脾氣虛，皮膚枯；八十歲，肺氣衰，魄離，故言善誤；九十歲，腎氣焦，四臟經脈空虛；百歲，五臟皆虛，神氣皆去，形骸獨居而終矣。」

大論》說：「陰陽者，天地之道也，萬物之綱紀，變化之父母，生殺之本始，神明之府也，治病必求於本。」《素問‧生氣通天論》：「夫自古通天者生之本，本於陰陽」，《黃帝內經》將陰陽的對立統一視爲萬物發生與發展的普遍規律，人的生理變化亦不離此道，故《素問‧保命全形論》說：「人生有形，不離陰陽。」《靈樞‧經水》亦謂：「人之所以參天地而應陰陽也，不可不察。」可見如何保持陰陽平衡與遵循陰陽規律成爲維護健康的重要關鍵。〔註51〕人與自然同受陰陽五行法則制約，故彼此存在相互對應的關係，《素問‧四氣調神大論》根據四季陰陽消長的規律，制訂了一套養生標準，它說：〔註52〕

> 春三月，此爲發陳，天地俱生，萬物以榮，夜臥早起，廣步于庭，被髮緩形，以使志生，生而勿殺，予而勿奪，賞而勿罰，此春氣之應，養生之道也；逆之則傷肝，夏爲實寒變，奉長者少。

> 夏三月，此爲蕃秀，天地氣交，萬物華實，夜臥早起，無厭于日，使志勿怒，使華英成秀，使氣得泄，若所愛在外，此夏氣之應，養長之道也；逆之則傷心，秋爲痎瘧，奉收者少，冬至重病。

> 秋三月，此謂容平，天氣以急，地氣以明，早臥早起，與雞俱興，使志安寧，以緩秋刑，收斂神氣，使秋氣平，無外其志，使肺氣清，

〔註51〕《黃帝內經》認爲，健康之人的身體系統呈現平衡的狀態，稱這樣的人爲「平人」，所謂的「平人」，即是「陰陽勻平」之人，《素問‧平人象氣論》云：「平人者，不病也。常以不病，調病人。醫不病，故爲病人平息以調之爲法。」當陰陽失調，人體就會生病。《素問‧生氣通天論》：「凡陰陽之要，陽密乃固。兩者不和，若春無秋，若冬無夏，因而和之，是爲聖度。故陽強不能密，陰氣乃絕；陰平陽秘，精神乃治；陰陽離決，精氣乃絕。」又如《素問‧陰陽應象大論》：「陰勝則陽病，陽勝則陰病。陽勝則熱，陰勝則寒。」因此在某種意義上《內經》治病就是調整陰。」

〔註52〕在張家山漢簡《引書》裡也有類似的論述，全書第一部份即闡述四季養生之道：「春產、夏長、秋收、冬臧（藏），此彭祖之道也。」並就四季生活起居作了如下的安排：「春日（蚤）早起之後，棄水，澡漱，灑齒沟，被（披）髮，游堂下，逆（露）之清，受天之精，（飲）水一棓（杯），所以益㰩也。入宮，從昏到夜大半止之，益之傷氣。夏日，數沐，希浴，毋莫（起），多食采（菜）。蚤（早）起，棄水之後，用水澡（漱），疏齒，被髮。步足堂下，有閒而飲水一棓（杯），入宮從昏到夜半止，益之傷氣。秋日，數沐浴，（飲）食飢飽次（恣）身所欲。入宮以身所利安，此利道也。冬日，數沐浴，手欲寒，足欲溫，面欲寒，身欲溫，臥欲莫起，臥信（伸）必有（正）也。入宮從昏到夜少半止之，益之傷氣。」甚至對於每個季節的房事生活時間也有明確的規範。（參見張家山二四七號漢墓竹簡整理小組編著：《張家山漢墓竹簡（二四七號墓）（釋文修訂本）》（北京：文物出版社，2006 年 5 月），頁 171。

> 此秋氣之應，養收之道也；逆之則傷肺，冬爲飱泄，奉藏者少。
>
> 冬三月，此爲閉藏，水冰地坼，勿擾乎陽，早臥晚起，必待日光，使志若伏若匿，若有私意，若已有得，去寒就溫，無泄皮膚，使氣極奪。
>
> 此冬氣之應，養藏之道也；逆之則傷腎，春爲痿厥，奉生者少。

此言詳細闡述人之起居、情志、勞作等生理活動與自然界間的關係，人的作息起居應當順隨春生、夏長、秋收、冬藏的季節律動做相應的安排，春季則衣束寬鬆，心情恬愉，遇事寬容，以應養「生」之道；夏季則夜臥早起，無厭日光，使身體陽氣得以宣洩，避免發怒，以應養「長」之道；秋季則早臥早起，與雞俱興，收斂神氣，使神志安寧，以應養「收」之道；冬季則早臥晚起，必待日光，使心志伏匿，以應養「藏」之道。若不順隨自然律則，疾病則會相應而生，它說：

> 人以天地之氣生，四時之法成……人生於地，命懸於天，天地合氣，命之曰人。人能應四時者，天地爲之父母，知萬物者，謂之天子。(《素問·寶命全形論》)
>
> 春生，夏長，秋收，冬藏，是氣之常也，人亦應之。(《靈樞·順氣一日分爲四時》)
>
> 智者之養生也，必順四時而適寒暑。(《靈樞·本神》)

並剖析若不應和四季時序來休養生息，將對人體健康帶來傷害。故要人配合時令「春夏養陽、秋冬養陰」，〈四氣調神大論〉說：

> 夫四時陰陽者，萬物之根本也。所以聖人春夏養陽，秋冬養陰，以從其根，故與萬物沈浮於生長之門。逆其根，則伐其本，壞其眞矣。
>
> 故陰陽四時者，萬物之終始也，死生之本也。逆之則災害生，從之則苛疾不起，是謂得道。道者，聖人行之，愚者佩之。從陰陽則生，逆之則死，從之則治，逆之則亂，反順爲逆，是謂內格。

《黃帝內經》視四時陰陽爲萬物生死之根本，一旦逆其根、伐其本，則災害就要產生。除了四季規律之外，小至一日之內，皆要配合自然節律，《靈樞·一日分爲四時》提到：「以一日分四時，朝則爲春、日中爲夏、日入爲秋、夜半爲冬。」可見一日分爲四時，與四季變化的應和關係。又如《素問·生氣通天論》：「平旦人氣生，日中而陽氣隆，日西陽氣已虛，氣門乃閉，是故暮而收拒，無擾筋骨，無見霧露，反此三時，形乃困薄。」均是與四時規律相調的養生論述。

　　其實古人很早就觀察到人並非孤立存在的個體，《老子》書中已揭示「人法地，地法天，天法道，道法自然。」（〈第二十五章〉）的道理，這在《黃帝內經》裡獲得高度重視，《黃帝內經》將人與自然連結爲一個整體，人身處其中，與天地自然息息相關，無論是四時氣候的變化，〔註53〕抑或是地理環境的優劣，〔註54〕乃至風土民情的差異，皆是影響人身體健康的重要因素，故《黃帝內經》在「人與天地相參」（《靈樞·歲露》）的理論基礎下，極爲強調人與自然的調和。另一方面，從微觀的視角檢視人的身體，《黃帝內經》認爲人體的四肢百骸、五官九竅、皮肉筋骨、五臟六腑，都是一個完整的整體，彼此間的功能活動並非孤立與封閉，而是彼此相屬，互有聯繫，《素問·靈台秘典論》說：

> 凡此十二官者，不得相失也。故主明則下安，以此養生則壽，沒世不殆，以爲天下則大昌。主不明則十二官危，使道閉塞而不通，形乃大傷，以此養生則殃，以爲天下者，其宗大危，戒之戒之。

各臟腑在心的主宰下，〔註55〕形成一個協調共濟、井然有序的統一整體，一旦某個部位病變，皆足以影響全身，是故不論是養生或是療病，都必須綜觀全局來看待。這種整體全面性的生命觀照，不僅成爲中國傳統醫學理論的主軸，〔註56〕對後世養生思想的發展，也有重要的影響。除了整體全面的的養

〔註53〕《素問·金匱眞言論》也說：「故春氣者，病在頭；夏氣者，病在臟；秋氣者，病在肩背；冬氣者，病在四肢。故春善病鼽衄，仲夏善病胸脇，長夏善病洞泄寒中，秋善病風瘧，冬善病痹厥。」《靈樞·歲露論》：「因歲之和，而少賊風者，民少病而少死；歲多賊風邪氣，寒溫不和，則民多病而死矣。」

〔註54〕如《素問·異法方宜論》說：「故東方之域，天地之所始生也，魚鹽之地，海濱傍水，其民食魚而嗜鹹……魚者使人熱中，鹽者勝血，故其民皆黑色疏理，其病皆爲癰瘍。……西方者金玉之域，沙石之處，天地之所收引也，其民陵居而多風，水土剛強，其民不衣而褐荐，其民華食而脂肥，故邪不能傷其形體，其病生於內……南方者，天地所長養，陽之所盛處也。其地下，水土弱，霧露之所聚也。其民嗜酸而食胕，故其民皆致理而赤色，其病攣痹，……中央者，其地平以濕，天地所以生萬物也，其民食雜而不勞，故其病多痿厥寒熱。」《素問·五常政大論》也說：「陰精所奉其人壽；陽精所降其人夭……一州之氣，生化天壽不同……高下之理，地勢使然也。崇高則陰氣治之，污下則陽氣治之……高者其氣壽，下者其氣夭，地之小大異也，小者小異，大者大異。」說明了人所居地勢環境的高低，對人壽命長短的影響。

〔註55〕諸如《素問·靈台秘典論》說：「心者，君主之官也，神明出焉。」《靈樞·邪客》：「心者，五臟六腑之大主也。」

〔註56〕即如張岱年所說：「中國傳統思維方式有一個特點，就是整體思維。中醫非常強調整體，把人體看成是一個整體，同時又把人與整個世界看成是一個整體，

生原則外，不治已病治未病的預防觀更是書中養生思想的立論基礎，以下嘗試論之。

（二）不治已病治未病的預防觀

所謂的「治未病」，簡言之即是「預防」思想。「預防」一詞最早見於《周易‧既濟卦‧象辭》：「君子以思患而豫防之。」具體落實在：「安而不忘危，存而不忘亡，治而不忘亂，是以身安而國家可保也。」（《周易‧繫辭下傳‧第五章》）不過，馬伯英指出，以趨吉避凶爲目的的占卜，可能是最早預防思想的體現，他說：

> 占卜本意有預測原理，解決無法決策的疑難問題，故曰：「汝則有大疑，謀及卜筮。（〈洪範〉）」、「卜以決疑，不疑何卜？（《左傳》桓十一年）」這包括對疾病的預測。祈禳則可認爲是具體預防措施的實行。人事無法自控，必然求助神明之力，透過祈禳懇求垂憐，或驅除凶邪。祈禳行爲隱含著人們企圖通過自身某種力量控制超自然力量的願望和嘗試。〔註57〕

此後由人事爲主的預防意識逐漸增強，如《尚書‧周書》說：「若昔大猷，治之於未亂，保邦於未危。」《詩經‧豳風‧鴟鴞》：「迨天之未陰雨，徹彼桑土，綢繆牖戶。」均是防範於未然的觀念。春秋起「預防」觀念已成爲普遍思維，如《老子》說：「圖難於其易，爲大於其細；天下難事必作於易，天下大事必作於細。」（〈第六十三章〉）、「其安易持，其未兆易謀，其脆易破，其微易散。」（〈第六十四章〉）老子分析事情未見兆端時最易圖謀，故教人「爲之於未有，治之於未亂」（〈第六十四章〉）。《墨子‧公孟》也說：「亂則治之，是猶噎而穿井也，死而求醫也。」同樣呼籲治之於未亂的重要。荀子在承認客觀規律的前提下，更明白提出：「強本而節用，則天不能貧；養備而動時，則天不能病。」（《荀子‧天論》），〔註58〕要人發揮人之主觀能動性以「制天命而用之」，《管子》中也有：「唯有道者能避患於未形，故禍不萌。」（〈六親五法〉）、「謀無主則困，事無備則廢。」（〈霸言〉）的看法。這種避禍防患的觀念運用在醫

這可以說是中國古代的系統思想。」參見氏著：（《文化與哲學》，北京：教育科學出版社，1988年），頁266。

〔註57〕 參見馬伯英：《中國醫學文化史》（上海：上海人民出版社，1994年5月），頁203～204。

〔註58〕 誠如楊倞之注：「養備謂使人衣食足，動時謂人勤力不失其時，亦不使勞苦也。養生既備，動作以時，則疾疢不作也。」

學上，逐漸擴展成對疾病的預防與治療，如《國語‧楚語下》：「夫誰無疾眚，
能者早除之。」在《韓非子‧喻老》裡，更以蔡桓公諱疾忌醫的故事，解喻
老子「欲制物者於其細」的思想，說明良醫對於疾病的處理需從病兆剛顯露
之際便入手，才能有效控制。〔註59〕文中並總結道：「良醫之治病也，攻之於
腠理。此皆爭於小者也……故曰：『聖人蚤從事焉』。」

　　《黃帝內經》廣泛吸收了這種「蚤從事」、「預知微」的思想，使之系統
化、理論化，將此道應用在人身體健康的維護，進一步地提出了「治未病」
的主張，它說：

> 道者，聖人行之，愚者佩之。從陰陽則生，逆之則死；從之則治，
> 逆之則亂。反順爲逆，是爲内格。是故聖人不治已病治未病，不治
> 已亂治未亂，此之謂也。夫病已成而後藥之，亂已成而後治之，譬
> 猶渴而穿井，鬥而鑄椎，不亦晚乎。（《素問‧四氣調神論》）

《黃帝內經》強調從根本處著眼，在疾病未生之前，就該主動採取一些積極
的措施來防治，並將這種「不治已病治未病」的防預思想，提高到戰略高度
來論述，在《靈樞‧玉版》即以作戰爲喻，強調「治未病」的重要，它說：

> 兩軍相當，旗幟相望，白刃陳於中野者，此非一日之謀也。能使其
> 民令行禁止，士卒無白刃之難者，非一日之教也，須臾之得也。夫
> 至使身被癰疽之病，膿血之聚者，不亦離道遠乎？夫癰疽之生，膿
> 血之成也，不從天下，不從地出，積微之所生也，故聖人自治於未
> 有形也，愚者遭其已成也。

這裡說明了戰爭的發生、軍民的教化乃至疾病的形成，皆由積微而成，唯有
治於「未有形」，才是根本之道。此外，《黃帝內經》所謂的「治未病」，除了
防病於未然之外，倘若疾病已生，當在萌芽之初即時控制其發展與變化，並
以此作爲醫生技術良窳之判準。它說：

> 上工救其萌芽，下必先見三部九候之氣，盡調不敗而救之，故曰上
> 工。下工救其已成，救其已敗。（《素問‧八正神明論》）

> 故善治者治皮毛，其次治肌膚，其次治筋脈，其次治六腑，其次治
> 五臟。治五臟者，半死半生也。（《素問‧陰陽應象大論》）

> 上工刺其未生者也，其次刺其未盛者也，其次刺其已衰者也，下工

〔註59〕扁鵲曰：「疾在腠理，湯熨之所及也；在肌膚，鍼石之所及也；在腸胃，火齊
之所及也；在骨髓，司命之所屬，無奈何也，今在骨髓，臣是以無請也。」

刺其方襲者也。(《靈樞・逆順》)

病雖未發,見赤色者刺之,名曰治未病。(《靈樞・刺熱》)

《黃帝內經》對於「上工」、「善治者」的評判標準,在於能否「救其萌芽」、「治皮毛」、「刺其未生者」,也就是在疾病肇生之時即採取行動,避免病情擴大,使患者獲得有效的治療。蔡璧名對於《黃帝內經》「治未病」之說有如下精闢的解釋:

> 《內經》對於「身體」的關懷,絕非僅限於醫生之於病人。理想的典範乃是尋治於「未病」、「未亂」之先,認識自己的存在,認識自己在自然中的存在,從而照顧自己的存在,並藉著對「陰陽四時」的掌握,將身體安頓於大化流行之中。對「醫家」而言,這並非枝微末節的技術知識,而是「聖人」行「道」之所在。〔註60〕

《黃帝內經》的預防觀可以從未病先防、既病防變、病後防復三方面來概括,該如何尋治於「未病」、「未亂」之先?《黃帝內經》認爲,當從平時對生命的養護著手。養生理論在《黃帝內經》中佔有舉足輕重的地位,其中涉及養生的篇章約有四十餘篇,通觀《素問》,開卷之〈上古天眞論〉、〈四氣調神大論〉、〈生氣通天論〉、〈金匱眞言論〉、〈陰陽應象大論〉首五篇,可說是養生之道的專論。此外,《靈樞》中的〈本神〉、〈五味論〉、〈百病始生〉、〈九宮八風〉、〈天年〉、〈衛氣行〉、〈營衛生會〉、〈壽夭剛柔〉等篇,亦包括豐富的養生思想。《黃帝內經》將論述養生的篇章列於開卷之首,著實有力地證明了防勝於治的重要,可見其「養」重於「醫」的基本立場。在「治未病」的理論指導下,《黃帝內經》廣泛吸收先秦以來的醫家理論、陰陽五行說及諸子哲學思想,對於養生議題做了系統性的闡述,它從醫學觀點提出「不治已病治未病」的主張,告誡人們與其治療於有疾之後,不若攝養於未疾之先,如此才是對待生命的積極之道,此論著實爲養生學提供了強而有力的理論根據。

是故《黃帝內經》注重身體自身與自然界的聯繫性、統一性與完整性,將人與廣袤的自然做有機的連結,從身體與自然的互動中探尋養生之道,要求人無論在作息起居、情志調攝、飲食衣著等方面都要應和四時規律,才能使生命得到最全面妥適的養護,始可達到「苛疾不起、身無奇病」(〈四氣調神大論〉)的良效,順此道而行便可延年益壽,盡其天年、度百歲而終。其「未

〔註60〕 參見蔡璧名〈身體認識:文化傳統與醫家〉,(收錄於《中國典籍與文化論叢》,(北京:中華書局,2000年)。)

病先防」的理論對於養生學的發展有著啟發性的意義，即如《史記・扁倉列傳》：「使聖人預知微，能使良醫得早從事，則疾可已，身可活也。」《淮南子・說山》：「良醫者常治無病之病，故無病。聖人者，常治無患之患，故無患也。」這種養先於醫、防重於治的觀念更獲得後世歷代醫家廣泛推崇與認同，〔註61〕成為傳統醫學的重要內容。

第三節　另類生命觀的刺激

　　儘管先秦道家以理性的態度，分析詮解人的生命歷程與結局，要人全性葆真、安時處順，以盡其天年，但仍無法全然消解人們樂生惡死的心理，神

〔註61〕漢代張仲景在《金匱要略・臟腑經絡先後病脈證》：「若五臟元真通暢，人即安和……若人能養慎，不令風邪干忤經絡，適中經絡，未流傳臟腑，即醫治之；四肢才覺重滯，即導引吐納，針灸膏摩，勿令九竅閉塞；更令無犯王法，禽獸災傷，房室勿令竭乏，服食節其冷熱苦酸辛甘，不遺形體有衰，病則無由入其腠理。（參見張機撰、李克光主編：《金匱要略》（台北：知音出版社，1990年），頁20～21。」唐代孫思邈《備急千金藥方・養性》也說：「夫養性者，欲所習以成性，性自為善，不習無不利也。性既自善，內外百病皆悉不生，禍亂災害也無由作，此養性之大經也。善養性者，則治未病之病，是其義也……是以至人消未起之患，治未病之疾，醫之於無事之前，不追於既逝之後。」（參見（唐）孫思邈：《備急千金藥方》（台北：中國醫藥研究所，1990年），頁476。）元代朱震亨《丹溪心法・不治已病治未病》說：「蓋疾成而後藥者，徒勞而已。是故已病而不治，所以為醫家之法；未病而先治，所以明攝生之理。夫如是則思患而預防者，何患之有哉！聖人不治已病治未病之意也。……今以順四時調養神志，而為治未病者，是何意邪？蓋保身長全者，所以為聖人之道，治病十全者，所以為上工術。不治已病治未病之說，著於四氣調神大論，厥有旨哉。黃帝與天師難疑問回答之書，未嘗不以攝養為先，始論乎天真，次論乎調神，既以法於陰陽，而繼之以調於四氣；既曰食飲有節，而又繼之以起居有常，諄諄然以養生為急務者，意欲治未然之病，無使至於已病之難圖也。」（參見（元）朱震亨：《丹溪醫集》（北京：人民衛生出版社，1993年3月），頁19。）另外，董家榮生分析後世註解《內經》之諸家時提到：「歷代注釋《內經》者，無不注重其養生思想，如楊上善將《內經》依內容加以分類，編成《黃帝內經太素》，就以「攝生」為卷首；王冰把有關養生內容的部分，如〈上古天真論〉、〈四氣調神大論〉、〈生氣通天論〉、〈金匱真言論〉分別從全元起《素問訓解》的第九卷和第四卷移到第一卷；張介賓將《內經》分門別類，編成《類經》，同樣認為『夫人之大事，莫若死生，能葆其真，合乎天矣，故曰攝生類。』三者編排的次序，均刻意突出『養生』在《內經》中的重要性。」（參見董家榮：《黃帝內經養生思想》（台北：國立臺灣師範大學國文研究所碩士論文，2002年6月），頁3。）

仙信仰的肇生與生命不死的探求，表現人們對生命的至深愛戀，更象徵古人面對死亡威脅時所衍生出的反抗意識。起初「神」與「仙」本是不同的指稱，至戰國之際兩者才合而爲一。〔註62〕戰國以降，神仙之說大興，方士相信人們只要經過一定的努力，即可臻於生命永恆、能力無限的境地，從而出現許多以成仙爲目的的各式方技。以今日眼光視之，神仙可致之說固然流於荒誕，但先民超越有限的極度渴望，所萌發對生命不死的幻想，正是刺激養生與醫學發展的重要因素，以下即分兩部分進行探討，以明神仙之說對於養生思想的影響及貢獻。

一、長生不死與神仙的追求

《左傳‧昭公二十年》記載齊景公曾向晏子提出：「古而無死，其樂若何？」的質問，可見在春秋時期已觸及生命不死的議題。在《山海經》裡，亦載有不少關於生命不死的神話傳說，《海內西經》記有巫彭等十巫，並說這十巫「皆操不死之藥」，《大荒南經》也有「不死之國」、「不死山」等境域的描述，以及「不死樹」（《海內西經》）、「不死民」的記載，以「不死」爲名，應是先民對於生命長存的幻想。另外，《莊子》書中所描繪的得道者，已具有超越時空、飛升遨遊的形象，如〈逍遙遊〉裡藐姑射山的「神人」，其「肌膚若冰雪，綽

〔註62〕 關於神仙思想的產生，早期聞一多著有〈神仙考〉一文，此文從齊人祖先，即西方羌族的火葬風俗追溯神仙思想的最初源頭，西方羌族普遍崇尚火葬風俗，以爲由火化時靈魂生天可得永生，進而提出由火葬風俗所產生的靈魂不死到神仙家肉體不死的演變歷程。（詳文參見聞一多：〈神仙考〉收錄於氏著《神話與詩》（台北：藍燈文化事業股份有限公司，1975 年 9 月），頁 153～177。）不過梅新林認爲，促使長生不死、快樂自由爲核心的神仙思想的產生的遠古源頭是多元的，火葬風俗只其中一個重要的源頭，據其考察的結果，主要有下列五方面：1. 山海幻景 2. 火葬風俗 3. 飛行動物 4. 氣功體驗 5. 藥物作用。梅氏指出：「雖然這五個遠古源頭之間似乎沒有什麼內在聯繫，但實質上都不約而同地指向長生不死與自由飛行兩個聚光點上，這就爲以此二者爲核心的神仙思想的最終生成打下了基礎。」（詳文參見氏著：《仙話——神人之間的魔幻世界》，（上海：生活‧讀書‧新知三聯書店，1992 年 6 月），頁 18～22。）梅氏此說對於我們了解神仙思想的源頭有著相當的助益。余英時先生也提出：「一般來說，西周時期（前 1122～前 771），人們只祈求有限的長壽和得享天年，但到春秋時期（前 722～前 481），人們變得更貪心，開始祈求「難老」和「毋死」。因此，不朽的觀念也許完全可以被視爲世俗的長壽願望強化的結果，而不需要完全從外來影響的角度加以解釋。」（參見余英時著、侯旭東等譯：《東漢生死觀》，（臺北：聯經出版事業股份有限公司，2008 年 6 月），頁 29。

約若處子，不食五穀，吸風飲露，乘雲氣，御飛龍，遊乎四海之外……物莫之傷，大浸稽天而不溺，大旱金石流，土山焦而不熱」的超凡風姿；〈齊物論〉中的「至人」其「大澤焚而不能熱，河漢冱而不能寒，疾雷破山，風震海而不能驚。若然者，乘雲氣，騎日月而游乎四海之外，死生無變乎己，而況利害之端乎！」〈大宗師〉的「眞人」其登高不慄，入水不濡，入火不熱……其寢不夢，其覺無憂，其食不甘，其息深深。眞人之息以踵，眾人之息以喉。」的神通變化，及〈天地〉裡「夫聖人鶉居而鷇食，鳥行而無彰。天下有道，則與物皆昌；天下無道，則修德就閑；千歲厭世，去而上仙；乘彼白雲，至於帝鄉，三患莫至，身無常殃。」的超凡特異，可見莊子筆下對於得道者的描述，已散發出濃厚的神仙氣息。

這種渴望能超越時空，肉身不死的思維亦表現在文學作品中，位於南方的荊楚，崇尚淫祠，巫鬼之風盛行，神仙思想相對活躍，屈原〈離騷〉、〈九章〉已有描寫仙人活動的場面，《楚辭‧遠遊》也提到：「漠虛靜以恬愉兮，澹無為而自得，聞赤松之清塵兮，願承風乎遺則。貴眞人之休德兮，羨往世之登仙。」、「仍羽人於丹丘兮，留不死之舊鄉。」生動描繪仙人赤松子、王喬、韓眾輕舉登霞、遨遊天際的傳說，一幅幅神仙遊樂圖反映作者對於仙人的豔羨。不論是神話故事的熱情歌頌或是文人浪漫幻想，在當時人們心中，「神仙」已具有神通廣大及生命久長的特質，這些均是人們無法擁有卻渴望擁有的，尤其面對死亡結局的步步逼迫，更加促使人們對神仙境界的追求。

不過在上古時期，「神」與「仙」本是兩個不同的指稱，許慎《說文解字》對「神」字的解釋為：「神，天神引出萬物者也，從示，申聲。」，〔註63〕又於「示」下曰：「天垂象，見吉凶，所以示人也。從二、三垂，日月星也，觀乎天文以察時變，示神事也。」劉向《說苑‧修文》對此進一步闡析為：「神者，天地之本，而為萬物之始也，故曰天神引出萬物。」誠如上節所言，早期人類面對無法解釋的自然現象，幻想其背後有股神秘的超自然力量在控制，「引出萬物」意味著「神」獨具超越常人的能力。

至於「仙」字，在《說文解字》中作「仚」、「僊」二字，《說文解字》說：「仚，人在山上皃，從人山。」據許慎的解釋，此字乃象人在山上的樣子，引申有高舉上升之義。而「仙」字又作「僊」，《說文解字》解釋為：「長生僊

〔註63〕參見許慎著、段玉裁注：《說文解字注》（台北：黎明文化事業有限公司，1986年10月），頁3。

去，從人嘼」段玉裁注：「升高也。」不僅《說文解字》以長生釋仙，劉熙《釋名‧釋長幼》也解作：「老而不死曰仙。」〔註 64〕又說：「仙，遷也。遷，遷入山也。故其制字人旁作山也。」《列子‧黃帝》：「仙聖爲之臣」之句，張湛注說：「仙，壽考之迹也。」可見「仙」字具有長壽及高舉上升的意思。而「神」與「仙」，一從「示」、一從「人」，即一出於天生、一屬於人爲，故兩者之原始意義有所分別。大約戰國之際，「神」與「仙」已開始連稱，蕭登福的說法清楚區判「神」與「仙」的概念，其云：

> 春秋以前有神無仙，戰國之世始有仙人之說。仙人率皆因修道而來，不老不死；而神則有天神、地示（祇）、人鬼之分。神、仙之稱雖不同，但因神與仙皆有超異常人的能力，因此戰國之世，常將神與仙混而一之。〔註 65〕

故在戰國之世，人們相信只要透過一定的途徑，便可超越自身的侷限成爲與神相媲美的仙。〔註 66〕此時北方燕、齊濱海地域，波光雲霧所造成的海市蜃樓引人遐思，〔註 67〕神仙之說尤爲盛行，倡導者主要爲方士，他們掌握統治者渴望永久掌握萬世大業及權勢富貴的心理，而以此說遊走於統治階層，宣稱只要能到達不死境域，獲得仙人所賜予的「不死之藥」，便能使人肉體生命臻於不死，《史記‧封禪書》載存了第一次帝王求仙的紀錄：

> 自威、宣、燕昭使人入海求蓬萊、方丈、瀛州。此三神山者，其傳在渤海之中，去人不遠，患且至，則船風引而去。蓋嘗有至者，諸

〔註 64〕參見劉熙：《釋名》（北京：中華書局，1987 年），頁 18。

〔註 65〕參見蕭登福：《先秦兩漢冥界及神仙思想探原》（台北：文津出版社，2001 年 1 月），頁 166。

〔註 66〕詹石窗也説：「仙與神，這兩個概念既有聯繫又有區別。從某種角度説，仙可以看做特殊的神。因爲在古仙譜中天仙一類都具有神的品格。但到了具體場合，仙又有許多與天神不同的内涵。一般地説，仙主要地是指通過修煉而有所謂『不死』或『死而復生』之『功能』的超人。」（參見氏著：《道教文化十五講》（北京：北京大學出版社，2003 年 1 月），頁 83。）

〔註 67〕唐亦璋説：「齊國在今山東半島北端，面對汪洋而神秘莫測的大海，自易產生赴遠洋探險求異人異國的興趣，何況山嵐海浪，神奇詭譎，登芝眾而望，雲霧波光，瞬息萬變，海市蜃樓，出沒隱約，睹此奇景，怎能不令他們興起別有乾坤，另有仙境的遐思？再加上像山海經這類夾雜著山川地理、博物的書在當時已流行，一些『不死樹』、『不死民』、『不死國』的記載頗多，因此也使人深信天外有天、人外有人之可能，遠海上的仙鄉必多仙子，人只要採食他們服食的不死藥也能同樣不死成仙。」（參見氏著：〈神仙思想與遊仙詩研究〉，《淡江學報》（文學部門），第 14 期，1976 年 4 月，頁 124。）

僊人及不死之藥皆在焉。其物禽盡白，而黃金銀爲宮闕。未至，望

之如雲，及到，三神山反居水下。臨之，風輒引去，終莫能至云。

世主莫不甘心焉。〔註68〕

此文說明戰國時期方士興起的背景，可見戰國時齊威王、宣王、燕昭王已派
人入海尋找三神山與神藥。此外，《戰國策·楚策》也提到方士獻不死藥與楚
王（楚頃襄王）的故事，〔註69〕《韓非子》的〈說林〉與〈外儲說左上〉中
亦有「客有教燕王爲不死之道者，王使人學之」的記載，從這些資料不難想
像當時神仙思潮流傳的情況。縱然這些努力均無所獲，但這股追求不死的風
潮，已深深攫獲統治者的心，在「世主莫不甘心」及方士鼓吹慫恿下，掀起
求仙熱潮。秦始皇一統天下之後，並未選擇《呂氏春秋》那套抑情適欲、養
生治國一體的理論，而將希望寄託在前來遊說的方士身上，據《史記·秦始
皇本紀》記載：

始皇二十八年（公元前二一九年）：齊人徐市等上書，言海中有三神

山，名曰蓬萊、方丈、瀛州，仙人居之，請得齋戒，與童男女求之。

於是遣徐市發男童女數千人，入海求仙人。

始皇三十二年（公元前二一五年）：始皇之碣石，使燕人盧生求古仙

人羨門、高誓，刻碣石門……因使韓終、侯公、石生求仙人不死之

藥。

始皇三十五年（公元前二一二年）：盧生說始皇曰：「臣等求芝奇藥

仙者常弗遇，類物有害之者。方中，人主時爲微行以辟惡鬼，眞人

至。人主所居而人臣知之，則害於神。眞人者，入水不濡，入火不

熱，凌雲氣，與天地久矣。今上治天下，未能恬淡。願上所居宮毋

令人知，然後不死之藥殆可得也。於是始皇曰：「吾慕眞人，自謂眞

人，不稱朕。」

始皇三十七年（公元前二一○年）：方士徐市等入海求神藥，數歲不

〔註68〕　參見司馬遷：《史記》（北京：中華書局，1982年11月），頁1370。本章所引
　　　　　之《史記》原文，皆以此本爲據，以下僅注篇名，不再另注版本出處。

〔註69〕　《戰國策·楚策》：「有獻不死之藥於荊王者。謁者操之以入，中射之士問曰：
　　　　　『可食乎？』曰：『可。』因奪而食之。王大怒。使人殺中射之士。中射之士
　　　　　使人說王曰：『臣問謁者，曰可食。臣食之而王殺臣，是死藥也。是客欺王也。
　　　　　未殺無罪之臣，而明人之欺王也。不如釋臣。』」參見《戰國策》（上海：上
　　　　　海古籍出版社，1978年），頁564～565。）

得，費多，恐譴。

從上列引文可知，秦始皇跟隨齊威王、齊宣王及燕昭王的腳步，再次步上入海尋仙訪藥的虛幻之路，他對長生成仙的追求更爲熱衷，除入海求仙外，並依方士之議封泰山、禪梁父，以告天地，其狂熱行徑在《史記・秦始皇本紀》、《史記・封禪書》、《漢書・郊祀志》、《資治通鑑》中多有記載，神仙之說因而得到推波助瀾的發展，據《鹽鐵論・散不足》記載：

> 及秦始皇覽怪迂，信禨祥，使盧生求羨門高，徐市入海求不死之藥，當此之時，燕齊之士，釋鋤耒，爭言神仙。方士於是趣咸陽者以千數，言仙人食金飲珠，然後壽與天地相保。於是巡守五嶽、濱海之館，以求神仙蓬萊之屬。〔註70〕

方士數千人分至咸陽以遊說神仙之說，此言也反映當時他們的活動重心，已從燕齊沿海地帶延伸至秦都，不難想像當時神仙思潮流佈之廣泛，秦始皇臨終前的求仙活動，「南至湘山，遂登會稽，并海上，冀遇海中三神山之奇藥，不得，還到沙丘崩。」〔註71〕（《漢書・郊祀志》）歷時十餘年，耗費龐大人力物資的求仙活動仍告失敗。然而，這股風潮並未隨著始皇病死沙丘而畫上句點，西漢初年陸賈《新語・慎微》中曾有如下的批評：

> 人不能懷行仁義，分別纖微，忖度天地，乃苦身勞形，入深山，求神仙，棄二親，捐骨肉，絕五穀，廢詩書，背天地之寶，求不死之道，非所以通世防非者也。〔註72〕

此言反映當時社會對於神仙之術的追求。武帝時淮南王劉安「招致賓客方術之士數千人，作爲《內書》二十一篇，《外書》甚眾。」（《漢書・淮南衡山濟北王傳》）可見劉安旗下方士階層的龐大。《資治通鑑・漢紀》描繪當時「方士及諸神巫多聚京師，率皆左道惑眾」〔註73〕的社會現象，漢武帝本人更是「頗好方術，天下懷協道藝之士，莫不負策抵掌，順風而屆焉。」〔註74〕（《後

〔註70〕 參見王利器：《鹽鐵論校注》（北京：中華書局，1992年7月），頁355。

〔註71〕 參見班固：《漢書》（北京：中華書局，1962年6月），頁1205。本章所引之《漢書》原文，皆以此本爲據，此後僅注篇名，不再另注版本出處。

〔註72〕 參見王利器：《新語校注》（北京：中華書局，1986年8月），頁93。本章所引之《新語》原文，皆以此本爲據，以下僅注篇名，不再另注版本出處。

〔註73〕 參見司馬光：《資治通鑑》，（台北：鼎文書局，1987年1月），頁728。本章所引之《資治通鑑》原文，皆以此本爲據，以下僅注篇名，不再另注版本出處。

〔註74〕 參見范曄：《後漢書》（台北：鼎文書局，1987年1月（五版）），頁2705。本

漢書‧方術列傳》）導致求仙之風更加熾盛，據《史記‧孝武本紀》所載，方
士李少君：

> 以祠竈、穀道、卻老方見上。上尊之，少君者，故深澤侯以入主方，
> 匿其年及所生長，常自謂七十，能使物、卻老。並言上曰：「祠竈則
> 致物，致物而丹砂可化爲黃金，黃金成以爲飲食器則益壽，益壽而
> 海上蓬萊仙者乃可見，見之以封禪則不死，黃帝是也。臣嘗游海上，
> 見安期生，安期生食巨棗，大如瓜。安期生仙者，通蓬萊中，合則
> 見人，不合則隱。於是天子始親祠竈，遣方士入海，求蓬萊安期生
> 之屬，而事化丹砂諸藥齊爲黃金矣。」

然而，李少君所行之祠竈、穀道與卻老方不僅未替武帝求得神仙及仙藥，自
己反倒病死，武帝卻深信他「化去不死」，求仙之夢並未因此清醒，繼續「使
黃錘、史寬舒受其方，求蓬萊安期生莫能得。而海上燕齊迂怪海之方士多相
效，更言神事矣。」（《史記‧孝武本紀》）此後，尚有少翁、欒大、公孫卿等
人來遊說武帝，他們均因此封侯拜相，貴震天下。爲了求仙，武帝依少翁之
議造甘泉宮、柏梁殿、銅柱、承露仙人掌之屬，〔註75〕之後方士公孫卿又以
「仙人好樓居」爲由，於是上令「長安則作蜚廉桂觀，甘泉則作益延壽觀」
等招神迎仙的建築，此外還封禪、祀太一，其規模聲勢之浩大，連始皇也望
塵莫及，《史記》的〈武帝本紀〉、〈封禪書〉都有詳細的記載。

　　武帝的求仙活動弄得天下紛擾鼎沸，直至晚年，他才逐漸從長生不死的
迷思中清醒，悔悟其「所爲狂悖，使天下愁苦」，並應田千秋「方士言神仙者
甚眾，而無顯功，臣請皆罷斥遣之。」（《資治通鑑‧漢紀》）之請，於是悉罷
諸方士候神人者，是後每對群臣感嘆道：「曩時愚惑，爲方士所欺，天下豈有
仙人，盡妖妄耳！節食服藥，差可少病而已。」（《資治通鑑‧漢紀》）其雖罷
諸方士，但所帶動的求仙之風早已瀰漫深植於整個漢代社會，署名劉向所撰
的《列仙傳》，是現今流傳下來第一部神仙人物的傳記著作，其內容體現了世
有神仙、神仙可學的觀點，神仙傳記的出現反映神仙思潮在當時社會興盛傳
布的現象。武帝之後的宣帝、元帝、成帝乃至王莽，皆喜鬼神方術，整個東
漢社會更爲神仙思潮所籠罩（詳見第四章），從現存的漢代畫像、銅鏡、漆器

────────────────────────

　　　章所引之《後漢書》原文皆以此本爲據，此後僅注篇名，不再另注版本出處。
〔註75〕《資治通鑑‧漢紀十二》：武帝於元鼎二年「起柏梁臺，作承露盤……上有仙
　　　　人掌以承露，和玉屑引之，云可長生。」

等日常生活器物上所刻鏤的圖案中，均可看到爲數不少描述神仙故事或活動的紀錄，〔註76〕《漢書・藝文志》所載錄之「神仙」十家，著書即有二百零五卷之多，這股神仙風潮不僅成爲日後促使黃老思想轉化的關鍵之一，方士們爲了追求成仙所衍生的各式養生方術，更豐富了養生思想的內容。

二、神仙方士的早期探索

神仙思潮在燕齊方士的鼓吹下，由齊威王、宣王、燕昭王發其端，秦皇、漢武繼其後，他們的內在動機是相同的，均出於一代帝王對於地位權勢與富貴榮華的眷戀，也唯有他們才能投入大量金錢人力，長時間的去尋仙訪藥，方士們掌握住帝王們的這種心理，深獲統治階層的信任，故在秦漢的歷史舞台上，方士始終是一支活躍的勢力，從《漢書・郊祀志》中谷永剴切勸諫成帝勿信鬼神的論述可知：

> 秦始皇初并天下，甘心於神仙之道，遣徐福、韓終之屬多賫童男童女，入海求仙採藥，因逃不還，天下怨恨。漢興，新垣平，齊人少翁、公孫卿、欒大等皆以仙人黃冶祭祠事鬼使物，入海求神採藥貴幸，賞賜累千金，大尤尊盛，至妻公主，爵位重絫，震動海內。元鼎、元封之際，燕齊之間方士瞋目扼腕言有神仙祭祀致福之術者以萬數。

此言反映秦漢以來神仙方術的氾濫與求仙隊伍之龐大。早期人們將不死的願望寄託在服食「不死之藥」上，關於不死之藥的傳說由來已久，《山海經》中已有不少這類藥物的紀錄，諸如〈海內西經〉所錄的視肉、珠樹、文玉樹、玕琪樹、不死樹等，大多具有使人再生或不死的功效。戰國以降，方士們更視服食不死之藥爲長生成仙的主要途徑，希冀藉由藥物的服食達到肉體生命的不死，方士們對不死藥方的汲汲索求應該跟他們的背景有關。

秦漢之際的方士與巫者有著至爲密切的關係。如前所述，自西周起隨著

〔註76〕張金儀說：「漢代銅鏡除了紋飾上，充分圖畫神話故事、神獸仙禽、方士羽人等主題外，于銘文中也明確地表達對神仙的禮讚及對長生不老、安享富貴榮華的期盼。東王公、西王母壽考，四神之威力，龍虎之風雲際會，都是鏡銘中最習見的語句。此外，辟穀修煉長生不老等方術的流傳，使得神人、仙人、王子僑、赤松子、玉英、醴泉、芝草、大棗的仙名仙品，常出現在鏡銘之中。充分顯示了時代思想對工藝品的影響。這類銘文的漢鏡，遍布中國南北各地，遠及朝鮮日本，可見當時的流行盛況。」（參見氏著：故宮叢刊甲種之二十四《漢鏡所反映的神話傳說與神仙思想》（台北：國立故宮博物院，1981 年 7月），頁 63。）

人文思想的昂揚，科學技術的發展，醫學與巫術逐漸走向分化，部分巫者仍在朝廷擔任祭祀要職，其餘則隨著官方勢力的削弱而轉入民間，成爲靠著本有的醫藥知識與巫技謀生的「方士」。〔註77〕與原始巫術及早期宮廷巫師相比，這群神仙派方士的職責，已不再是人神之間的仲介者，而是引導凡人求仙成仙。是故這類人趁著神仙思潮的迭興，再次站上歷史的舞台，並且發展出不少以求仙成仙爲目的的各式方術，繼而匯歸名爲「方仙道」的方術集團，《史記‧封禪書》說：

> 自齊威、宣之時，騶子之徒論著終始五德之運。及秦帝而齊人奏之，故始皇採用之。而宋無忌、正伯僑、充尚、羨門高，最後皆燕人，爲方仙道，形解銷化，依於鬼神之事。騶衍以陰陽主運顯於諸侯，而燕齊海上方士傳其術不能通，然則怪迂阿諛苟合之徒自此興，不可勝數也。

「方仙道」之名首見於此，所謂的「方仙道」，乃春秋戰國之時，燕齊一代的方士將神仙傳說與巫術、騶衍的陰陽五行學說，及方技數術家等理論融合發展，具有「形解銷化，依於鬼神之事」的特色，以「長生不死，得道成仙」爲其宗旨。有學者將秦漢以來方仙道的活動歸納爲下列三點：

> 一是傳播和製造長生不死的神仙説；二是方士們展開傳道、授徒、著書的宗教活動；三是研習和發展古代巫史文化中流傳下來的神仙方術。〔註78〕

方仙道的形成，標誌著當時神仙思想已從零星的活動方式，趨向系統嚴密的組織，身爲巫者餘緒，從事醫療活動亦是部分方士的職能之一，誠如蓋建民所言：

〔註77〕李零在〈戰國秦漢方士流派考〉一文中提到：「『方士』也叫「方術之士」。這種人是以擅長『方術』爲特點。他們同好幾類人都既有交叉又有區別。如作爲『士』，他們同諸子百家有類似處，也是學在民間，因而有別於年代更早或同時在官爲職的卜祝巫醫。但同時從『方』的角度看，他們又與官方的星曆、醫術專家是傳授同類知識，而不同於作爲『文學之士』的先秦諸子和兩漢儒林。另外，『方士』和『道士』的關係也很密切。作爲詞彙，『方士』是『有方之士』，『道士』是『有道之士』，在早期文獻中，意思差不多，只是在有了正式的道教之後，後者才有了新的含義。」此言概括了方士的背景，文中對於戰國秦漢以來，史書中有名可徵的方士，做了詳細的分類與討論。詳文收錄於（氏著：《中國方術續考》（北京：東方出版社，2001年8月），頁97～128。）
〔註78〕參見胡孚琛、呂錫琛：《道學通論──道家、道教、仙學》（北京：社會科學文獻出版社，1999年1月），頁270。

　　　　方仙道的方士受神仙信仰的支配，以「長生成仙爲務」，故對醫學頗

　　　　爲重視，方士兼醫是方仙道的一大特徵。〔註79〕

在這樣的背景下，相較於一般人他們懂得更多養護形體的方法，因而顧頡剛

認爲：「鼓吹神仙說的叫方士。想是因爲他們懂得神奇的方術，或者收藏著許

多藥方，所以有了這個稱號。」〔註80〕李建民亦指出：「據說劉向曾見過騶衍

的《重道延命方》，《抱朴子・遐覽》亦載有托名的《騶生延命經》，騶子之徒

大概是懂得一些醫藥之學的。」〔註81〕他們具備一定的醫藥知識，因而在求

仙過程中，方士對於藥物始終賦予高度期待，〔註82〕樂府詩裡也有不少描寫

當時方士向人主敬奉仙藥的作品，如〈長歌行〉：「仙人騎白鹿，髮短耳何長！

導我上太華，攬芝獲赤幢。來到主人門，奉藥一玉箱。主人服此藥，身體日

康強。髮白復更黑，延年壽命長。」〔註83〕〈董逃行〉：「採取神藥若木端，

玉兔長跪擣藥蝦蟆丸。奉上陛下一玉柈，服此藥可得神仙。服爾神藥，莫不

歡喜。陛下長生老壽，四面肅肅稽首。天神擁護左右，陛下常與天相保守！」

人主一旦服食仙人所賜之藥，不僅可「身體日康強，髮白復更黑，延年壽命

長」，更可「常與天地相保守」。現存漢代畫像鏡或畫像磚，仍可看到不少描

繪求仙問藥情景的圖畫。〔註84〕然而，在方士求藥於仙卻屢屢不得的情況下，

〔註79〕　參見蓋建民：《道教醫學導論》（台北：中華道統出版社，1999 年 2 月），頁
　　　　31。

〔註80〕　參見顧頡剛：《秦漢時的方士與儒生》（上海：上海古籍出版社，1998 年 1 月），
　　　　頁 10。

〔註81〕　參見李建民：《死生之域——周秦漢脈學之源流》（台北：中央研究院歷史語
　　　　言研究所，2000 年 7 月），頁 73。

〔註82〕　李豐楙曾指出：「兩漢以來巫術、醫藥的發展，有助於形成服食成仙之說。根
　　　　據巫術性的思考原則，相信經由靈丹妙藥的服食，可傳達一種靈妙的神力，
　　　　因而得以變化形體。所以仙境的描述多以藥物爲中心，神仙即爲持授仙藥者，
　　　　這種服食成仙的方法普遍存在於鏡銘及樂府中。其描寫方式多在得見神仙之
　　　　後，緊接著就敘述得受仙藥：『見仙人，食玉英，飲澧泉，駕交龍，乘浮雲，
　　　　白虎引兮直上天。』（規矩文鏡）『上有仙人不知老，徘徊神山采芝草，渴飲
　　　　玉泉飢食棗，浮遊天下遨四海。』（泰山四神鏡）漢朝鑄鏡的匠人多習於採用
　　　　三、七句或七字句形式，文字也大體雷同，而成爲一種套語，用以表達世俗
　　　　的共同願望。」（參見氏著：《憂與遊：六朝隋唐遊仙詩論集》，（台北：臺灣
　　　　學生書局，1996 年 3 月），頁 31。）李氏此言說明了神仙方士以藥物服食爲
　　　　成仙要途的主要原因及得藥之經過。

〔註83〕　參見郭茂倩：《樂府詩集》（台北：里仁書局，1980 年 12 月），頁 442。本章
　　　　所引之樂府詩原文皆以此本爲據，以下僅注篇名，不再另注版本出處。

〔註84〕　張金儀説：「漢畫像鏡或畫像磚上，西王母之旁，多見手持樹枝狀仙藥的白兔，

逐漸由外求轉爲自力。首先，將他們目光轉移至自然界，其所取資的自然物質大抵可區分爲草木與金石兩大類，成書於漢代，現存最早的本草專著《神農本草經》，即是方士們服食經驗的總結，〔註85〕書中所收藥物共計三百六十五種，其中以植物藥最多，計兩百五十二種；其次是動物藥，有六十七種；礦物藥有四十六種。該書根據藥物的藥性及使用目的，將這些藥物區分爲上、中、下三品。其中，歸於上品者主要是一些「主養命以應天。無毒，多服久服不傷人」並具有「欲輕身益氣不老延年」功效的藥物，〔註86〕從這些藥物的分類標準，不難看出當時藉由服食以求長生的願望。

　　除了自然界藥物之外，人工煉製亦是另一種求藥的方法，《史記‧秦始皇本紀》記載始皇：「悉召文學，方術士甚眾，欲以興太平，方士欲練（煉）以求奇藥。」這可能是最早煉製藥物的記載，然所言欠詳，無法進一步瞭解方士煉藥的過程及功效。不過，根據近年來考古的發現，在漢代初年可能已有煉服仙藥的行爲（詳見第五章第一節藥物服食）。武帝時李少君所提出的：「祠竈則致物，致物而丹砂可化爲黃金，黃金成以爲飲食器則益壽，益壽而海上蓬萊仙者乃可見，見之以封禪則不死。」（《史記‧封禪書》）提及丹、金與長生的關係。武帝的叔父淮南王劉安也供養了大批方士煉丹，劉安本人亦身體力行，投入於煉丹仙術的活動之中，《漢書‧淮南王傳》言劉安：「招致賓客方術之士數千人，作爲《內書》二十一篇，《外書》甚眾。又有《中篇》八卷，言神仙黃白之術，亦二十餘萬言。」這二十餘萬言的著作雖今已不傳，但足以證明漢代初期方士煉丹的規模。漢宣帝時，桓寬《鹽鐵論‧散不足》說：「燕齊之士釋鋤耒，爭言神仙……言仙人食金飲珠，然後壽與天地相保。」也提到神仙服食黃金珠玉的說法，不論服食藥物的性質及來源爲何，方士們始終認爲此途乃長生成仙的要道。

　　除了服食一途之外，方士們也承繼了一些自古以來保養形體的養生之術，如導引、辟穀、食氣、不老之方等，並拓展爲以長生成仙爲目的的「生

<hr>

　　　　有的作人立搗藥狀，正如張衡思玄賦裡吟詠的：『聘西王母於銀台兮，羞（進
　　　　也）玉芝以療飢。』樂府歌辭裡亦有：『采取神藥山之端，白兔搗成蝦蟆丸。』，
　　　　與此景相應。」（參見氏著：《漢鏡所反映的神話傳說與神仙思想》，頁46。）
〔註85〕有學者指出：「《神農本草經》明顯地受到時代的侷限，其中灌注了不少秦漢
　　　　方士思想，如以『養命』爲上，次以『養性』，而以『治病』爲下。」（參見
　　　　魏子孝、聶莉芳：《中醫中藥史》（台北：文津出版社，1994年4月），頁100。）
〔註86〕參見馬繼興主編：《神農本草經輯注》（北京：人民衛生出版社，1995年12
　　　　月），頁2。

生之術」。在成仙信仰的驅使的下，秦漢時期方士們所發展的養生方術，蔚爲一股時代風潮，關於方仙道的方術種類，蒙文通先生論之最詳，他在〈晚周仙道分三派考〉一文指出：「古之仙道，大別爲三，行氣、藥餌、寶精，三者而已也。」〔註87〕依地域劃分，則「南方（楚）爲行氣，稱王喬、赤松；秦爲房中，稱容成（此派於東漢時稱彭祖，蓋起於黃君山之説，非其始也）；燕齊爲服食，稱羨門、安期（初爲服食草木，西漢時已服金石）。」這些養生方術在《漢書・藝文志》多被收錄至〈方技略〉中，分別爲醫經、經方、房中、神仙四家。劉歆對「方技」的定義爲：

> 方技者，皆生生之具，王官之一守也。太古有岐伯、俞拊，中世有扁鵲、秦和，蓋論病以及國，原診以知政。

這四家均是維護人生命之技術，《漢書・藝文志》著錄神仙共計十家兩百零五卷，據所錄書目內容大致可分爲步引（導引）、按摩與芝菌、黃冶之術，班固評此爲：「神仙者，所以保性命之眞，而游求於其外者也。聊以蕩意平心，同死生之域，而無怵惕於胸中。然而或專以爲務，則誕欺怪迂之文彌以益多，非聖王之所以教也。」班固對神仙家的批判應該是針對秦皇漢武時方士欺世惑眾的行爲。雖然，神仙之說終無可驗，以今日眼光觀之更是荒誕無稽，但不可否認的，這些非理性的生命幻想卻是刺激醫學及養生思想發展的重要因素。李零就將〈方技略〉中的「神仙類」釋爲：

> 是房中以外的其他養生術。古代所説的「神仙」是一種養生境界，專指卻老延年，達到不死的人。它包括服食（特殊的飲食法）、導引（配合有呼吸方法的體操）、行氣（也叫「服氣」、「調氣」，今稱「氣功」）等多種方法。其中服食並有芝菌、黃冶等不同名目。前者分石芝、木芝、草芝、肉芝、菌芝（見《抱朴子・仙藥》），後者屬煉丹術。〔註88〕

爲了達到所謂的「養生境界」，由此創制發展的各式養生方技因而大興，近年來陸續出土的秦漢文物裡，亦有爲數不少的相關著作，關於各式養生方技，本文將從秦漢古籍、簡帛文獻等綜合資料，集中探討戰國秦漢以來方技家的養生思想，並留待後續以專章來討論。

〔註87〕參見蒙文通〈晚周仙道分三派考〉收錄於氏著《先秦諸子與理學》（桂林：廣西師範大學出版社，2006 年 5 月），頁 133。
〔註88〕參見李零：《中國方術考》（修訂本）（北京：東方出版社，2000 年 4 月），頁 23。

第三章　西漢黃老養生思想
——以《淮南子》爲核心

　　「黃老」作爲一個學術名稱其時間點在西漢初年，根據文獻記載，在先秦時期，黃帝與老子均單獨被提及，黃帝是中華民族的共同始祖，亦是歷史上的聖君與英雄，甚至一些重要文物的發明皆推源自他，《史記‧太史公自序》有言：「百家言黃帝，其言不雅馴。」戰國中期以來，學術史上出現一股言黃帝的風潮。這種託名黃帝的原因大抵如《淮南子‧修務》所說：「世俗之人，多尊古而賤今，故爲道者必託之於神農、黃帝而後能入說。」隨著黃帝傳說的流行，有關於黃帝的著作紛紛湧現，從《漢書‧藝文志》的記載可知，這類著作主要集中在〈諸子略〉的道家與陰陽家，可以說戰國以迄秦漢的黃帝學說，主要循著陰陽與道家兩條路線發展。一九七三年湖南長沙馬王堆三號漢墓出土的帛書，其中《老子》帛書乙卷本前抄錄了四篇古佚書，一般認爲是黃老合卷的證明，反映了道家與黃帝結合的情況，這些古佚書的出土，乃現今研究戰國秦漢之際黃老思想的直接資料。《黃老帛書》的思想傾向，以道法爲主，兼採陰陽、刑名與兵家之說，司馬談〈論六家要旨〉對於黃老思想的面貌，作了綱要性的概括：

　　道家使人精神專一，動合無形，贍足萬物。其爲術也，因陰陽之大順，采儒墨之善，撮名法之要，與時遷移，應物變化，立俗施事，無所不宜，指約而易操，事少而功多。……道家無爲，又云無不爲，其實易行，其辭難知。其術以虛無爲本，以因循爲用。無成埶，無常形，故能究萬物之情。不爲物先，不爲物後，故能爲萬物之主。

> 有法無法，因時爲業；有度無度，因物與合。故曰：「聖人不朽，時
> 變是守。虛者道之常也，因者君之綱也」。群臣並至，使各自明也。」
> 〔註1〕

這裡所說的道家，內涵顯然已非先秦老莊面貌，而是漢代的道家，也就是黃
老道家。雖然其中某些論點和先秦老莊仍相當契合，像是以老莊道論爲基礎，
講雌柔、倡無爲，卻在不同程度上轉化改造了老子思想。它以虛無爲本，因
循爲用，但又強調無爲的實效性，以期達到無不爲的積極目的。此外，它因
陰陽、採儒墨、撮名法，兼採百家之長；主虛靜、重時變、尚刑名，進而提
煉成一種「指約易操，事少功多」的高明治術，希冀藉由這套原則的施用，
從而達至君無爲（主逸）、臣有爲（臣勞）的理想境地。相較於先秦老莊，充
分展現出積極強烈的治世精神。〈論六家要旨〉又說：

> 夫神大用則竭，形大勞則敝，形神騷動，欲與天地久長，非所聞
> 也。……凡人所生者神也，所託者形也，神大用則竭，形大勞則敝，
> 形神離則死，死者不可復生，亡者不可復反，故聖人重之。由是觀
> 之，神者生之本也，形者生之具也，不先定其神，而曰「我有以治
> 天下」，何由哉？

可見治身亦是黃老思想的重大議題，它以精氣釋道，來詮解人體形神關係，主
張神本形具，視精神爲生命根本，從形神修養去推衍治術，講養生的目的在於
治世，因此健全的形神是取得治術成功的第一步。誠如陳麗桂先生所言：

> 形神修養問題也是黃老思想的主要論題。而照司馬談的說法，黃老
> 學家之所以必論形神修養問題，主要因爲形神是生命的根源，也是
> 一切君道、治術的基礎，沒有生命，或形神調理不好，一切君術或
> 治道都架空，所以談治術，必須先談形神修養問題，養生與治術在
> 黃老學家是二而一的。〔註2〕

我們可以說，黃老之學基本宗旨是圍繞治身與治國兩大主題來開展，如何使
治身之道與經世之術一體相貫，爲其終極關懷。它重視君主的修爲與養生，
希望統治者藉由自身修養的完備，進而取得政治上的成功。這種身國共治的

〔註1〕 參見司馬遷：《史記》（北京：中華書局，1982 年 11 月），頁 3289。本章所引
　　　　 之《史記》原文，皆以此本爲據，以下僅注篇名，不再另注版本出處。
〔註2〕 參見陳麗桂先生：《秦漢時期的黃老思想》，（台北：文津出版社，1997 年 2
　　　　 月），頁 2。

思想在早期黃老學作品中如《管子》、《呂氏春秋》中已有豐富的論述。

《管子》中的〈內業〉、〈心術上〉、〈心術下〉、〈白心〉四篇，將心在人體的地位作了清楚的揭示，並從治心之理推衍治國之道。〈心術〉便以「心」與「九竅」的官能地位，來類比君臣關係，它說：

> 心之在體，君之位也。九竅之有職，官之分也。耳目者，視聽之官也，心而無與視聽之事，則官得守其分矣。夫心有欲者，物過而目不見，聲至而耳不聞也，故曰：「上離其道，下失其事」。〔註3〕（〈心術上〉）

> 心安，是國安也；心治，是國治也。治也者，心也，安也者，心也。治心在於中，治言出於口，治事加於人，然則天下治矣。（〈心術下〉）

> 我心治，官乃治；我心安，官乃安。（〈內業〉）

上列引文論述從心制九竅的生理現象，闡明「心處其道，九竅循理」（〈心術上〉）、「心治，是國治」（〈心術下〉）之理，藉此推闡君馭百官的靜因之術。〈白心〉說：「內固之一，可爲長久；論而用之，可以爲天下王。」前述養生，後言治道，通篇就清心靜慮大談治心以治天下的道理。戰國末葉，秦相呂不韋召集門下賓客所編撰的《呂氏春秋》，正式提出：「凡治身與治國一理之術」（〈審分〉）〔註4〕的主張，它站在重生、貴生的基點上，明白指出身爲君主其首要任務在於養生，其次才是爲政，它說：

> 「欲取天下，天下不可取。可取，身將先取。」凡事之本，必先治身，嗇其大寶，用其新，棄其陳，腠理遂通，精氣日新，邪氣盡去，及其天年，此之謂眞人。昔者先聖王成其身而天下成，治其身而天下治。（〈先己〉）

> 爲國之本在於爲身，身爲而家爲，家爲而國爲，國爲而天下爲。故曰以身爲家，以家爲國，以國爲天下。（〈執一〉）

此論闡明國治的前提在於「身將先取」、「國之本在於爲身」。此外，在《呂氏春秋》〈本生〉、〈貴生〉、〈審爲〉、〈重己〉、〈先己〉諸篇裡，皆不厭其煩地論述生命「一曙失之，終身不復得」（〈重己〉）的可貴性，賦予生命無上的價值，

〔註3〕 參見黎翔鳳撰、梁運華整理：《管子校注》（北京：中華書局，2004 年 6 月），頁 635。本章所引之《管子》原文，皆以此本爲據，以下僅注篇名，不再另注版本出處。

〔註4〕 參見陳奇猷校釋：《呂氏春秋校釋》（台北：華正書局，1985 年 8 月），頁 1029。本章所引之《呂氏春秋》原文，皆以此本爲據，以下僅注篇名，不再另注版本出處。

呼籲人當以完身養生為人生第一要務，〈貴生〉說：「聖人深慮天下，莫貴於生。」、「天下，重物也，而不以害其生」，並援引《莊子·讓王》之言，將平治天下的功業視為「土苴」、「餘事」，〔註5〕〈重己〉也提到：

> 今吾生之為我有，而利我亦大矣。論其貴賤，爵為天子，不足以比焉；論其輕重；富有天下，不可以易之；論其安危，一曙失之，終身不復得。

《呂氏春秋》告誡人，就算貴為天子、富有天下，都比不上生命的保全。在〈本生〉裡，甚至對「天子」一詞賦予新的定義，它說：「能養天之所能生而勿攖之謂天子。天子之動也，以全天為故者也。此官之所自立也，官者以全生也。」認為唯有將生命置於首位的人，才能將天下治理好。在〈情欲〉裡，更以「尊酌者眾則速盡」的生動比喻告誡國君，藉此提出「大貴之生常速盡」的嚴正呼籲：

> 古之治天下者，必法天地也。尊酌者眾則速盡。萬物之酌大貴之生者眾矣，故大貴之生常速盡，非徒萬物酌之也，又損其生以資天下之人，而終不自知。功雖成乎外，而生虧乎內。耳不可以聽，目不可以視，口不可以食，胸中大擾，妄言想見，臨死之上，顛倒驚懼，不知所為，用心如此，豈不悲哉！

此論闡述萬物無度將減損君主生命，即使成就了外在功業，卻挫傷虧敗生命，因此它告誡道：

> 古人得道者，生以壽長，聲色滋味，能久樂之，奚故？論早定也。論早定則知早嗇，知早嗇則精不竭。秋早寒則冬必暖矣，春多雨則夏必旱矣，天地不能兩，而況於人類乎？人與天地也同，萬物之形雖異，其情一體也。（〈情欲〉）

其所謂的得道者，不僅生命得以長壽，對於聲色滋味等欲望亦可充分享受，原因即在於「論早定，知早嗇」，即建立尊生貴生的觀念，唯有以完身養生為重，才可避免危身棄生之害。〈貴生〉篇裡清楚定義了「貴生之術」，它說：

> 聖人深慮天下，莫貴於生。夫耳目鼻口，生之役也。耳雖欲聲，目雖欲色，鼻雖欲芬香，口雖欲滋味，害於生則止。在四官者不欲，

〔註5〕《呂氏春秋·貴生》：「故曰道之真，以持身；其餘緒，以為國家；其土苴，以治天下。由此觀之，帝王之功，聖人之餘事也，非所以完身養生之道也。今世俗之君子，危身棄生以殉物，彼且奚以此為也？」

> 利於生者則弗爲。由此觀之，耳目鼻口，不得擅行，必有所制。譬
> 之若官職，不得擅爲，必有所制。此貴生之術也。

聖人深知天下事物皆比不上生命的價值，各種紛呈的感官刺激雖吸引人，但只
要對生命構成危害者，皆須予以禁止，不可任由感官擅行，這才是貴生、愛生
之法。因此，《呂氏春秋》呼籲統治者若能「適耳目，節嗜欲，釋智謀，去巧故，
而游意乎無窮之次，事心乎自然之塗，若此則無以害其天矣。」（〈論人〉），如
此則「嗜欲易足，取養節薄」（〈論人〉），自然不會爲因貪戀權勢、追求物欲而
勞民傷身。反之，驕奢淫逸，終將落得治身身死殃，治國國敗亡的下場。

《呂氏春秋》這種貴生、重生以全生的思想，基本上接近先秦老莊道家，
不過兩者的差異在於先秦道家論貴生、重生以養生，所追求的只是個體生命及
精神上的解脫與逍遙，其立足點在於個人。而《呂氏春秋》一系的黃老道家，
則立足於君主帝王放眼於國家社會。在它們看來，養生與經世相通，治身的過
程同時就是治世的實踐，兩者間是一條直貫之路，透過修身養生之道，使他們
成爲賢相聖君，如此才能理治好國家社會，達到長治久安的目的。從修身論及
治國，強調帝王的反己正身，同爲儒家學說的一大課題，不過儒家對君主修身
內容的規定，主要藉由道德倫理來實踐，而黃老道家則從虛靜自守的角度立論，
暢論體道反性、適情辭餘的養生之術，這是兩者間最大的差異。

踵繼《呂氏春秋》，漢武帝初年淮南王劉安召集門下賓客集體撰著的《淮
南子》，該書採擿宏富、囊括百家，以道家性格爲主線，總結西漢初年黃老無
爲而治的的歷史經驗，可謂西漢黃老思想集大成之作，書中對於修身養生課
題有相當豐富的探討，由總結全書之旨的〈要略〉可知：

> 夫作爲書論者，所以紀綱道德，經緯人事，上考之天，下揆之地，
> 中通諸理。……故言道而不言事，則無以與世浮沉；言事而不言道，
> 則無以與化游息。……故著書二十篇，則天地之理究矣，人間之事
> 接矣，帝王之道備矣。……若劉氏之書。淮南王自謂也。觀天地之
> 象，通古今之事，權事而立制，度形而施宜，原道之心，合三王之
> 風，以儲與扈冶。儲與猶攝業，扈冶廣大也。玄眇之中，精搖靡覽。
> 楚人謂精進爲精搖，靡皆覽之。棄其畛挈。楚人謂澤濁爲畛挈也。
> 斟其淑靜，以統天下，理萬物，應變化，通殊類非循一跡之路，守
> 一隅之指，拘繫牽連於物，而不與世推移也故置之尋常而不塞，布

　　　　之天下而不窕。窕緩也，布之天下，雖大不窕也。〔註6〕

此言意謂《淮南子》的撰作宗旨是希望藉由百家之長的貫通，來探求天地之
道與梳理人間之事，使人能內得養生之要，外知處事之宜，唯有修身、治事
都能臻於圓滿，才可「全備帝王之道」。〈詮言〉論及治道時也說：

　　　原天命，治心術，理好憎，適情性，則治道通矣。原天命，則不惑
　　　禍福；治心術，則不妄喜怒；理好憎，則不貪無用；適情性，則欲
　　　不過節。不惑禍福，則動靜循理。不妄喜怒，則賞罰不阿。不貪無
　　　用，則不以欲害性。欲不過節，則養性知足。凡此四者，弗求於處，
　　　弗假於人，反己得矣。

由上述引文可知，《淮南子》認爲要掌握住治國之道，必須先從自身處理好四個
大要項：一要了解自然的定則；二是整治好自身的心靈；三需有效掌控個人好
惡之心；四爲適應本性所需，合理擷取，此乃通達於治道的根本。四項若都能
適度合宜，則人主動靜循理，賞賜懲罰不徇私，就不會因貪取無用之物而妨害
本性。《淮南子》認爲要做到「原天命」、「治心術」、「理好憎」、「適性情」這四
點，毋須向外追求，亦不必憑藉他人之力，只要從自己身上去下工夫。可見治
國雖然是其終極目的，但是必須藉由治身的過程來實踐，因此〈俶眞〉提出：「養
生以經世，抱德以終年，可謂體道者矣。」講養生的最終目的仍是要經世，如
此才算是體會「道」的眞諦。不過就《淮南子》的著作動機而論，書中所論述
的養生思想，雖然是針對帝王所發，但對一般人修身養生亦具借鑑價值，本章
擬以《淮南子》爲主題，探討西漢時期黃老養生思想的特色及發展。

第一節　氣化宇宙論下生命的開展

　　《淮南子》原名《鴻烈》，或稱《淮南鴻烈》，高誘注說：「號曰鴻烈，鴻，
大也；烈，明也，以爲明大道之言也。」以〈原道〉爲首，言「道」乃全書發
明立言之本，由此展開天地之理、人間之事及帝王之道。本節以《淮南子》道
論爲基礎，申論氣化宇宙論體系下生命的肇生，探討人在此一體系下的定位。

一、道生萬物

　　《淮南子》以老莊思想爲主軸，以「道」作爲全書體系的最高範疇，它

〔註6〕　參見劉文典：《淮南鴻烈集解》（北京：中華書局，1989年5月），頁700。本
　　　　章所引之《淮南子》原文，皆依此本爲據，此後僅注篇名，不再另注版本出處。

沿襲了老子道生化萬有的論點，在諸多篇幅裡大肆舖衍「道」，以此為全書立論的核心，開展其思想理論，高誘於〈淮南鴻烈序〉中言及：

> 其旨近《老子》，淡泊無為，蹈虛守靜，出入經道。其言大也，則燾天載地，說其細也，則淪於無垠，及古今治亂存亡禍福，世間詭異瑰奇之事。其義也著，其文也富，物事之類，無所不載，然其大較，歸之於道。

〈要略〉篇也提到：

> 今專言道，則無不在焉，然而能得本知末者，其唯聖人也。今學者無聖人之才而不為詳說，則終身顛顛乎混冥之中而不知覺寤乎昭明之述矣。……。夫道論至深，故多為之辭，以抒其情；萬物至眾，故博為之說，以通其意。辭雖壇卷連漫，絞紛遠緩，所以洮汰滌蕩至意，使之無凝竭底滯，捲握而不散也。

書中大篇幅的討論、繁密反覆的舖寫「道」，可見「道」論在《淮南子》中的重要份量。它雖以先秦老莊道論為基礎，基本上承襲了老莊「道」的一切特徵，不過又轉出新意，開展成一套極富時代意義的道論，[註7]成為以「氣」為重要內涵的宇宙論。「道」在《淮南子》書中重大的意義就是創生的功能，它講「道」廣佈於每一處，但是並非靜態的存在著，而是「原流泉浡、混混滑滑」（〈原道〉），如同泉水一般生生不息，不停的運動發展，顯示出「道」的能動性。由此可見作者對「道」的質性做了十分具象化的描述。[註8]「道」是萬事萬物發生的根源，它在自然而然的情況下化生萬物，人亦不例外，乃「道之所一體」（〈本經〉）。道體究竟是如何創生宇宙萬物？《淮南子》對於宇宙生成歷程的描述主要集中在〈俶真〉、〈天文〉、〈精神〉等篇。[註9]首先，

[註7]　陳麗桂先生：「粗略的說，淮南子的道論是源自老莊的，但它卻同時受了陰陽、儒、法等各家思想與漢人普遍思維型態的影響，論起道來，每每偏向於喜由形下的現象事物去詮釋形上的道德境界，也慣於借用有形的時空概念去恢廓道體，更強調把虛靈的道，轉化成一種成熟、圓融、高效率的人事之『術』。這就使得原本來自老莊的哲學，充滿了形下色彩與絕對入世的效用功能。由老莊思想進去，淮南子發展成了偏向黃老一路的道家思想體系來。」（參見氏著：〈淮南子的道論〉，（收錄於第一次世界道學會議，第四屆老莊易學大會《會後論文集》，1987 年 11 月，頁 50。）

[註8]　王鐵說：「在《淮南子·原道訓》中，用了流、浡、混、滑、清、濁、淖、泙等描寫液體的語詞來描寫道的狀態，其物質性是顯而易見的。（參見氏著：《漢代學術史》（上海：華東師範大學出版，1995 年 12 月），頁 49。）

[註9]　牟鍾鑒認為：「關於宇宙宇宙演化的過程，〈天文訓〉中有六階段和三階段論，

在〈俶眞〉中以廣大篇幅鋪衍道創生萬物的過程。它說：

> 有始者，有未始有有始者，有未始有夫未始有有始者。有有者，有無
> 者，有未始有有無者，有未始有夫未始有有無者。所謂有始者，繁憤
> 未發，萌兆牙蘗，未有形埒根埓，無無蝡蝡，將欲生興而未成物類。
> 有未始有有始者，天氣始下，地氣始上，陰陽錯合，相與優游競暢于
> 宇宙之間，被德含和，繽紛龍蓯，欲與物接而未成兆朕。有未始有夫
> 未始有有始者，天含和而未降，地懷氣而未揚，虛無寂寞，蕭條霄霏，
> 無有仿佛，氣遂而大通冥冥者。有有者，言萬物摻落，根莖枝葉，青
> 蔥苓蘢，萑蔰炫煌，蠉飛蝡動，蚑行噲息，可切循把握而有數量。有
> 無者，視之不見其形，聽之不聞其聲，捫之不可得也，望之不可極也，
> 儲與扈冶，浩浩瀚瀚，不可隱儀揆度而通光耀者。有未始有有無者，
> 包裹天地，陶冶萬物，大通混冥，深閎廣大，不可爲外，析豪剖芒，
> 不可爲內，無環堵之宇而生有無之根。有未始有夫未始有有無者，天
> 地未剖，陰陽未判，四時未分，萬物未生，汪然平靜，寂然清澄，莫
> 見其形，若光耀之間於無有，退而自失也。

這裡從時間、空間，及萬有存在等方面，分爲幾個階段來討論宇宙的演化及
萬物生成的過程。這一段話無疑是脫胎自莊子〈齊物論〉。〈齊物論〉主要是
藉著宇宙無窮盡來勸誡人應破除對「有無」、「終始」的執著，由此得出「俄
而有無矣，而未知有無之果孰有孰無也」的結論。〔註10〕《淮南子》則借
這段文字層層探究，將道生化萬物的過程分爲三個階段：有始者、有未始有
有始者、有未始有夫未始有有始者。並對宇宙萬物發展形成從無至有的四個
層次：有有者、有無者、有未始有有無者、有未始有夫未始有有無者，詳加
描述，亟欲將宇宙生成圖像展現出來，其所要表達的不過是宇宙萬物形成的

〈精神訓〉有五階段論，〈俶眞訓〉有兩個三階段論，說法各不相同，但它們
所揭示的宇宙演化的基本過程則是相同的，都包括了渾沌未分的道，分化出
天地陰陽，而後產生萬物這三個最主要的發展環節。」（參見氏著：《呂氏春
秋》與《淮南子》思想研究》（山東：齊魯書社，1987 年 9 月），頁 185。）

〔註10〕 陳鼓應說：「莊子在這裡並不是要探討宇宙始源的問題。因爲〈齊物論〉曾說過：
『六合之外，聖人存而不論』這就表示始源問題，不是我們認知能力所能及的，
因此採取『存而不論』的態度。莊子在〈齊物論〉這裡，只是藉『無』、『有』
的話題，打開一個無窮無盡的時空系統，讓我們思想視野能進入到一個廣漠無
涯之境。」，（參見氏著：〈從《呂氏春秋》到《淮南子》論道家在秦漢哲學史上
的地位〉，《國立台灣大學文史哲學報》，第 52 期，2000 年 6 月，頁 77。）

過程。《淮南子》在解釋具體世界中萬物的產生，藉助了物質性「氣」來表現「道」的創生作用，將形而上的「道」生化萬有的過程具體的呈現出來。〔註11〕此外〈天文〉也說：

> 天地未形，馮馮翼翼，洞洞灟灟，故曰太始。〔註12〕太始生虛霩，〔註13〕虛霩生宇宙，宇宙生元氣，元氣有涯垠，〔註14〕清陽者薄靡而爲天，重濁者凝滯而爲地。清妙之合摶易，重濁之凝竭難，故天先成而地後定。天地之襲精爲陰陽，陰陽之專精爲四時，四時之散精爲萬物。

〈天文〉所說的宇宙生成論，主要在敘述宇宙、天地、四時、萬物及日月星辰如何由道創生。它生化的過程分爲虛霩、宇宙、元氣等階段，以此解釋「道」的化生功能。這幾個階段包含了時間及空間。太始、虛霩是宇宙創生之前的渾沌狀態，經過這兩階段之後逐漸產生了時空，元氣因而肇生。其中元氣是由無至有的關鍵，在它之前一片渾沌迷茫、無形無像，元氣產生之後才開始繁複的生化活動，因此元氣是宇宙創生的一個重要環節，在整個創生的過程中扮演著極其關鍵的角色。元氣有清濁兩種質性，清揚者爲天，重濁者成地，天地生成後，萬物的生化及自然天象就開始了。從元氣以下，天地、萬物均據此而生，天地生成後，分化爲陰陽二氣，〈天文〉說：「一陰一陽成氣二。」陰陽二氣即是天地萬物及人類產生的重要關鍵，成爲《淮南子》講創生的重要元素。此外，〈精神〉說得更爲明白：

〔註11〕 張運華說：「道演化宇宙萬物的四種狀態，與其生成萬物的三個階段可以大致對應起來，『有有者』與『有無者』大致對應於『有始者』；『有未始有有無者』，大致對應於『有未始有有始者』；『有未始有夫未始有有無者』大致對應於『有未始有夫未始有有始者』。通過對宇宙萬物發生的三個階段、四種形態的論述，《淮南子》肯定了宇宙萬物都是由『道』所構成，整個宇宙萬物，都是自然而然地由『無』到有，處在由簡單到複雜的不斷變化中。在宇宙萬物演化發展過程中，始終貫穿著道。」，（參見氏著：《先秦兩漢道家思想研究》（吉林：吉林教育出版社，1998 年 12 月），頁 205。）

〔註12〕 「太始」本作「太昭」，王引之：「太昭當作太始，字之誤也。」其根據爲《易》緯《乾鑿度》與《太平御覽・天部一》，今從校改。（參見王念孫：《讀書雜志》（下）（台北：廣文書局，1976 年 4 月），頁 782。）

〔註13〕 「太始生虛廓」本作「道始于虛廓」，據王引之校改。（參見王念孫：《讀書雜志》（下），頁 782。）

〔註14〕 「宇宙生元氣，元氣有涯垠」，本作「宇宙生氣，氣有涯垠」。王念孫根據《太平御覽・天部一》「元氣」下所引而改，今從校改。（參見王念孫：《讀書雜志》（下），頁 782。）

> 古未有天地之時，惘象〔註15〕無形，窈窈冥冥，芒芠漠閔，澒濛鴻
> 洞，莫知其門。有二神混生，經天營地，孔乎莫知其所終極，滔乎
> 莫知其所止息。於是乃別爲陰陽，離爲八極，剛柔相成，萬物乃形。
> 煩氣爲蟲，精氣爲人。

這裡所說的「惘像無形」相應於〈天文〉所說「太始」、「虛霩」階段，高誘
注「窈窈冥冥，芒芠漠閔，澒濛鴻洞」說：「皆未形成之氣……皆無形之象。」
所謂的「二神」，根據高誘注文的說法指的即是陰陽二氣，人與萬物均是在天
地生成之後由陰陽二氣相合的和氣所化生，道雖是天地之始，但是卻不能直
接生化萬物，必須淪降分化成陰陽二氣，藉由陰陽和合，剛柔相成的作用，
萬物始生。牟鍾鑒將此段引文與《管子·內業》的「精氣說」與莊周「氣化
論」相比，認爲有三點創新之處，頗値得參考，他說：

1. 在古與今的比較上，強調分化與進化。

2. 在人與動物的比較上，指出有精粗的差別，氣之粗者爲蟲，氣之精華
   爲人。

3. 在形體與精神的比較上，提出有重濁輕陽的不同，把「天出其精，地
   出其形」的理論更具體化。〔註16〕

故《淮南子》雖同於老莊以「道」來論萬物的生化，但是卻以「氣」具
體描繪出道的創生內容，以解釋萬有的生成。「氣」是無形之道創生有形之物
的媒介，經由氣的作用與連繫，《淮南子》完成了氣化宇宙論的基本體系。不
過以氣論道在《淮南子》之前，稷下道家作品的《管子》裡就已經有類似的
說法，如：

> 氣，物之精，此則爲生，下生五穀，上爲列星，流於天地之間謂之
> 鬼神，藏於胸中謂之聖人，是故此氣杲乎如登於天，杳乎如入於淵，
> 淖乎如在於海，卒乎如在於己。（〈內業〉）

> 精也者，氣之精也。氣道乃生，生乃思，思乃知。（〈內業〉）

> 道之在天者，日也；其在人者，心也；故曰：「有氣則生，無氣則死，
> 生者以其氣也。」（〈樞言〉）

〔註15〕「惘像」本作「惟像」，俞樾根據《文選·思玄賦》及《莊子·天地》認爲「惟」
乃「惘」字之誤。今從校改。（參見俞樾：《諸子評議》（增補中國思想名著第
27冊）（台北：世界書局，1967年5月），頁353。）

〔註16〕參見牟鍾鑒：《《呂氏春秋》與《淮南子》》，頁182。

但《淮南子》講創生雖承沿著黃老一系道論，但亦有所不同，丁原明說：

> 《淮南子》關於道即氣的論斷，主要是接受了稷下道家精氣說的啓
> 發。但是……稷下精氣說對氣的辯證本性有所忽視，未能將陰陽矛
> 盾觀念引入氣論。而《淮南子》既把道視作包含陰陽二氣的矛盾統
> 一體，又以此爲基點對氣的屬性和氣與具體事物的關係作了深入論
> 證，這無疑是對稷下精氣說的超越，而與《文子》道論相承接。因
> 此《淮南子》的道論，可謂對先秦道論、氣論和陰陽矛盾說的統合，
> 並由此開展出秦漢哲學思想兼綜百家的特點。〔註17〕

是故，《淮南子》認爲單言「氣」無法解釋萬物品彙殊異的原因，因此它強調
陰陽分化的概念，這也成爲《淮南子》氣化論的重要內容。〈天文〉說：

> 天地以設，分而爲陰陽。陽生於陰，陰生於陽，陰陽相錯，四維乃
> 通。或死或生，萬物乃成。

從萬物生命的產生乃至無生命的自然現象，《淮南子》均視爲陰陽交合下的結
果。〈天文〉中指出，當陰陽二氣集中表現形成春夏秋冬四時，散佈開來則生
成萬物。連天地間的日月、星辰、風雨、雷霆、霧露、霜雪都是陰陽氣化下
的產物，可知人所處的現象界裡，一切事類物象無一不是陰陽氣化下的產物。
〔註18〕陰陽二氣的作用成爲《淮南子》解釋生化功能的主要內容，〔註19〕也
是分化萬物的根源，〈天文〉說：

> 道始於一，〔註20〕一而不生，故分而爲陰陽，陰陽合和而萬物生，

〔註17〕 參見丁原明：《黃老學論綱》（濟南：山東大學出版社，1997年12月），頁270。
〔註18〕 〈天文〉說：「積陽之熱氣久者生火，火氣之精者爲日；積陰之寒氣久者爲水，水氣之精者爲月，日月之淫氣精者爲星辰。天受日月星辰，地受水潦塵埃。方者主幽，圓者主明。明者，吐氣者也，是故火曰外景；幽者，含氣者也，是故水曰內景。吐氣者施，含氣者化，是故陰陽施化。天之偏氣，怒者爲風，地之含氣，和者爲雨。陰陽相薄，感而爲雷，激而爲霆，亂而爲霧。陽氣盛則散爲雨露，陰氣盛則凝爲霜雪。「毛羽者，飛行之類也，故屬於陽。介鱗者，蟄伏之類也，故屬於陰。日者，陽之主也，是故春夏則群獸除，日至而麋鹿解。月者，陰之宗也，是以月虛而魚腦減，月死而蠃蛖脼。」
〔註19〕 陳鼓應認爲：「這裡所謂的『陽施陰化』指的是：陽性給予生成萬物所需的質素，陰性秉受之而化育萬物。〈天文〉透過『陽施陰化』之於萬物的主導作用來解釋許多如日月星辰、風雨雷霆、雨露霜雪以及飛禽走獸等自然事物的形成，並由陰陽二氣之作用，進一步說明四時變化乃至萬物盛衰等自然現象。」（參見氏著：〈從《呂氏春秋》到《淮南子》論道家在秦漢哲學史上的地位〉，頁42。）
〔註20〕 「道始於一」本作「道曰規，始於一」，王念孫認爲曰規二字，與上下文義不相屬，故根據《宋書·律志》而改，今從校改。（參見王念孫：《讀書雜志》（下），

故曰：「一生二，二生三，三生萬物。」〔註21〕

「和」就是陰陽之氣相合交感下的最佳狀態，兩氣要在這樣的狀態下才能展開創生的作用。故曰：

故至陰飂飂，至陽赫赫，兩者交接成和，而萬物生焉。眾雄而無雌，又何化之所能造乎！（〈覽冥〉）

故陰陽四時非生萬物也；雨露時降，非養草木也；神明接，陰陽和，而萬物生矣。（〈泰族〉）

陰陽者，承天地之和，形萬殊之體，含氣化物，以成垺類，贏縮卷舒，淪於不測，終始虛滿，轉於無原。（〈本經〉）

天地之氣，莫大於和。和者，陰陽調。日夜分而生物，春分而生，秋分而成，生之與成，必得和之精。（〈氾論〉）

陰陽二氣必須在「和」的狀態下才能變化發展，化生萬物群生，若只有「眾雄而無雌」或積陰、積陽，就無法產生生化的作用。它說：

天不發其陰，則萬物不生；地不發其陽，則萬物不成。（〈天文〉）

是故不同於和而可以成事者，天下無之矣。（〈說山〉）

當飛禽走獸等各類萬物形成後，仍受陰陽二氣的規律所支配，並且按照陰陽四時的變化規律盛衰而不失其序。可以說，由自然天象到人類的生息變化，都是「陰陽之氣相動」（〈泰族〉）的作用，因此要努力保持平衡。陰氣過盛就會使事物停止運動；陽氣過盛則會造成事物過分發展，若陰陽失調而二氣同顯，自然界就會出現異象，人體內的二氣不諧，就會導致疾病的產生，《淮南子》說：

春肅秋榮，冬雷夏霜，皆賊氣之所生。（〈本經〉）

天二氣則成虹，地二氣則泄藏，人二氣則成病。陰陽不能且冬且夏；月不知晝，日不知夜。（〈說山〉）

總之，《淮南子》認爲，氣的陰陽和合是天地萬物與人類生成的原因，也是萬物變化的規律。元氣是陰陽尚未分化前的狀態，而陰陽乃是造成元氣創生的核心質素。故《淮南子》的創生可由道→氣（陰陽）→萬物的簡單形式加以

頁 787。）

〔註21〕 「此段解釋《老子》四十二章，有意將"道生一"改爲"道始於一"，表明"道"與"一"是同等概念。"一"用來表示混而未分的原始狀態，再沒有比它更居前和更根本的東西了。」（參見任繼愈主編：《中國哲學史》（秦漢卷）（北京：人民出版社，1985 年 2 月），頁 257。）

說明。《淮南子》講「道」的創生多藉「氣」以言之，[註22] 因而它重新詮解了老子「玄之又玄」的道，使之落實在現象界中，「道」經由「氣」，至生成萬物，這層層淪降轉化的過程，使「道」跌落在時空中，成為可以把握的理則。由此可知，《淮南子》以「氣」來展現「道」的內容及創生，是「道」從形上過渡到形下的關鍵。「氣」具有「無」的特質，卻又是「有」的存在，具物質性卻無實體，萬物均由「道」所生，在《淮南子》看來，萬有的肇生均是一氣作用下的產物。

二、天人同構、氣類相動

　　承上所述，人與萬物皆由氣所化生，從根源處看來，人與萬物並無不同，我們不禁要問，人與萬物之差異究竟為何？從〈精神〉中可知：「煩氣為蟲，精氣為人」，意謂化生萬物的「氣」，在質性上不很一致，除了有清濁、剛柔之異，亦有所謂精粗的不同，這一差別成為決定為人或為物的關鍵，人之所以特出於萬物，在於人是由品質較佳的精氣化生而成，不僅如此，《淮南子》還認為人形軀生理結構能巧妙的與天地相應，〈天文〉說：

> 跂行喙息，莫貴於人。孔竅肢體，皆通於天。天有九重，人亦有九竅；天有四時，以制十二月，人亦有四肢，以使十二節；天有十二月，以制三百六十日，人亦有十二肢，以使三百六十節。故舉事而不順天者，逆其生者也。

人副天數的意義在於凸顯人居天地萬物中最尊貴之位，即如陳德和所說：

> 從《淮南子》之氣化宇宙論的觀點來看人，人是陰陽氣化所生的萬物之一，人的生命結構不管是精神或者是形軀，和其他萬物一樣都不外乎氣，但是人卻又有別於一般自然物，因為人是陰陽高度精巧協調配合的精氣所變現的，其他自然物則是品質較差的煩氣所為，所以它們都不如人的優良，正由於人是陰陽造化的卓越產品，所以人是最合乎陰陽造化的原來構想，人也和陰陽造化的藍圖最接近，總之，人就是陰陽造化的模型（model）。[註23]

[註22] 誠如羅光所言：「《淮南子》的宇宙觀念，雖然抬舉『道』的觀念，但是所注意的仍是『氣』。道家的思想主張人和天地萬物相通；所謂的相通即是氣的相通。」（參見氏著：《中國哲學思想史》（兩漢南北朝篇）（台北：學生書局，1980 年 6 月），頁 563。）

[註23] 參見陳德和：《《淮南子》的哲學》（嘉義：南華管理學院出版，1999 年 2 月），

另外，在〈精神〉更詳細地以天地的屬性與人體的器官功能及精神狀態相比附。從人體外表特徵、臟腑等感官功能上，來說明兩者間的對應性，並以日月星辰自然現象的變化，作爲人們必須節制自身活動的依據，它說：

> 頭之圓也象天，足之方也象地。天有四時、五行、九解，三百六十日，人亦有四支、五臟、九竅，三百六十節。〔註24〕天有風雨寒暑，人亦有取與喜怒。故膽爲雲，肺爲氣，肝爲風，腎爲雨，脾爲雷，以與天地相參也，而心爲之主。是故耳目者日月也；血氣者，風雨也。……夫天地之道，至紘以大，尚猶節其章光，愛其神明，人之耳目曷能久熏勞而不息乎？精神何能久馳騁而不既乎？

就形體而言，天圓、地方、天有四時、五行、九解，人與之相應則有圓顱、方趾、四肢、五藏、九竅、三百六十節；就精神而論，天有風雨寒暑，人有取與喜怒。《淮南子》承繼先秦哲學的天人觀，對人體的形成發展出一套更具體精細的看法，認爲人體是一個相應於天地宇宙的縮影，天可說是人體的放大，人體的五官五臟等生理結構及性情特徵與天地相對應，彼此具有共同的特點，故〈本經〉說：「天地宇宙，一人之身也；六合之內，一人之形也。」正是肯定了人體對宇宙天地有其對應性、相似性，從人身可以反顯天地之道。〈要略〉也說：

> 〈精神〉者，所以原本人之所生，而曉寤其形骸九竅，取象於天，
>
> 合同其血氣，與雷霆風雨；比類其喜怒，與晝宵寒暑並明。

當然這種缺乏學理依據的比附，以今日的觀點來檢視，或許流於牽強附會，不具任何科學意義，但在與它時代相近的《黃帝內經》與《春秋繁露》裡，皆有類似的論述，〔註25〕可見這種以人體來比附自然界，以尋求兩者間相似

頁182。

〔註24〕「三百六十節」本作「三百六十六節」王念孫根據《易‧繫辭傳》《呂氏春秋‧本生》、《呂氏春秋‧達鬱》、《太平御覽‧人事部一》、《春秋繁露‧人副天數》所改，今從校改。（參見王念孫：《讀書雜志》（下），頁822。）

〔註25〕《春秋繁露‧人副天數》：「人有三百六十節，偶天之數也。形體骨肉，偶地之厚也。上有耳目聰明，日月之象也。體有空竅理脈，川谷之象也。心有哀樂喜怒，神氣之類也。」《黃帝內經》則說：「天圓地方，人頭圓足方以應之。天有日月，人有兩目；地有九州，人有九竅；天有風雨，人有喜怒；天有雷電，人有音聲；天有四時，人有四肢；天有五音，人有五臟，天有六律，人有六腑。天有冬夏，人有寒熱；天有十日，人有十指。辰有十二，人有足十趾，莖垂以應之，女子不足二節，以抱人形。天有陰陽，人有夫妻。歲有三百六十五日，人有三百六十節……此人與天地相應者也。」（《靈樞‧邪客》）、

性的說法絕非偶然，應該是當時流行的思想。即如胡奐湘所說：

> 如果我們不盲目地小視古人，以理解的態度、歷史主義地對待過去，
> 那麼我們就應當想到，在西漢如此重要的三部巨著中，一致拿人體
> 的各個部分與自然界相比附，尋找它們之間的對應性、相似性，並
> 進而做出某種類比推理，這種作法在當時一定被以爲是一種具有重
> 大價值的發現，否則不會如此津津樂道。特別像是《黃帝內經》這
> 樣嚴謹認眞、博大精深，經受得住歷史考驗的科學著作，絕不肯收
> 錄一種在當時被認爲是輕率的見解。〔註26〕

因此，《淮南子》以人形體構造及精神狀態與自然宇宙現象相比附對合的說
法，展現出異於先秦的天人觀。〔註27〕在氣化宇宙論的體系下，天地萬物共
同的基底是氣，氣乃天人之間交通的媒介，透過一氣之流行縮結，天人事物
彼此可以相感相應，在〈覽冥〉中有許多氣類相動的說法，將許多當時不可
解釋的自然現象均歸之於同氣相動的結果。又如〈泰族〉說：

> 精誠感於內，形氣動於天……天之與人有以相通也，故國危亡而天
> 文變，世禍亂而虹蜺現，萬物有以相連，精祲有以相蕩也。

人與自然、人與人、人與萬物間均能氣息相通，相互感應。〈本經〉說：「天
地之和合，陰陽之陶化萬物，皆成一氣者也。」既然人與天地如同爲一氣所
化生，人的生命與外在自然環境必然存在著密切的關係，〈墜形〉說：

> 土地各以其類生，是故山氣多男，澤氣多女，障氣多喑，風氣多聾，

「黃帝問曰：『人有四經、十二從，何謂？』岐伯曰：『四經應四時，十二從
應十二月，十二月應十二脈。』」（《素問・陰陽別論》）。

〔註26〕 參見胡奐湘：〈《淮南子》的人體觀和養生思想〉，（收錄於楊儒賓主編：《中
國古代思想中的氣論及身體觀》（台北：巨流圖書公司，1993年3月），頁
499。）

〔註27〕 胡奐湘說：「這種作法是沿著先秦開闢的『人與天地相參的道理，向前又邁
出了新的一步。先秦儒道奠定了天人合一的理論基礎，但是老莊孔孟著重
講的是心性之學，對人的身體如何與天合一，論說得比較簡單，更少涉及
人的生理構造。《呂氏春秋》所謂『天地萬物，一人之身』，也只是籠統地
開了一個頭。顯然，在中國古代居於支配地位的天人合一論，如果繼續向
深廣發展，勢必會與人體科學結合，去盡力揭示人體與自然的一致和統一。
而中國古代的人體構造學說，也正是在這樣的思想背景之下，揭開了自己
新的一頁。從這個意義上說，上面所引之論儘管多爲附會，但卻是對先秦
天人合一說及人體學術的突破。這些材料具有認識史的價值。」（參見氏著：
〈《淮南子》的人體觀和養生思想〉，（收錄於楊儒賓主編：《中國古代思想
中的氣論及身體觀》，頁499～500。）

> 林氣多癃，岸下氣多尰，石氣多力，險阻氣多癭，暑氣多夭，寒氣
> 多壽，谷氣多痺，丘氣多尪，衍氣多仁，陵氣多貪，輕土多利，重
> 土多遲，清水音小，濁水音大，湍水人輕，遲水人重，中土多聖人。
> 皆象其氣，皆應其類。……是故堅土人剛，弱土人脆，〔註28〕壚土
> 人大，沙土人細；息土人美，耗土人醜。

〈墜形〉認爲因地貌不同而產生的自然之氣，對於人性別、疾病、體型、體質、壽夭及性情、美醜、品德等方面構成一定的影響。這樣的說法未必盡合道理，不過古人倒是很早就意識到自然環境對於人體健康的影響，《管子·水地》中就有以水論性的說法，其云：

> 夫齊之水道躁而復，故其民貪麤而好勇。楚之水淖弱而清，故其
> 民輕果而賊。越之水濁重而洎，故其民愚疾而垢。秦之水泔取而
> 稽，淤滯而雜，故其民貪戾，罔而好事齊。晉之水枯旱而運，淤
> 滯而雜，故其民諂諛葆詐，巧佞而好利。燕之水萃下而弱，沈滯
> 而雜，故其民愚戇而好貞，輕疾而易死。宋之水清勁而清，故其
> 民簡易而好正。

不同區域水之性性質，對於人們的性格有著一定的影響。另外《呂氏春秋·盡數》也提到：

> 天生陰陽寒暑燥濕，四時之化，萬物之變，莫不爲害……大寒、大
> 熱、大濕、大風、大霖、大霧七者動情，則生害矣。
> 輕水多禿與癭人，重水多尰與躄人，甘水多好與美人，辛水所多疽
> 與痤人，苦水所多尪與傴人。

除了探討自然之氣對人體的影響外，《淮南子》將地理環境劃分爲東南西北中幾個區域，分析各區因地形、氣候的差異，不論對人之形體特徵或是壽命長短所造成的影響。〈墜形〉說：

> 東方川谷之所注，日月之所出。其人兌形小頭，隆鼻大口，鳶肩企
> 行，竅通於目，筋氣屬焉，蒼色主肝，長大早知而不壽。……南方
> 陽氣之所積，暑濕居之，其人修形兌上，大口決眥〔註29〕竅通於耳

〔註28〕「脆」本作「肥」，俞樾以爲「肥」當作「脆」，脆即脃之俗體字，「堅土人剛，
　　　　弱土人脆」，正相對成義。今從校改。（參見俞樾：《諸子評議》，頁348。）
〔註29〕「眥」本作「眦」，王念孫據《說文》、《太平御覽·人事部四》等改爲「眥」，
　　　　今從校改。（參見王念孫：《讀書雜志》（下），頁805。）

血脈屬焉，赤色主心，早壯而夭。……西方高土，川谷出焉，日月入焉。其人面末僂，修頸卬行，竅通於鼻，皮革屬焉。白色主肺，勇敢不仁。……北方幽晦不明，天之所閉也，寒冰〔註30〕之所積也，蟄蟲之所伏也。其人翕形短頸，大肩下尻，竅通於陰，骨幹屬焉。黑色主腎，惷愚而壽。〔註31〕……中央四達，風氣之所通，雨露之所會也，其人大面短頤，美須惡肥，竅通於口，膚肉屬焉。黃色主胃，慧聖而好治。

類似的說法亦見於《黃帝內經》，〔註32〕它們一致認爲人與天地同構相應，人的生命活動與自然環境相通，風土之氣或地理條件的差異，對於人體健康構成一定的影響性。

第二節　氣化的身體觀——形、氣、神關係的建構

形神問題在中國哲學史上是一組重要範疇，更是討論養生不可忽略的主題，《淮南子》對於形神來源及兩者間的關係，均有清楚的論述。首先就書中「形」的意涵而言，其所謂的形主要指的是有形可見的軀體，包括了五臟、九竅等感官與身首四肢，形體中最重要的部分爲「心」，「心」在《淮南子》裡具有兩重意義，一是指生理上的「心」，即是心臟，乃一身之主，宰制身首

〔註30〕「寒冰」本作「寒水」，王念孫據高注：「北方寒，冰所積，因名爲積冰」，《太平御覽》所引此正作寒冰。故改「水」爲「冰」，今從校改。（參見王念孫：《讀書雜志》（下），頁805。）

〔註31〕「惷愚而壽」本作「其人惷愚，禽獸而壽」，王念孫以爲「其人」二字因上文「其人翕形」而誤衍，不當有「其人」二字。又云：「『惷愚而壽』與上文『早知而不壽』，文正相對，加入禽獸二字，則文不成義矣。《太平御覽》引無此二字」。故改作「惷愚而壽」，今從校改。（參見王念孫：《讀書雜志》（下），頁806。）

〔註32〕《素問‧異法方宜論》說：「東方之域，天地之所始生也。魚鹽之地，海濱傍水，其民食魚而嗜鹹，皆安其處，美其食。魚者使人熱中，鹽者勝血，故其民皆黑色疏理，其病皆爲癰瘍，其治宜砭石，故砭石者，亦從東方來。西方者金玉之域，沙石之處，天地之所收引也。其民陵居而多風，水土剛強，其民不衣而褐荐，其民華食而脂肥，故邪不能傷其形體，其病生於內，其治宜毒藥，故毒藥亦從西方來。北方者，天地所閉藏之域也，其地高陵居，風寒冰冽，其民樂野處而乳食，臟寒生滿病，其治宜灸焫，故灸焫者，亦從北方來。南方者，天地所長養，陽之所盛處也，其地下，水土弱，霧露之所聚也。其民嗜酸而食胕，故其民皆致理而赤色，其病攣痺，其治宜微針，故九針者，亦從南方來。中央者，其地平以濕，天地所以生萬物也，其民食雜而不勞，故其病多痿厥寒熱，其治宜導引按蹻，故導引按蹻者，亦從中央出也。」

四肢與感官作用，是最重要的器官。此外，「心」又具有抽象的功能，可以作理性思考，與「神」的關係十分密切。至於「神」，徐復觀將《淮南子》書中所出現的「神」字依詞性分為兩大類，當形容詞時，是指微妙不測的作用，當名詞時，指的是人的精神。〔註33〕《淮南子》認為，人的精神主要藉由「心」的空間聯繫而成為形軀生命的主宰。不過書中在形神對舉之外，又帶出了一個「氣」。形、氣、神三者間關係如何？在人的生命活動中分別扮演何種角色？皆是本節欲探討的重點。

一、精神生於天、形體稟於地

〈精神〉說：

> 煩氣為蟲，精氣為人，是故精神者，天之有也；而骨骸者，地之有
> 也，精神入其門，而骨骸返其根，我尚何存！

這裡說明了人之形神來源殊途，《管子‧內業》裡已有類似的說法，它說：「凡人之生也，天出其精，地出其形，合此以為人。」《淮南子》同樣認為人生命的開展是由形體及精神所相合而成，分別由輕清的天氣與重濁的地氣所化生。然而，為何形體由地所生，精神為天所成，《淮南子》並未加以說明。陳麗桂先生認為：「這樣的觀念，可能是作者由人的精神虛靈無形，形骸具體有形上去推測的結果。……能開出這樣肯定的創生理論，作者所依恃的，應該是當代粗糙的科學知識，和陰陽家的氣化觀念，配合作者自己大膽的假設和推斷。」〔註34〕張運華、何國慶則認為：「《淮南子》之所以認為人的形成來源於地，很可能是來源於人的一種直觀，因為人們以五穀雜糧來滋養身體，而這些東西都取之於地，所以說形體秉受於地。」〔註35〕這些說法各有道理。由此亦反映出一個觀念，即是人的形與神從生命的肇生之後即呈現二分的狀態，兩者皆是氣化過程中的暫時現象，生命一旦消亡，則「精神入其門，骨骸反其根」，來自天的還諸於天，來自地的歸根於地，形與神又分別復歸於各自肇生的最初狀態，歸於天地一氣。〔註36〕

〔註33〕參見徐復觀：《兩漢思想史》（卷二）（台北：臺灣學生書局，1977年6月），頁235。

〔註34〕參見陳麗桂先生：《秦漢時期的黃老思想》，頁71。

〔註35〕參見張運華、何國慶，〈《淮南子》儒道結合的養生論〉，《吉首大學學報（社會科學版）》第3期，1996年，頁19。

〔註36〕陳麗桂先生說：「照這樣的說法，人也罷，獸也罷，精神也罷，形骸也罷，每一個生命都祇是一段週期性的氣化過程，人、獸、精神、形骸都祇是氣化過

二、形神相倚、神主形從

　　形與神之間的關係爲何？《淮南子》說：「人之拘於世也，必形繫而神泄。」
（〈俶眞〉）、「形勞不休則蹶，精用而不已則竭」（〈精神〉）、「夫水濁則魚噞，
形勞則神亂。」（〈說山〉）、「抱神以靜，形將自正。」（〈詮言〉），只要有一方
過度操使，另一方連帶受到影響，形神若不能相倚，人的行爲就會失序，它
說：

> 今夫狂者之能不〔註37〕避水火之難而越溝瀆之險者，豈無形神氣志
> 哉？然而用之異也。失其所守之位，而離其外內之舍，是故舉錯不
> 能當，動靜不能中，終身運枯形於連嶁列埒之門，而蹪坲於污壑穽
> 陷之中，雖生俱與人鈞，然而不免爲人戮笑者，何也？形神相失也。
> （〈原道〉）

狂者因爲形神相失，徒具其形而舉措失當，是故形神之間是一種相互制約的
關係。再者，就根源處而論形神雖同稟元氣一端，不過《淮南子》卻提高了
精神的地位，明白道出神貴於形，爲形之主宰，它說：

> 以神爲主者，形從而利；以形爲制者，神從而害。（〈原道〉）
> 神貴於形也，故神制則形從，形勝則神窮。聰明雖用，必反諸神，
> 謂之太沖。（〈詮言〉）

〈原道〉也說：「形者生之舍，神者生之制」，精神乃生命活動的主宰，左右
著人的行爲舉措，健全的生命體當建構在「神主形從」的模式下，如此方能
使人臻於「太沖」的理想境界，反之若「以形爲制」，將爲人身帶來災禍。〈俶
眞〉說：

> 凡人之志各有所在而神有所繫者，其行也，足蹪趎坲、頭抵植木而
> 不自知也，招之而不能見也，呼之而不能聞也。耳目非去之也，然
> 而不能應者，何也？神失其守也。故在於小則忘於大，在於中則忘
> 於外，在於上則忘於下，在於左則忘於右。（〈原道〉）

神究竟如何統御著形？首先就形體而言，作爲形體最重要的部分是「心」，《淮
南子》將心視爲一身之主，主宰身首四肢與感官，它說：「心者，身之本。」

程中的過度現象，生命一旦消亡，都要復返氣的本然狀態的。」，參見氏著：
〈漢代的氣化宇宙論及其影響〉（收錄於陳鼓應主編：《道家文化研究》（第
八輯）（北京：生活、讀書、新知三聯書店，1995 年 11 月），頁 252。）
〔註37〕　「能不」本作「不能」，俞樾以爲傳寫誤倒而改，今從校改。（參見俞樾：《諸
子評議》，頁 342。）

（〈泰族〉）、「心者，形之主。」（〈精神〉）、「心治則百節安，心擾則百節亂。」（〈繆稱〉）此外，「五臟能屬於心而無乖，則悖志而行不僻矣。」（〈精神〉）故心不僅統領著所有感官，人體內部臟腑功能亦受心的控制。〈原道〉完整敘述了心所扮演的角色，它說：

> 夫心者，五臟之主也，所以制使四支，流行血氣，馳騁於是非之境，出入於百事之門戶者也。是故不得於心而有經天下之氣，是猶無耳而欲調鐘鼓，無目而欲喜文章也，亦必不勝其任也。

心外控四肢，內統五臟，調節血氣，更能「馳騁於是非之境，出入於百事之門戶」，掌控著一切精神活動。可見《淮南子》將「心」視為人體內在認知的主體，認為它能知、能思、能感，耳目官能無法思考，故人先透過感官的接觸以感知外在事物，再藉著心的認知作用來予以統整取捨，〈詮言〉說：

> 目好色，耳好聲，口好味，接而說之，不知利害，……三官交爭，以義為制者心也。……耳目鼻口不知所取去，心為之制，各得其所。

因此，精神對於形體的主導作用，必須經由心這個載體才能發揮，《淮南子》裡，「心」的形上意義和「神」關係密切，它往往以心的功能來表現精神的作用。諸如：「心有所至，而神喟然在之。」（〈繆稱〉）、「神者心之寶也。」（〈精神〉）、「至人之治也，心與神處。」（〈本經〉）、「託其神於靈府，而歸於萬物之初。」（〈俶真〉），即如董平所論：

> 心是個體內部具有雙重連結作用的紐結，它一方面與精神相連結，是精神的寓所；另一方面則與外在的形體相連結，是形體之一切活動的直接使動者。〔註38〕

故就形下論，心乃形體的一部分，統領著肢體感官，從形上論，精神的具體表現是落實在心的能知性及主宰性，才能發揮「神制形從」（〈詮言〉）的功能。不過，《淮南子》雖然強調形神間相輔相倚的關係，卻又說形神間可各自獨立，〈精神〉說：

> 人有戒形而無損心，〔註39〕有綴宅而無耗精。夫癲者趨不變，狂者形不虧，神將有所遠徙，孰暇知其所為。故形有摩而神未嘗化者，

〔註38〕 參見董平：〈《淮南子》形上學探討〉，《浙江大學學報》（哲社版），第 3 期，1989 年 9 月，頁 72。

〔註39〕 「無損心」本作「無損於心」，王念孫云：「於，衍字也。戒形與損心，綴宅與耗精，皆相對為文，則損字下不當有於字。」且據《莊子・大宗師》篇所改，今從校改。（參見王念孫：《讀書雜志》（下），頁 825。）

以不化應萬化，千變萬抮而未始有極。化者，復歸於無形也，不化
者，與天地俱生也。（高誘注：「摩，滅，猶死也。神變歸於無形，
故曰未嘗化。化，猶死也。不化者精神，化者形骸。死者形爲灰土，
爲日化也。」）

有人形體病傷，精神依舊高昂；有人精神消竭，而形體活動力猶存，這意味
著精神和形體具有各自的獨立性，〈精神〉甚至說：「形有摩而神未嘗化」，將
形視爲被生化的對象，最終必將消亡，而神卻可以超脫出形體的侷限，與萬
有本源的大道永存。〈俶眞〉也說：

是故形傷於寒暑燥濕之虐者，形苑而神壯；神傷乎喜怒思慮之患者，
神盡而形有餘。故罷馬之死也，剝之若橧；狡狗之死也，割之猶蠕。
是故傷死者其鬼嬈，時既者其神漠，是皆不得形神俱沒也。夫聖人
用心，仗性依神，相扶而得終始，是故其寐不夢，其覺不憂。

但是，不論〈原道〉說的「形不虧，神將有所遠徙」、「形有摩而神未嘗化」
還是〈俶眞〉所說的「形苑而神壯」、「神盡而形有餘」皆非生命的理想狀態，
唯有形神「相扶而得終始」才是最好的結果。不過在討論人之形神時，《淮南
子》往往論及所謂的「氣」，氣與形神間的關係究竟爲何？在人之生命裡扮演
何等角色？以下就此進一步討論之。

三、氣與形、神的關係

〈原道〉說：

形神氣志，各居其宜，以隨天地之所爲。夫形者，生之舍也；氣者，
生之充也；神者，生之制也。一位失，則三者傷矣。是故聖人使人
各處其位、守其職，而不得相干也。故夫形者非其所安也而處之則
廢，氣不當其所充而用之則泄，神非其所宜而行之則昧，此三者，
不可不愼守也。

《淮南子》指出生命體的正常運作是形、氣、神三者各安其位、各得其宜的
結果，並強調這三者「不可不愼守」，否則生命就要出狀況。這裡在形神之外
又提及所謂的「氣」，〔註40〕歸納《淮南子》的「氣」，大抵可以人身體作爲

〔註40〕《淮南子》對於人體生命結構的論述大抵是形神二元論的立場，書中多處將
形神兩兩對舉，這裡卻多出一個介於形神之間的氣，即如陳德和所說：「《淮
南子》在某些場合曾出現好似三元性的生命結構論，例如〈原道訓〉說：『夫
形者，生之舍也……此三者，不可不愼守也。』此論看似生命中有形、氣、

分界點，在人體之外的氣是生化宇宙四時萬物的基元。就人生理之氣而言，多作血氣、氣志來講。血氣屬生理層次，氣志則指的是心理層次，不過絕大多數時候，《淮南子》是以「血氣」稱之。整體而論，氣或血氣、精氣是一種流衍於身體之內，可聚可散的極精微物質，生命活力的展現，往往取決於氣的作用，如〈本經〉說：「精泄於目，則其視明；在於耳，則其聽聰；留於言，則其言當；集於心，則其慮通。」這樣的說法是前有所承的，《管子·內業》說：

> 精存自生，其外安榮，內藏以為泉源，浩然和平，以為氣淵，淵之不涸，四體乃固；泉之不竭，九竅遂通，乃能窮天地、被四海，中無惑意，外無邪菑，心全於中，形全於外，不逢天菑，不遇人害，謂之聖人。

> 摶氣如神，萬物備存……思之，思之，又重思之，思之而不通，鬼神將通之，非鬼神之力也，精氣之極也。

〈內業〉所說的氣或精氣，皆具有流動的性能和生機活力，精氣的聚集與流動使著各種生類得以生機盎然，因此就人體健康而言，精氣能否留存於身，影響著人身心狀況。若是精氣積聚充沛，則四體堅強、官能通達，身體機能正常運作，生命力就越旺盛。《呂氏春秋》亦提及：

> 精氣之集也，必有入也，集於羽鳥，與為飛揚；集於走獸，與為流行；集於珠玉，與為精朗；集於樹木，與為茂長；集於聖人，與為敻明。精氣之來也，因輕而揚之，因走而行之，因美而良之，因長而養之，因智而明之。流水不腐，戶樞不螻，動也。形氣亦然。形不動則精不流，精不流則氣鬱。鬱處頭則為腫為風，處耳則為挶為聾，處目則為䁾為盲，處鼻則為鼽為窒，處腹則為張為疛，處足則為痿為蹶。(〈盡數〉)

神三元，純粹從文字上看這是書中的特例，意思也欠俐落，但若詳加解讀其實還是二元論的立場，因為如前所述神固可如胡適所說是氣，而形氣和神志又相對，所以形也是氣，〈主術訓〉且說：『天氣為魂，地氣為魄』，益見形神都是氣，既然如此，如今卻在形與神中又插入一個氣來攪和，還煞有介事地說『三者不可不慎守也』，這當然是疊床架屋。不過，生命本是一氣之所現，生命的現象和生命的活動力雖然都是氣，且生命的現象必含生命的活動，如果把生命的現象說是形和神的結合，而勉強把生命力獨立表達而稱為氣，這也無可厚非，它依然是形神二元論的基本主張，只是彆扭一點就是。」(參見氏著：《淮南子的哲學》，頁179。)

> 凡人三百六十節，九竅五藏六腑，肌膚欲其比也，血脈欲其通也，
> 筋骨欲其固也，心志欲其和也，精氣欲其行也。若此則病無所居，
> 而惡無由生矣。病之留，惡之生也，精氣鬱也。（〈達鬱〉）

上列兩則引文強調精氣的聚集與流動對於生命的影響。《呂氏春秋》認爲精氣在人體之內的作用必須周流豐沛，若是鬱結塞滯，氣鬱的部位將產生疾病。在《淮南子》中，氣在人身體的作用亦是如此，〈本經〉說：「氣亂則智昏」，〈說山〉也提及：

> 天二氣則成虹，地二氣則泄藏，人二氣則成病。陰陽不能且冬且夏。
> 月不知畫，日不知夜。（〈說山〉）

都是說明了體內之氣充處不當將會爲人體帶來災害。〈精神〉裡詳述氣與形神間的關係：

> 血氣者，人之華也；而五臟者，人之精也。夫血氣能專於五臟而不
> 外越，則胸腹充而嗜欲省矣。胸腹充而嗜欲省，則耳目清、聽視達
> 矣。耳目清、聽視達，謂之明。五臟能屬於心而無乖，則勃志勝而
> 行不僻矣。志勝而行之不僻，則精神盛而氣不散矣。精神盛而氣不
> 散則理，理則均，均則通，通則神，神則以視無不見，以聽無不聞，
> 以爲無不成也。是故憂患不能入也，而邪氣不能襲。

> 夫孔竅者，精神之戶牖也；而血氣〔註41〕者五臟之使候也。耳目淫
> 於聲色之樂，則五臟動搖而不定矣。五臟動搖而不定，則血氣滔蕩
> 而不休矣。血氣滔蕩而不休，則精神馳騁於外而不守矣。精神馳騁
> 於外而不守，則禍福之至雖如丘山，無由識之矣。

歸納上述引文可知：1. 氣的作用直接影響到形與神的功能。氣要充處得當，神才能旺盛；2. 氣是形神間聯繫、運作的橋樑，對人體的外在行爲活動亦有決定性的影響；3. 氣必須充處五臟之中，不充泄妄散，才可對於外在的誘惑不爲所動。

　　總結上述所言，在氣化宇宙論體系下生命得以開展，人的生命由形體與精神所共構，就根源處而論，形神均以氣爲基元，兩者的差異取決於氣的精粗，而氣亦是溝通兩者之間的媒介，故人的生命活動主要仰賴此三大要素各

〔註41〕 此句本作「氣志者」，王念孫云：「氣可言五臟之使候，志不可言五臟之使候。
　　　　氣志當爲血氣，此涉下文氣志而誤也。……《文子·九守》篇正作血氣。」
　　　　今從校改。（參見王念孫：《讀書雜志》（下），頁823。）

司其職，三者間相互牽連，相輔相成。因此《淮南子》論修養，主要從此三方面入手，以下接著討論《淮南子》的修養理論。

第三節　《淮南子》的養生理論

　　《淮南子》的養生理論，主要以〈精神〉篇爲核心，其餘散見於〈原道〉、〈俶眞〉、〈天文〉、〈本經〉、〈齊俗〉、〈氾論〉、〈詮言〉、〈人間〉諸篇，所論內容頗爲豐富，以下分爲三點論述。

一、形神交養、以神爲主

　　如前所論，形與神相互依倚制約，神需以形體爲宅寓，形體則賴精神來統御，兩者共構下生命得以開展。雖然如上討論形神關係時曾提到形是被生化的對象，最終將隨著生命的結束而消亡，神卻可以超脫形體限制，與萬有本源的大道永存，在生命歷程中兩者似乎可以各自運作，並非焦孟不離，然而就養生的立場而言，「傷死者」（神沒而形不沒）與「時既者」（神離而形不沒），都非《淮南子》修養的理想，唯有如〈俶眞〉所說：使「形神俱沒」、「相扶而得終始」才是最理想的結果。陳麗桂先生說：

　　　　像這樣形、神各自爲政，有生之年不能相依相偕，就養生而言，自是
　　　　失敗和遺憾。他呼籲透過一種恰當合理的安養方法，使形、神二者能
　　　　相偕以沒，各終天年，沒有遺憾，這才是養生的最好結果。〔註42〕

因此就養生而論，《淮南子》認爲形神必須交養同修，不可有一偏廢。且妥善保養形體是安養精神的基礎。〈精神〉說：

　　　　是故耳目者，日月也；血氣者，風雨也。……日月失其行，薄蝕
　　　　無光；風雨非其時，毀折生災；五星失其行，州國受殃。夫天地
　　　　之道，至紘以大，尚猶節其章光，愛其神明，人之耳目何能久熏
　　　　勞而不息乎？精神何能久馳騁而不既乎？形勞不而休則蹶，精用
　　　　而不已則竭。

　　　　夫孔竅者，精神之戶牖也；而血氣〔註43〕者五臟之使候也。耳目淫

〔註42〕參見陳麗桂先生：《秦漢時期的黃老思想》，頁77。
〔註43〕此句本作「氣志者」，王念孫云：「氣可言五臟之使候，志不可言五臟之使候。
　　　　氣志當爲血氣，此涉下文氣志而誤也。……《文子・九守》篇正作血氣。」
　　　　今從校改。（參見王念孫：《讀書雜志》（下），頁823。）

於聲色之樂，則五臟動搖而不定矣。五臟動搖而不定，則血氣滔蕩
而不休矣。血氣滔蕩而不休，則精神馳騁於外而不守矣。精神馳騁
於外而不守，則禍福之至雖如丘山，無由識之矣。

此處以日月星辰風雨等自然現象爲客觀依據，說明以天地之大猶節其彰光，
人身之微怎能操勞耳目而不息，馳騁精神而不止？故論養形，首重感官的修
治，因爲感官是世人與外物接觸的第一線，亦是精神之戶牖，若感官接物不
休，則耳淫於聲，目眩於色，口腹耽於美味，四體湎於安逸，嗜欲興而血氣
滔蕩，五藏動搖，其後果將造成精神的馳騁外泄。故〈本經〉說：

天愛其精，地愛其平，人愛其情。天之精，日月星辰雷電風雨也；
地之平，水火金木土也；人之情，思慮聰明喜怒也。故閉四關，止
五遁，則與道淪。是故神明藏於無形，精氣〔註44〕反於至眞，則目
明而不以視，耳聰而不以聽，心條達而不以思慮，委而弗爲，和而
弗矜，冥性命之情，而智故不得襍焉。精泄於目則其視明，在於耳
則其聽聰，留與口則其言當，集於心則其慮通。故閉四關則終〔註45〕
身無患，百節莫苑，莫死莫生，莫虛莫盈。

唯有「閉四關」以「止五遁」，使自身不受外物所誘引牽繫，才可遠離禍患。
《淮南子》雖重視形體的保養，但對於世人以形軀的健壯作爲生命狀態完好
的象徵，以此追求壽限的延長並不肯定，它說：

若吹呴呼吸，吐故內新，熊經鳥伸，鳧浴蝯躩，鴟視虎顧，是養形
之人也，不以滑心。使神滔蕩而不失其充，日夜無傷而與物爲春，
則是合而生時于〔註46〕心也。且人有戒形而無損心，有綴宅而無耗
精。夫癲者趨不變，狂者形不虧，神將有所遠徙。（〈精神〉）

它對專事養形的行爲提出批評，認爲這種模仿動物肢體動作的健身之術，只
能促使身體強健，不足以成就完整的養生之道，因爲徒有健全的形骸，卻無
健全的精神，其結果將如狂者、顛者一般行爲失序。故〈精神〉說：

〔註44〕「精氣」本作「精神」，王念孫云：「精神與神明意相複，神字即涉上句而誤，
精神當爲精氣。淮南一書多以神與氣對文也。《文子・下德》篇正「精氣反
於至眞」。」故改爲「精氣」，今從校改。（參見王念孫：《讀書雜志》（下），
頁831）

〔註45〕「終身無患」本作「身無患」，王念孫據《文子・下德》而改，今從校改。（參
見王念孫：《讀書雜志》（下），頁832。）

〔註46〕「于心」本作「干心」，王念孫據高誘注文改作「于心」，今從校改。（參見王
念孫：《讀書雜志》（下），頁825。）

形勞不休則蹶，精用而不已則竭。是故聖人貴而尊之，不敢越也。夫有夏后氏之璜者，匣匱而藏之，寶之至也。夫精神之可寶也，非直夏后氏之璜也。是故聖人以無應有，必究其理；以虛受實，必窮其節，恬愉虛靜，以終其命。是故無所甚疏，而無所甚親，抱德煬和，以順于天。與道爲際，與德爲鄰。不爲福始，不爲禍先。魂魄處其宅，而精神守其根，死生無變於己，故曰至神。

是故，《淮南子》雖倡形神相養，但是論及修養的層次時，卻認爲養神才是修養的最高境界，掌握住「以神爲主」（〈原道〉）、「神貴形賤」（〈詮言〉）的原則，避免「以形爲制」（〈原道〉）才是養生的根本。它說：

治身，太上養神，其次養形。神清志平，百節皆寧，養性之本；肥肌膚，充腸腹，供嗜欲，養生之末也。……上世養本而下世事末（〈泰族〉）

是故聖人……不知耳目之宜，而游於精神之和。（〈俶眞〉）

精神的理想狀態當是清靜內守於形骸「不外淫」（〈精神〉）〈俶眞〉也說：「精神已越於外而事復返之，是失之於本，而求之於末也。」〈詮言〉援引廣成子之語告誡人使精神「愼守而內，周閉而外」的重要性，一旦使神失其守，則「舉措不能當，動靜不能中」（〈原道〉），精神將「馳騁於外而不守，則禍福之至雖如丘山，無由識之矣。」（〈精神〉）可見精神安守於體內必須保持在清明平和的狀態下，才能發揮其統御人身的作用，誠如〈齊俗〉所說：「凡將舉事，必先平意清神，神清意平，物乃可正，若璽之抑埴，正與之正，傾與之傾。」因此維持精神的清明虛靜乃養神的重點，《淮南子》主張：

精神澹然無極，不與物散，而天下自服。（〈精神〉）

抱神以靜，形將自正。（〈詮言〉）

靜漠者，神明之宅也；虛無者，道之所居也。（〈精神〉）

其所居神者，臺簡已游太清，引楯萬物，群美萌生。是故事其神者神去之，休其神者神居之。……夫人事其神而嬈其精，營慧然而有求於外，此皆失其神明而離其宅也。（〈俶眞〉）

形要能自正，必須先「抱神以靜」，否則「事其神者神去之」。然而，精神卻如盆水般易濁難清，極易受外物干擾，〈俶眞〉說：

今盆水在庭，清之終日，能見眉睫；濁之不過一撓，而不能察方員，

人神易濁而難清，猶盆水之類也，況一世而撓滑之，曷得須臾平乎！

舉凡感官的接物（〈原道〉：「物至而神應」）、情緒上的憂樂，乃至於外誘的侵擾，都足以破壞精神清靜的狀態，使其馳騁於外，〈俶眞〉說：

> 神越者其言華，德蕩者其行僞。至精亡於中，而言行觀於外，此不
> 免以身役物矣。夫趨舍行僞者，爲精求於外也，精有湫盡，而行無
> 窮極，則滑心濁神，而惑亂其本矣。其所守者不定，而外淫於世俗
> 之風，所斷差跌者，而內以濁其清明，是故躊躇以終，而不得須臾
> 恬澹矣。

要使精神常處於清明平靜的狀態，除了感官的修治，形軀之身的完備外，血氣的保養亦是關鍵，在〈原道〉中曾細述精神在血氣充盈得當，人一切對外的視、聽、動、靜、知、慮才得以發揮正常作用，文曰：

> 今人所眭然能視，營然能聽，形體能抗，而百節可屈伸，察能分黑
> 白、視醜美，而知能別同異、明是非者，何也？氣爲之充，而神爲
> 之使也。……夫精神氣志者，靜而日充以壯，躁而日耗以老。〔註47〕

〈精神〉也提及：

> 精神盛而氣不散則理，理則均，均則通，通則神，神則以視無不見，
> 以聽無不聞，以無爲不成也。

氣爲之充，神才能爲之使，反之若使「血氣滔蕩不休，則精神馳騁於外而不守矣」（〈精神〉），人的行爲就要發生錯亂。《淮南子》指出要能平和血氣、清靜精神的重要關鍵，在於嗜欲的控制，它說：

> 貪饕多欲之人，顚冥〔註48〕於勢利，誘慕於名位，冀以過人之智，
> 植高于世，〔註49〕則精神日以耗而彌遠，久淫而不還，形閉中距，
> 則神無由入矣。是以天下時有盲妄自失之患，此膏燭之類也，火逾
> 然而消逾亟。嗜欲者，使人之氣越，而好憎者，使人之心勞。弗疾
> 去，則志氣日耗。（〈精神〉）

〔註47〕 「靜而日充以壯，躁而日耗以老」本作「靜而日充者以壯，躁而日耗者以老」
俞樾以爲若有「者」字，則文不成義。並據《文子‧九守》而改，今從校改。
（參見俞樾：《諸子評議》，頁342。）

〔註48〕 「顚冥」本作「漠暗」，王念孫據《文子‧九守》、《莊子‧則陽》改爲「顚冥」，
今從校改。（參見王念孫：《讀書雜志》（下），頁772。）

〔註49〕 「植高于世」本作「植于高世」，王念孫云：「二字誤倒，則文不成義。」故
改爲「植高于世」，今從校改。（參見王念孫：《讀書雜志》（下），頁723。）

> 夫聲色五味，遠國珍怪，瑰異奇物，足以變心易志、搖蕩精神、感
> 動血氣者，不可勝計也。（〈本經〉）

由上述引文可見，嗜欲會造成人之形亂、氣越、神失，因此嗜欲的控制成爲
掌握養生的重要關鍵，因此對於嗜欲的對治《淮南子》提出了「清靜寡欲、
適情辭餘」的標準，以下嘗試論之。

二、清靜寡欲、適情辭餘

　　嗜欲好憎究竟是如何產生的？《淮南子》認爲它是與生俱來的，〈原道〉
說：「夫性命者，與形俱出其宗，形備而性命成，性命成而好憎生矣。」性命
與形體同生，當形體生成，性命肇始，好憎嗜欲亦隨之而生。這種將人的嗜
欲視爲本能的說法，是儒道諸家的基本共識。嗜欲既是生命實質的必然，故
《淮南子》並未全然予以否定。它說：

> 夫人之所受於天者，耳目之於聲色也，口鼻之於芳臭也，肌膚之於
> 寒燠，其情一也。（〈俶眞〉）

> 喜怒哀樂，有感而自然者也。故哭之發於口，涕之出於目，此皆憤
> 於中而形於外者也，譬若水之下流，煙之上尋也，夫有孰推之者？
> 　（〈齊俗〉）

〈泰族〉也細述民有「好色之性」、「飲食之性」、「喜樂之性」、「悲哀之性」，
《淮南子》將人維生之基本需求及情感的自然流露，均視爲人性之本然內容。
「性」字在書中有時稱爲「情性」或「情」。如〈原道〉：「不以欲亂情」，高
誘的注說：「不以人事亂其身，不以欲亂其清靜之性。」〈精神〉：「無益情者
不以累德，而便性者不以滑和。」、「雕琢其性，矯拂其情。」〈本經〉：「人之
情，思慮聰明喜怒也。」高誘的注說：「情，性也。」，基本上「情」、「性」
所涵攝的內容相同，均指人的自然本質。陳麗桂先生分析道：

> 在老莊的著作上，我們絕少看到「性」或「情」特別著意界說的；《淮
> 南子》也是一樣，在二十一篇中我們看不出任何對「性」或「情」
> 二辭有嚴格區分的跡象。這兩辭的意念甚至常是混而不分的；有時
> 用「性」，有時用「情」，有時「性情」並列，有時聯稱。……非特
> 義界沒有嚴格分別，它們甚至常相偕出現。……大致說來，要強調
> 生命本狀時，淮南子總用「性」字，要說明心理反應時，則常用「情」
> 字；這種區分並不是十分嚴明，因爲生命本狀也罷，心理反應也罷，

都是很自然的生命現象；因此，在泛稱生命時，便往往將它們混用或雜用了。〔註50〕

〈齊俗〉說：「身者，道之所託」，道乃吾人生命的本根，故人之性乃道性於人身的彰顯與展現，因此如同道性一般純樸自然、清靜恬愉，〈俶眞〉也提到：「靜默恬淡所以養性也。……古之聖人，其和愉寧靜，性也。」〈人間〉亦言：「清靜恬愉，人之性也。」不過在與外物接觸下，若嗜欲不得控制而使官能受物牽引，導致精神馳騁於外，清靜的本性便難以持守，〈原道〉敘述這清靜恬淡的天性受物欲所擾，失而不返的情況說：

> 人生而靜，天之性也。感而後動，性之容也。〔註51〕物至而神應，知之動也。知與物接，而好憎生焉。好憎成形，而知誘於外，不能反己，而天理滅矣。

無窮的嗜欲就是破壞人虛靜恬愉之性的主因。《淮南子》分析道：

> 好憎者心之過也，嗜欲者性之累也。（〈原道〉）

> 水之性清，〔註52〕而土汩之。人性安靜而嗜欲亂之。（〈俶眞〉）

> 嗜欲連於物，聰明誘於外，而性命失其得。（〈俶眞〉）

> 人之性蕪穢不得明者，物或堁之也。……人之性無邪，久湛於俗則易。易而忘本，合於若性。故日月欲明，浮雲蓋之；河水欲清，沙石穢之；人性欲平，嗜欲害之。（〈齊俗〉）

> 欲與性相害，不可兩立。（〈詮言〉）

《淮南子》雖肯定物質欲望與感官享受的合理性，但對於超過生命本然所需的欲望都力主加以節制，〈本經〉說：「凡亂之所由生者，皆在流遁。」任其放縱肆恣，將對生命構成嚴重威脅。〈氾論〉裡以生動的事例說明嗜欲無度所帶來的禍患，它說：

> 楚人有乘船而遇大風者，波至而恐，〔註53〕自投於水。非不貪生而

〔註50〕　參見陳麗桂先生：〈淮南子論修養〉，《國立中央圖書館館刊》，第20卷第1期，1987年6月，頁49～50。

〔註51〕　「性之容也」本作「性之害也」，俞樾根據《史記・樂書》徐廣說法及《韓非子・揚權》而改，今從校改。（參見俞樾：《諸子評議》，頁340。）

〔註52〕　「水之性清」本作「水之性眞清」，王念孫云：「眞字於義無所取，疑後人所加。《太平御覽・方術部一》引此，作『夫水之性清而土汩之，人之性安而欲亂之』，於義爲長。」今從校改。（參見王念孫：《讀書雜志》（下），頁779。）

〔註53〕　「波至而恐」本作「波至而」，王念孫據《群書治要》、《意林》、《藝文類聚》、

畏死也，惑於恐死而反忘生也。故人之嗜慾，亦猶此也。

齊人有盜金者，當市繁之時，至掇而走。勒問其故曰：「而盜金於市中，何也？」對曰：「吾不見人，徒見金耳！」志所欲則忘其所爲矣。

〈氾論〉分析許多禍亂災害之產生，都是源起於人們嗜欲無饜，逐物忘返的結果：「今人所以犯囹圄之罪，而陷於刑戮之患者，由嗜欲無厭，不循度量之故也。」人人皆知觸法的後果，但是蹈入法網、遭於刑戮總是大有人在，嗜欲無度所帶來的禍患可見一斑。因此，除維持生命本然所需之外，對於足以殘害本性，妨礙養生的欲望都需加以禁止，先秦以來對於養生的討論，莫不以欲望的克制爲要，在黃老思想裡，君主節欲適欲更是修身養生的基本工夫，《呂氏春秋》裡說的十分清楚，〈重己〉提到：「凡生之長也，順之也；使生不順者，欲也；故聖人必先適欲」，〈本生〉更大篇幅的闡述「物也者，所以養性，非所以性養」之理，它說：

夫水之性清，土者抇之，故不得清。人之性壽，物者抇之，故不得壽。物也者，所以養性也，非所以性養也。今世之人，惑者多以物養性，則不知輕重也。不知輕重，則重者爲輕，輕者爲重矣。若此，則每動無不敗。以此爲君悖，以此爲臣亂，以此爲子狂，三者有一焉，無幸必亡。今有聲於此，耳聽之必慊，已聽之則使人聾，必弗聽。有色於此，目視之必慊，已視之則使人盲，必弗視。有味於此，口食之必慊，已食之則使人瘖，必弗食。是故聖人之於聲色滋味也，利於性則取之，害於性則舍之，此全性之道也。世之貴富者，其於聲色滋味也多惑者，日夜求，幸而得之則遁焉，性惡得不傷？（〈本生〉）

此論明言人能否長壽的關鍵取決於對嗜欲的控制，它提醒人們先要區判出「生」與「物」的輕重次序，一旦本末倒置後果必造成國家危亡。在〈情欲〉裡更遍數凡君俗主驕奢淫逸的行爲，〔註54〕批評他們雖函欲養生，卻反害生，

《太平御覽》而改，今從校改。（參見王念孫：《讀書雜志》（下），頁887。）
〔註54〕 〈情欲〉說：「俗主虧情，故每動爲亡敗。耳不可贍，目不可厭，口不可滿，身盡府種，筋骨沈滯，血脈壅塞，九竅寥寥，曲失其宜，雖有彭祖，猶不能爲也。其於物也，不可得之爲欲，不可足之爲求，大失生本。民人怨謗，又樹大讎；意氣易動，蹻然不固；矜勢好智，胸中欺詐；德義之緩，邪利之急。身以困窮，雖後悔之，尚將奚及？巧佞之近，端直之遠，國家大危，悔前之過，猶不可反，聞言而驚，不得所由。百病怒起，亂難時至。以此君人，爲身大憂。耳不樂聲，目不樂色，口不甘味，與死無擇。」

其主因就是物欲不當所造成的，能否「修節以止欲」不僅爲聖人與凡君的區判標準，更是人生死存亡的根本，它說：

> 聖人修節以止欲，故不過行其情也。故耳之欲五聲，目之欲五色，口之欲五味，情也。此三者，貴賤愚智賢不肖欲之若一，雖神農、黃帝其與桀紂同。聖人之所以異者，得其情也。由貴生動則得其情矣，不由貴生動則失其情矣。此二者，死生存亡之本也。（〈情欲〉）

是故《呂氏春秋》強調聖人「必先適欲」、「修節止欲」，依循「利於性則取之，害於性則舍之」（〈本生〉）的原則，才可避免爲物所役使、身亂國危的下場。收斂感官欲求，不盲目競逐外物，是人人修養身心的基本原則，身爲統治者對於自身的修持必須更加謹愼，畢竟國君一己的欲望，直接牽動著黎民百姓的生活及國家的安危，貪淫縱欲的後果必是身危國敗，《呂氏春秋》認爲這樣的下場是連死都不如。

黃老帛書亦從治國的高度來申論此理，《經法》說：「心欲是行，身危有殃。」（〈國次〉）、「黃金珠玉藏積，怨之本也。女樂玩好燔材，亂之基也。」（〈四度〉）、「生有害，曰欲，曰不知足。」（〈道法〉），〈六分〉裡亦提及要能王天下者，必須懂得王術，作者認爲：「知王（術）者，驅騁馳獵而不芒（荒），飲食喜樂而不面（湎）康，玩好（睘）嬛好而不惑心，俱與天下用兵，費少而有功。」統治者若能在畋獵、宴飲、女色玩好等方面有所節制，一旦從事征戰，則可收「費少有功」之效。此外，《稱》更嚴正指出天下有「三死」，其中一項即是「嗜欲無窮」，是故黃老思想這種節欲崇儉的修身理論在漢代初年確實爲帝王所奉守，〔註 55〕進而取得施政上的成功，這在《淮南子》裡亦獲得高度闡發〈氾論〉說：

> 天下莫易於爲善，而莫難於爲不善也。所謂爲善者，靜而無爲也；所謂爲不善者，躁而多欲也。適情辭餘，無所誘惑，循性保眞，無變於己，故曰爲善易。越城郭，踰險塞，姦符節，盜管璽，篡弑矯誣。非人之性也，故曰不善難。

這裡以「靜而無爲」和「躁而多欲」區判所謂「善」與「不善」的標準。《淮南子》認爲爲善之所以易，在於人只要把握住「適情辭餘、循性保眞」的原

〔註 55〕《史記・孝文本紀》載文帝：「即位二十三年，宮室苑囿、狗馬服飾無所增益。所幸愼夫人，令衣不得曳地，帷帳不得文繡，以示敦樸，爲天下先。」景帝則「不受獻，減太官，省徭役。」

則。它並分析人之所以犯囹圄之罪而陷於刑戮之患的原因，在於「嗜欲無厭，不循度量之故也。」(〈氾論〉)，故對於足以妨害清靜恬愉本性的欲求，都必須加以禁絕，它說：

> 五色亂目，使目不明；五聲譁耳，使耳不聰；五味亂口，使口爽傷；趣舍滑心，使心飛揚。此四者，天下之所養性也，然皆人累也。……夫人之所以不能終其壽命而中道天於刑戮者何也？以其生生之厚。
>
> (〈精神〉)

《淮南子》因此提出「節」與「適」作爲反性治欲的標準，呼籲向生命原始情狀回歸，一切用度以滿足己身基本需求爲限，舉凡飲食、起居乃至於喜怒情緒的控制，都必須謹守「適情辭餘，以己爲度，不隨物動。」(〈精神〉)的原則。它說：

> 凡治身養性，節寢處，適飲食，和喜怒，便動靜，使在己者得，而邪氣自不生，豈若懷憂瘕疵之與瘵疽之發，而豫備之哉！(〈詮言〉)
>
> 聖人食足以接氣，衣足以蓋形，適情不求餘，無天下不虧其性，有天下不羨其和。有天下，無天下，一實也。……至人，量腹而食，度形而衣；容身而游，適情而行；餘天下而不貪，委萬物而不利。(〈精神〉)
>
> 聖人審動靜之變，而適受與之度，理好憎之情，和喜怒之節。夫動靜得，則患弗遇〔註56〕也；受與適，則罪弗累也；好憎理，則憂弗近也；喜怒節，則怨弗犯也。(〈氾論〉)

外在的誘惑雖多的不可勝數，但是飢而餐、渴而飲，所需不過簞食瓢漿而已，不應貪求基本用度之外，以免淪爲外物的奴役。故〈詮言〉說：

> 不貪無用，則不以欲用害性；欲不過節，則養性知足。
>
> 通性之情者，不務性之所無以爲；通命之情者，不憂命之所無奈何；通於道者，物莫足滑其和。

衡量欲望的標準當以適性爲原則，《淮南子》強調：「治欲者不以欲，以性。……夫耳目之可以斷也，反情性也。」(〈齊俗〉)、「聖人損欲而從事於性。」(〈詮言〉) 否則過分貪求所養之物，反而害了所養之身。即如〈說林〉所言：「夫所以養而害所養，譬猶削足而適履，殺頭而便冠。」意即在此。

〔註56〕「患弗遇也」本作「患弗過也」，王念孫以爲當從劉本、朱本作「遇」，字之誤也。今從校改。(參見王念孫：《讀書雜志》(下)，頁887)

三、原心返性、自然勿迫

　　《淮南子》要人適情辭餘、清靜節欲，目的在於「不以欲亂情」(〈原道〉)以維持人清靜恬愉的本性，使「內守其性，耳目不燿，思慮不營。」(〈俶眞〉)。〈泰族〉將此視爲養生的根本，它說：

> 省事之本，在於節用；節用之本，在於反性。未有能搖其本而靜其末，濁其源而清其流者也。

然而仍有人不明瞭清靜恬適本性的可貴，一味追求物欲滿足，以爲這就是養生之道，反造成精混神亂、本性散失，〈原道〉說：

> 夫建鐘鼓，列管弦，席旃茵，傅旄象，耳聽朝歌北鄙靡靡之樂，齊靡曼之色，陳酒行觴，夜以繼日，強弩弋高鳥，走犬逐狡兔，此其爲樂也，炎炎赫赫，怳然若有所誘慕，解車休馬，罷酒徹樂，而心忽然若有所喪，悵然若有所亡也，是何則？不以內樂外，而以外樂內，樂作而喜，曲終而悲，悲喜轉而相生，精神亂營，不得須臾平。察其所以，不得其形，而日以傷生，失其得者也。是故內不得於中，稟授於外而以自飾也，不浸於肌膚，不浹於骨髓，不留於心志，不滯於五藏。故從外入者，無主於中，不止。從中出者，無應於外，不行。故聽善言便計，雖愚者知說之；稱至德高行，雖不肖者知慕之。說之者眾而用之者鮮，慕之者多而行之者寡。所以然者，何也？不能反諸性也。夫內不開於中而強學問者，不入於耳而不著心，此何以異於聾者之歌也？效人爲之，而無以自樂也，聲出於口，則越而散矣。

這裡道出人之所以馳騁外物而造成「精神亂營，不得須臾平」的主因即在於「不以內樂外，而以外樂內」，它剖析眞正的快樂並非建築於感官刺激的馳逐或富貴聲色的美好，而是內心的自得，〈原道〉說：

> 夫喜怒者，道之邪也，憂悲者，德之失也；好憎者，心之過也；嗜欲者，性之累也。人之大怒破陰，大喜墜陽，薄氣發瘖，驚怖爲狂；憂悲多恚，病乃成積；好憎繁多，禍乃相隨。故心不憂樂，德之至也；通而不變，靜之至也；嗜欲不載，虛之至也；無所好憎，平之至也；不與物散，粹之至也，能此五者，則通於神明。通於神明者，得其內者也。是故以中制外，百事不廢；中能得之，則外能牧 [註57]

〔註57〕「外能牧之」本作「外能收之」，王念孫根據上下文義押韻及《文子·道原》而改，今從校改。(參見王念孫：《讀書雜志》(下)，頁770。)

之。中之得，五臟寧，思慮平，筋力勁強，耳目聰明，疏達而不悖，堅強而不鞼，無所大過而無所不逮；處小而不逼，處大而不窕；其魂不躁，其神不嬈；湫漻寂寞，爲天下梟。

這裡明白揭示了「以中制外」的原則，何謂「中」？何謂「外」？高誘指出：「中，心也；外，情欲。」此外，〈詮言〉說得更爲全面，它說：

聖人勝心，眾人勝欲。君子行正氣，小人行邪氣。內便於性，外合於義，循理而動，不繫於物者，正氣也。重於滋味，淫於聲色，發於喜怒，不顧後患者，邪氣也。邪與正相傷，欲與性相害，不可兩立，一治一廢，故聖人損欲而從性。目好色，耳好聲，口好味，接而說之，不知利害，嗜欲也。食之不寧於體，聽之不合於道，視之不便於性，三關之爭，以義爲制者，心也。割痤疽非不痛也，飲毒藥非不苦也，然而爲之者，便於身也。渴而飲水非不快也，飲而大餐非不澹也，然而弗爲者，害於性也。此四者，耳目口鼻不知所去，心爲之制，各得其所。由是觀之，欲之不可勝，明矣。

耳目感官不知節制物欲的限度，故聖人君子任心爲主宰，以損欲而從性，《淮南子》特爲強調心的功能，如上節所論，心既是形而下的器官，爲人形軀之身的主宰，總制著感官四肢，控馭血氣的流動，又具形而上的功能，爲精神活動之源。丁原明分析《淮南子》的「心」在修身養生上所扮演的角色：

在《淮南子》看來，人所以不能保持清靜無爲的本性，以及它的耳目感官不能抵禦外物的引誘，其根本原因就在於失去「心」的控制，沒有發揮好「心」的主宰作用。因此，人欲保持其主體性的內容不被流失，和現實無爲，就必須強化心的主導地位，並通過這種強化以顯示人的主體性存在價值。〔註58〕

心若能修治得當，則形官與外物接觸便能不爲所惑，血氣運作平穩，行爲表現則能正常不出狀況。〔註59〕因此，唯有從心上下功夫，才是對治嗜欲、返歸本性的根本之道。〈原道〉說：「徹於心術之論，則嗜欲好憎外矣。」〈詮言〉

〔註58〕 參見丁原明：〈《淮南子》與《文子》思想之異同〉，《文史哲》，第 6 期，1994年 6 月，頁 24。

〔註59〕 〈泰族〉：「靜漠恬淡，說繆胸中，邪氣無所留滯，四枝節族，毛蒸理泄，則機樞調，百脈九竅，莫不順比，其所居神者得其位也。」〈俶眞〉：「靜默恬淡，所以養性；和愉虛無，所以養德也……若然者，血脈無鬱滯，五臟無蔚氣，禍福弗能撓滑，非譽弗能塵垢，故能至其極。」

也提到治心的重要：

> 治心術，則不妄喜怒。……節欲之本，在於反性，反性之本，在於
> 去載。去載則虛，虛則平。平者，道之素也；虛者，道之舍也。能
> 有天下者，必不失其國，能有其國者，必不喪家，能治其家者，
> 必不遺其身，能脩其身者，必不忘其心：能原其心者，必不虧其性；
> 能全其性者，必不惑於道。

然而，究竟該如何養心？《淮南子》教人當：「執玄德於心、心虛而應當」（〈原道〉）、「遊心於虛、心無所載，通洞條達，恬漠無事，無所凝滯，虛寂以待」（〈俶眞〉）、「虛心而弱志、虛心而弱意」（〈主術〉），〈詮言〉也說：

> 心常無欲，可謂恬矣；形常無事，可謂佚矣；游心於恬，舍形於佚，
> 以俟天命。自樂於內，無急於外，雖天下之大，不足以易其一槩也。

都是要求使心處於虛靜的狀態下，要言之，《淮南子》告誡人們（尤其是人主）能自得其性，必須掌握住「中本有主」（〈氾論〉）、「以內樂外」、「以中制外」的修養原則，如此才是眞樂久樂。因此〈原道〉提及：

> 所謂樂者，豈必處京臺、章華，遊雲夢，陟高丘，耳聽〈九韶〉、〈六
> 瑩〉，口味煎熬芬芳，馳騁夷道，釣射鷫鷞之謂樂乎？吾所謂樂者，
> 人得其得者也。夫得其得者，不以奢爲樂，不以廉爲悲，與陰俱閉，
> 與陽俱開。……聖人不以身役物，不以欲滑和。是故其爲懽不忻忻，
> 其爲悲不惙惙。萬方百變，消搖無所定，吾獨懷慷慨，遺物而與道
> 同出，是故有以自得之也。喬木之下，空穴之中，足以適情。無以
> 自得也，雖以天下爲家，萬民爲臣妾，不足以養生也。能至於無樂
> 者，則無不樂，無不樂則至樂極矣。

這裡所謂的「得其得」，指的即是「性命之情，處其所安也。」（〈原道〉）能得其性自然「不以身役物，不以欲滑和」，「遺物而與道同出」則能達到「自得」、「適情」的境地，自能無所不樂。《淮南子》亦以人能否「自得其性」做爲統治者的標準，它說：

> 天下之要，不在於彼而在於我，不在於人而在於身。身得，則萬物
> 備矣。……夫有天下者，豈必攝權持勢，操殺生之柄而以行其號令
> 邪？吾所謂有天下者，非謂此也，自得而已。自得，則天下亦得我
> 矣。吾與天下相得，則常相有，已又焉有不得容其間者乎？所謂自
> 得者，全其身者也。全其身，則與道爲一矣。（〈原道〉）

古之治天下者，必達乎性命之情。(〈俶眞〉)

縱欲而失性，動未嘗正也，以治身則危，以治國則亂，以入軍則破。
是故不聞道者無以反性。故古之聖王能得諸己，故令行禁止，名傳
後世，德施四海。(〈齊俗〉)

《淮南子》剖析所謂的擁有天下，並不在於執掌權柄、把持生殺大權，而是要
從自身理治起，君主若能「達乎性命之情」(〈俶眞〉)，能「全其身而與道爲一」
(〈原道〉)，才有可能將國家理治好，否則如同〈詮言〉所言：「務益性之所不
能樂，而以害性之所以樂，故雖富有天下，貴爲天子，而不免爲哀之人。」

　　《淮南子》強調反性自得的重要，並基於道家崇尚自然天性的立場，反
對以壓抑的手段來控制，〈道應〉援引《莊子・讓王》裡中山公子與詹子的對
話，來說明修養應以順其本性爲前提，不得有任何勉強，〈道應〉說：

中山公子牟謂詹子曰：「身處江海之上，心在魏闕之下。爲之奈何？」
詹子曰：「重生。重生則輕利。」中山公子牟曰：「雖知之，猶不能
自勝。」詹子曰：「不能自勝則從之。從之，神無怨乎！不能自勝而
強弗從者，此之謂重傷。重傷之人，無壽類矣！」

它對儒者以禮義道德制約人性的作法提出批判，〈精神〉說：

衰世湊學，不知原心反本，直雕琢其性，矯拂其情，以與世交。故
目雖欲之，禁之以度；心雖樂之，節之以禮，趨翔周旋，詘節卑拜，
肉凝而不食，酒澄而不飲，外束其形，內愁其德，[註60]鉗陰陽之
和，而迫性命之情，故終身爲悲人。……今夫儒者，不本其所以欲
而禁其所欲，不原其所以樂而閉其所樂，是猶決江河之源而障之以
手也。夫牧民者，猶畜禽獸也。不塞其圈垣，使有野心，系絆其足，
以禁其動，而欲修生壽終，豈可得乎！夫顏回、季路、子夏、冉伯
牛，孔子之通學也，然顏淵夭死，季路菹於衛，子夏失明，冉伯牛
爲厲。此皆迫性拂情而不得其和也。故子夏見曾子，一臞一肥，曾
子問其故，曰：「出見富貴之樂而欲之，入見先王之道又說之，兩者
心戰，故臞。先王之道勝，故肥。」推此志，非能貪富貴之位，不
便侈靡之樂。直宜迫性閉欲，以義自防也。雖心情鬱殪，形性屈竭，

[註60] 「內愁其德」本作「內總其德」，王念孫云：「總字義不可通，總當爲愁，愁
與慁同。」，故改作「內愁其德」，今從校改。(參見王念孫：《讀書雜志》(下)，
頁827。)

猶不得已自強也，故莫能終其天年。

《淮南子》批評儒者不去探求欲望產生的根本原因，只一味以道德仁義來規範、禁閉人們對於欲望的追求，這種「迫性拂情而不得其和」的作法，無異於「決江河之源，而障之以手」（〈精神〉），並非根本對治之道。這種循性勿迫的論述，即如《呂氏春秋·貴生》引子華子之言，將人之生存狀態分爲「全生」、「虧生」、「死亡」、「迫生」四個等級，其分判標準是以人之生、死、耳、目、口、鼻等六欲是否能得其宜。其中，列爲最下等的「迫生」，《呂氏春秋》對此反覆責難，認爲這種情況是連死都不如，它說：

> 子華子曰：「全生爲上，虧生次之，死次之，迫生爲下。」故所謂尊生者，全生之謂。所謂全生者，六欲皆得其宜也。所謂虧生者，六欲分得其宜也。虧生則於其尊之者薄矣。其虧彌甚者也，其尊彌薄。所謂死者，無有所以知，復其未生也。所謂迫生者，六欲莫得其宜也，皆獲其所甚惡者，服是也，辱是也。辱莫大於不義，故不義，迫生也，而迫生非獨不義也，故曰迫生不若死。奚以知其然也？耳聞所惡，不若無聞；目見所惡，不若無見。故雷則掩耳，電則掩目，此其比也。凡六欲者，皆知其所甚惡，而必不得免，不若無有所以知，無有所以知者，死之謂也，故迫生不若死。……尊生者，非迫生之謂也。

《呂氏春秋》提出人的四種生存狀態，力主追求六欲皆得其宜的「全生」，並強調生不可迫的重要。《淮南子》同樣認爲人有所欲、所樂本是自然之情，儒者偏要人做不欲不樂的事，這是違性而行，「非能使人弗欲而能止之，非能使人勿樂而能禁之」（〈精神〉）以義自防，長期天人交戰下的結果，將造成形性屈竭而不能終其天年。在《淮南子》看來，是不切實際且違反人性，又無益於修養的，最終注定要失敗。唯有「返性於初，游心於虛」（〈俶眞〉），把握住「性有不欲，無欲而不得，心有不樂，無樂而不爲，無益於情者不以累德，不便於性者不以滑和」﹝註61﹞（〈精神〉）的原則，才是應對萬方的不二法門，才可達到「縱體肆意，而度制可以爲天下儀」（〈精神〉）的理想。

﹝註61﹞ 「無益於情者不以累德，不便於性者不以滑和」本作「無益情者不以累德，而便性者不以滑和」，王念孫以爲「便於性」二句義不可通，且與上文不對。認爲應劉基按照《文子·九守》所改爲對，今從校改。（參見王念孫：《讀書雜志》（下），頁 827。）

　　總結《淮南子》的養生思想，大抵依循老、莊清靜寡欲、神重於形的修養要旨，並吸取稷下黃老學派、《呂氏春秋》以來的精氣說，在漢代氣化宇宙論的視野下，根源性地考察生命的起源與形神肇生，以此開展生命安養問題。它教人「將養其神、和弱其氣、平夷其形，而與道沈浮俛仰」（〈原道〉）使形、氣、神三者各居其宜，依循「適情辭餘，以己爲度」（〈精神〉）、「原心反性，以內樂外」的養生標準，使生命得到最適當的安頓。《淮南子》以君主爲預設讀者，故外王之術才是最終關懷，但是要達到這一目的，必須通過修身養生之道來實踐，因此它建立起君主「大己而小天下」（〈原道〉）、「知養生之和，則不可以縣天下。」（〈精神〉）能內養其身，才可外應萬方的價值取向，由此建構出反性修德的實踐進路，認爲只要君主能掌握住虛靜無欲、適情辭餘、原心返性的原則，就可落實神化之治的理想。其養生以經世的內容即如林聰舜所分析：

> 這種由「全性」而「原心」而「脩身」，而「治家」，而「有國」，而「有天下」的次序，在形式上與《大學》的政治綱領近似，不過《淮南子》中，「脩身」的內容是虛、平，亦即是「無爲」，由「脩身」而「有天下」的過程是「無爲而無不爲」，不是儒家由道德實踐而來的德化政治。〔註62〕

是故在強調君主自身修爲的同時，除了維繫君主身心的妥善調養外，背後的目的，都是積極求用。〈精神〉中遍舉歷史教訓來證明君主不知節欲反己的嚴重後果，說明「夫人主之所以殘亡其國家，損棄其社稷，身死於人手，爲天下笑，未嘗非爲非欲也。」（〈精神〉）藉此告誡人主之大患在於嗜欲無度，〈本經〉也不厭其煩細數國君逐物忘返的五種情況：

> 凡亂之所由生，皆在流遁。流遁之所生者五。大構駕，興宮室；延樓棧道，雞棲井幹；……此遁於木也。鑿污池之深，肆畛崖之遠；來谿谷之流，飾曲岸之際，……此遁於水也。高築城郭，設樹險阻，崇臺榭之隆，侈苑囿之大，以窮要妙之望，……此遁於土也。大鐘鼎，美重器，華蟲疏鏤，以相繆紾，……此遁於金也。煎熬焚炙，調齊和之適，以窮荊、吳甘酸之變，……此遁於火也。此五者一也，足以亡天下矣！

〔註62〕參見林聰舜：《西漢前期法家思想與法家的關係》（台北：大安出版社，1992年4月），頁116。

將對五色、五聲、五味之過渡沈湎鋪衍爲「五遁」，來警告爲政者。金代表鐘鼎美器之用；木代表臺榭城郭之築；水代表了龍舟鷁首之娛；火代表煎熬焚炙之美；土代表高樓廣廈之居，這種物質條件非一般人所能擁有，但沈湎於五種物質的享受，任何一項都足以導致亡國，因此國君怎能不妥善克制自己的欲望？它呼籲君王若能適情辭餘、反性自得、以內樂外，爲天下保其身，就不會以一己之私亂天下，君主身正則民自化。〈主術〉裡亦將君主節欲養性與政治好壞明確地聯繫起來，它說：

> 君人之道，處靜以修身，儉約以率下。靜則下不擾矣，儉則民不怨矣。下擾則政亂，民怨則德薄。政亂則賢者不爲謀，德薄則勇者不爲死。是故人主好鷙鳥猛獸、珍怪奇物，狡躁康荒，不愛民力，馳騁田獵，出入不時，如此則百官務亂，事勤財匱，萬民愁苦，生業不脩矣。人主好高臺深池、雕琢刻鏤、黼黻文章絺綌綺繡、寶玩珠玉，則賦斂無度，而萬民力竭矣。

人君若能清靜寡欲，在施政上不僅可節省大量開支，百姓亦可不必負擔過多的賦稅與勞役，必能省事而不擾民。然衰世之君「竭百姓之力，以奉耳目之欲」，結果必導致「天下不安其性」。只要君主能妥善修身養生，即可輕鬆達到〈本經〉所描繪：「故至人之治也，心與神處，形與性調，靜而體德，動而理通。隨自然之性而緣不得已之化，洞然無爲而天下自知，澹然無欲而民自樸。」的神化之治。

因此《淮南子》的養生理論雖以先秦道家爲基礎，不過在對個體生命尊重的前提下，亦不否定對群體生命的認同，其養生之理背後蘊含著無事安民、無爲而治的經世理想，這樣的轉變誠如學者所言：

> 《淮南子》的作者超越了《黃帝四經》專務治世的政治哲學，在更高的層次上回歸到老莊和《呂氏春秋》治國且治身的追求，在爲君主設計治國方略的同時，也爲士人設計了養生養德之道，勾畫了「與化爲一體」的終極追求，爲治國安民的黃老經世之學向修身養性的黃老養生之學的轉化作了理論上的鋪墊。〔註63〕

是故《淮南子》轉化了老莊思想，亦不同於《黃帝四經》專務治世的政治哲學，體現其治身治國一理的時代色彩。

〔註63〕參見胡孚琛、呂錫琛：《道學通論——道家・道教・仙學》，（北京：社會科學文獻出版社，1999 年 1 月），頁 167。

第四章　東漢黃老養生思想的發展

　　《淮南子》汲取戰國以降諸子爭鳴的思想成果，總結漢初六七十年黃老無爲而治的施政經驗，亟欲爲一個躍躍欲試的大帝國提供長治久安的治國方略，然而這部包羅宏富的鉅作卻未受武帝採從。西漢中期，隨著儒學定於一尊，黃老思想君人南面之術雖不再受重視，原本的修身養生理論更加凸顯，到了東漢更成爲養生學的代名詞。此外，黃老思想貴生重生的價值取向，與自戰國中後期以來，以長生不死爲目標的神仙方術頗有相合之處，故兩者各取所需，互相靠攏，促成黃老道的形成，黃老思想一路的轉化，不僅豐富了漢代養生學的內容，更爲道教的誕生開啓端緒。本章主要以黃老思想的轉化爲主軸來探討東漢黃老養生思想的發展。

第一節　黃老思想由治國側向治身的歷史轉折

　　本節主要由黃老思想淡出政治舞台的時代背景切入，來探討黃老思想之後的發展與轉化。

一、黃老思想在政治上的失勢

　　漢高祖立國之初，民生凋蔽、百廢待興，亟需掃除秦政苛虐之弊，與民休息，加上暴秦速亡的經驗教訓，不得不選擇清靜寬緩的黃老思想作爲治國理論基礎。其後惠帝、高后時以曹參、陳平爲相，仍承襲黃老清靜之術。曹參尊奉黃老無爲之術，造就出「天下晏然，刑罰罕用，罪人是希，民務稼穡，衣食滋殖（《史記・呂后本紀》）」﹝註1﹞的繁榮景象。其後文帝、景帝繼續承

───────────────

﹝註1﹞　參見司馬遷：《史記》（北京：中華書局，1982年11月）。本章所引之《史記》

襲黃老之術，在這樣的思想指導下，經濟得以恢復，國力逐漸強盛，出現了文景之治的盛世。〔註2〕其中，文帝皇后竇氏成爲維繫黃老風氣的重要關鍵，《史記·儒林列傳》說：「及至孝景，不任儒者。而竇太后又好黃老之術，故諸博生具官待問，未有進者。」《史記·外戚世家》也說：「竇太后好黃帝、老子之言，帝及太子諸竇，不得不讀黃帝、老子，尊其術。」在竇太后的影響下，統治階級不僅要習讀《老子》，更須遵從老子之術。竇太后歷經了文、景、武三朝計四十五年，在她的堅持下，黃老學說得到了空前的發展。大體而言，從高祖至武帝即位之初，幾代都依循了漢初黃老清靜路線，並取得顯著成效，也爲大漢帝國奠下穩定的基石。

　　然而自漢興起這六、七十年間，在清靜無爲、與民休息的旗幟下，雖然使久遭戰亂的社會與凋蔽不堪的經濟獲得復甦發展，然而在看似安定富庶的背後卻潛伏著新的時代議題，賈誼〈治安策〉針對文帝時的政治狀況提出：「可爲痛哭者一，可爲流涕者二，可爲長嘆息者六，若其他背理而傷道者，難遍以疏舉。」分析當時政治存在著兩大矛盾：內有諸侯王的專恣坐大，漢初之際所分封的異姓諸侯王使中央皇權相對減弱，雖在高祖劉邦時期雖皆以反叛被滅，但同姓諸侯王仍割據一方與中央分庭抗禮，景帝時甚至爆發吳楚七國之亂。外則是自高祖以來一直存在的匈奴問題，漢初礙於國力未興，只能以和親納幣等策略來應付，然而此後匈奴連年寇邊侵擾，邊境不得安寧，已非昔日懷柔退讓的政策可以解決。此外，社會上富商豪強橫行，經濟兼併日益加劇，「富者田連阡陌，貧者無立錐之地。民背本趣末日眾，殘賊公行，商賈大者積貯倍息，小者坐列販賣。」（《漢書·食貨志》）所造成的貧富不均與階級矛盾逐漸加深，內憂外患交相傾逼，已到了亟待解決的時刻，儒者如陸賈、賈誼、晁錯等，紛紛發言爲聲，要求提出積極的應對策略，黃老清靜無爲的思想在政治實踐上面臨嚴峻挑戰。

　　黃老思想自漢初起雖佔居統治地位，不過儒家始終是一股重要勢力，只是在崇尚黃老的竇太后反對之下，儒學備受打壓，如景帝時轅固生，因爲與竇太后對《老子》一書的評價產生歧異，竟慘遭竇太后「入圈刺豕」的懲罰，〔註3〕武帝即位伊始，以儒者趙綰爲御史大夫、王臧爲郎中令，衛綰請立明堂

原文，皆以此本爲據，以下僅注篇名，不再另注版本出處。
〔註2〕　《風俗通·正失》：「文帝本好黃老之言，不甚好儒術，其治尚清靜無爲。」
〔註3〕　《史記·轅固生傳》：「竇太后好老子書，召轅固生問老子書。固曰：『此事家

－102－

以朝諸侯，得到武帝的認可，並推薦其師申公來朝，此舉觸怒竇太后，欲隆推儒術的趙綰、王臧、竇嬰、田蚡、趙綰，或下獄死，〔註4〕或遭罷黜，〔註5〕或自殺，可見竇太后對於黃老學說的捍衛與推崇，這樣的情況一直到武帝建元六年竇太后去世，黃老學說失去了有力支柱後才有了轉變。《史記·儒林列傳》載：

> 及竇太后崩，武安侯田蚡為丞相，黜黃老、刑名百家之言，延文學儒者百數人，而公孫弘以《春秋》白衣為天子三公，封以平津侯。
>
> 天下之學士靡然嚮風矣。〔註6〕

竇太后的過世使原本已蠢蠢欲動的儒學更無所顧忌，加上武帝即位後，政權已趨鞏固，漢代民生經濟達到空前的繁榮，〔註7〕富庶蓬勃的政經背景也為武帝的大興大革提供了堅實的後盾，因此，《淮南子》這部曠世鉅作所提供的治國藍圖，已無法滿足躍躍欲試的大帝國的現實需要，故武帝見書，僅「愛而秘之」（《漢書·淮南衡山濟北王傳》），卻未採從。竇太后過世翌年，即元光元年，武帝召賢良對策，董仲舒上天人三策，提出「罷黜百家，獨尊儒術」之議。《史記·董仲舒傳》曰：「自武帝初立，魏其武安侯為相而隆儒矣。及仲舒對冊，推明孔氏，抑黜百家，立學校之官，州郡舉茂材孝廉，皆自仲舒發之。」在他「諸不在六藝之科、孔子之術者，皆絕其道，勿使並進，邪辟之說滅息，然後統紀可一而法度可明，民知所從矣。」（《史記·董仲舒傳》）

人言耳！』太后怒曰：『安得司空城旦書乎？』乃使固入圈刺豕，正中其心，一刺豕，應手而倒。太后默然，無以復罪，罷之。」
〔註4〕 《漢書·田蚡傳》載：「嬰、蚡俱好儒術，推轂趙綰為御史大夫，王臧為郎中令，迎魯申公，欲設明堂，令列侯就國，除關，以禮為服制，以興太平。舉諸竇宗室無行者，除其屬籍。諸外家為列侯，列侯多尚公主，皆不欲就國，以故毀日至竇太后。太后好黃老言，而嬰、蚡、趙綰等務隆推儒術，貶道家言，是以竇太后滋不說。二年，御史大夫趙綰請毋奏事東宮。竇太后大怒，曰：「此欲復為新垣平邪！」乃罷逐趙綰、王臧，而免丞相嬰、太尉蚡。」
〔註5〕 《漢書·申公傳》：「太皇竇太后喜老子言，不說儒術，得綰、臧之過，以讓上曰：「此欲復為新垣平也！」上因廢明堂事，下綰、臧吏，皆自殺，申公亦病免歸。」
〔註6〕 參見《史記·儒林列傳》，台北：鼎文書局，頁3118，1993年10月（第8版）。
〔註7〕 《漢書·食貨志》描述：「至武帝之初七十年間，國家亡事，非遇水旱，則民人給家足，都鄙廩庾盡滿，而府庫餘財。京師之錢累百鉅萬，貫朽而不可校。太倉之粟陳陳相因，充溢露積於外，腐敗不可食。眾庶街巷有馬，阡陌之間成群，乘牸牝者，擯而不得會聚。守閭閻者食粱肉，為吏者長子孫，居官者以為姓號。」

的呼籲下，武帝立五經博士，獨尊儒術，儒學正式成為官方的統治哲學，自此黃老學說也正式退下政治舞臺，轉往檯面下發展。

二、黃老思想後續的發展與轉化

黃老思想自西漢中期起失去統治者支持的優勢，至尊地位不再，但並不意味著就此銷聲匿跡，武帝尊儒後雖然啓用大量儒家人物，但仍有不少臣子與學者仍習黃老之學，如武帝之世，名重於公卿的王生〔註8〕、鄧章，〔註9〕皆為治黃老的學者，景帝時為太子舍人，武帝即位先後為濟南太守、江都王相、至大司農的鄭當時，〔註10〕與景帝時拜為御史大夫，武帝建元年中的直不疑，〔註11〕皆好黃老之言。又如「好黃老之言，治官理民好清靜，擇丞史而任之，其治責大指而已，不苛小。」（《漢書・汲黯列傳》）的汲黯，以黃老護法者自居，曾當朝痛詆武帝的尊儒政策，及批評儒家人物公孫弘等，武帝雖怒，仍對其禮敬有加。〔註12〕其他諸如司馬談、司馬遷父子、楊王孫〔註13〕與被武帝稱之為「千里駒」的劉德，〔註14〕都是當時研習黃老之術的人物，他們對於黃老學說的傳播仍具影響力，是故黃老思想雖不似以往，但仍具一定的勢力。

又根據《漢書・藝文志》記載的道家著作計三十七家，漢武帝之後《藝文志》收錄《老子》的著錄尚有《老子鄰氏經傳》四篇、《老子傅氏經說》三十七篇、《老子徐氏經說》六篇，及劉向《說老子》四篇，以「經說」或「經傳」稱之，可見作者們對於《老子》思想的重視，雖然這些作品均已亡佚，但這些曾經出現的《老子》傳注，至少反映黃老思想在尊儒之後的發展。

隨著黃老思想離開政治殿堂之後，其治國理民的統治之術雖不再時興，

〔註8〕 《史記・張釋之傳》：「王生者，善為黃老言，處士也。嘗召居廷中，三公九卿盡會立。」

〔註9〕 《史記・袁盎晁錯列傳》：「章，以修黃老言，顯於諸公間。」

〔註10〕 《史記・汲鄭列傳》：「鄭當時者，字莊，陳人也……莊好黃老之言，其慕長者如恐不見。」

〔註11〕 《史記・萬石張叔傳》：「塞侯直不疑者，南陽人也……不疑學老子言，其所臨，為官如故，唯恐人知其為吏跡也。不好立名稱，稱為長者。」

〔註12〕 參見《史記・汲鄭列傳》：「天子方招文學儒者，上曰吾欲云云。黯對曰：『陛下內多欲而外施仁義，奈何欲效唐虞之治乎？』上默然，怒變色而罷朝。公卿皆為黯懼。上退，謂左右曰：『甚矣！汲黯之戇也！』」

〔註13〕 《漢書・楊王孫傳》：「楊王孫者，孝武時人也。學黃老之術，家業千金，厚自奉養生，亡所不致。」

〔註14〕 《漢書・楚元王傳》：「德，字路叔，修黃老術，有智略。少時數言事，召見甘泉宮，武帝謂之千里駒……德常持老子知足之計。」

但是固有的修身養生內容逐漸彰顯，加上武帝迷信神仙方士，在其大規模求仙活動的影響下，也開啓了日後黃老之學與神仙方士合流的契機，〔註15〕爲黃老養生學的發展提供有利的條件。此外，兩漢之際的動亂不安〔註16〕與讖緯神學盛行的時代背景，也是促使黃老養生思想發展的重要因素。到了東漢初，據《後漢書·光武帝紀》記載，東漢明帝劉莊爲太子時，曾向當時勤於施政的光武帝諫言道：「帝每旦視朝，數引公卿郎將講論經理，夜分乃寐，皇太子見帝勤勞不怠，承諫曰：『日側乃罷陛下有禹湯之明，而失黃老養性之福，願頤愛精神，悠遊自寧。』」這裡已專從修身養性的角度來解讀黃老之學，此後尊奉黃老養性之說以求長生延年的風氣益加普遍，史書中載有西漢中期後

〔註15〕有學者分析方仙道與黃老之學合流，歸納出兩點原因，頗值得參考：「其契合點約略有二：首先，黃老之學與方仙道有共同尊奉的人物。這其中首推黃帝。先秦至漢初，有關黃帝的傳說頗行於世。戰國中後期，出現了百家言黃帝的熱潮，黃帝成了風靡一時的人物。或神化，或傳說，或寓言，或故事，諸子筆下塑造了面目各異的黃帝形象，同時更出現了眾多托名黃帝的專書著作。……在這一演繹變化的過程當中，他被賦予了神仙人物的品格、特性。黃老之學明確宣稱黃帝與老子爲其學說創始人，神仙家、方士們更是尊崇黃帝，以其爲神仙。對於黃帝的共同尊奉，爲日後二者合流埋下了伏筆。黃老道家所奉另一位創始者老子，亦極富撲朔迷離的神秘色彩。漢初黃老道家的師承系統，托始於河上丈人、安期生，深爲方士們所推崇，如漢武帝所寵信的方士李少君、欒大都曾數次言及游海上見仙人安期生。如此，從傳授系統觀之，黃老之學與神仙家之間亦頗有淵源。其次，黃老之學貴生重己的理論與神仙方士求長生的目的不期而合。……另外，老子的《道德經》中亦有許多思想材料可資神仙方士利用。如：有關少私寡欲、抱樸守一的思想，被方士們吸收過來，作爲修煉的指導思想；有關長生久視等神秘觀念、深奧的語言，如"谷神不死，是謂玄牝。玄牝之門，是謂天地根。綿綿若存，用之不勤"（《六章》……如此等等，所有這一切都被方士們吸收改造爲長生不死的信仰。至於《老子》中反覆論述的"先天地生"的虛無之道，更是被方士們大加利用，拿過來作爲其立論的根本。正因爲黃老之學與神仙方術有著如此相通相合的內在契機，所以，自戰國以來，二者並行不衰，互相間一直存有影響。」（參見孫以楷主編，陳廣忠、梁宗華著：《道家與中國哲學》（漢代卷）（北京：人民出版社，2004 年 6月），頁 355～357。）

〔註16〕王仁祥分析西漢末王莽篡漢，政權更替下促現了大批隱逸，當此之時有極多士人不願在新政權下繼續擔任官職，紛紛走上隱逸之路，王莽覆亡之後天下大亂，出現地方割據勢力，亦有一批忠於漢室不肯事異姓者，造成東漢隱逸風氣盛行，這些隱逸人物不少是以黃老道家爲修習目標。（參見氏著：《先秦兩漢的隱逸》（台北：國立臺灣大學出版委員會，1996 年 5月），頁 166、205～206。）

迄至東漢，諸多「好黃老言」、「學黃老術」、「喜黃老學」的學者與隱逸之士，爲討論方便，列表呈現如下：〔註17〕

人　物	史　傳　事　蹟　概　略	出　　處
安丘望之	父況，字俠游。以明經爲郎，與王莽從弟伋，共學於老子於安丘先生。	《後漢書‧耿弇傳》
	望之著《老子章句》，故《老子》有安丘之學。扶風耿況、王伋皆師事之，從受《老子》。	皇甫謐《高士傳》
嚴遵	蜀有嚴君平，皆修身自保……則閉肆下簾而授老子，博覽亡不通，依老子、嚴（莊）周之旨，著書十餘萬言。	《漢書‧王貢兩龔鮑傳》
班嗣	嗣雖修儒學，然貴老、嚴之術。桓生欲借其書，嗣報曰：「若夫嚴子者，絕聖棄智，修生保眞，清虛澹泊，歸之自然，獨師友造化，而不爲世俗所役者也。漁釣於一壑，則萬物不奸其志；栖遲於一丘，則天下不易其樂。不絓聖人之罔，不顙驕君之餌，蕩然肆志，談者不得而名焉，故可貴也。	《漢書‧敘傳》
耿況	父況，字俠游。以明經爲郎，與王莽從弟伋，共學老子於安丘先生。	《後漢書‧耿弇傳》
杜房	余嘗過故陳令同郡杜房，見其讀《老子》書，言：「老子用恬淡養性，致壽數百歲。今行其道，寧能延年卻老乎？」余應之曰：「雖同形名，而質性才幹乃各異度，有強弱堅脆之姿焉，愛養適用之，直差愈耳。譬猶衣履器物，愛之則完全乃久。」	桓譚《新論‧祛蔽》
矯愼	矯愼，字仲彥，扶風茂陵人也。少好黃老，隱遯山谷，因穴爲室，仰慕松、喬導引之術。與馬融、蘇章鄉里並時……汝南吳蒼甚重之，因遺書以觀其志曰：「仲彥足下，勤處隱約，雖乘雲行泥，棲宿不同，每有西風，何嘗不歎！蓋聞黃老之言，乘虛入冥，藏身遠遯，亦有理國養人，施於爲政，至如登山絕跡，神不著其證，人不睹其驗，吾欲先生，從其可者，於意何如？」……年七十餘，竟不肯娶，後忽歸家，自言死日，及期果卒。後人有見愼於敦煌者，故前世異之，或云神僊焉。	《後漢書‧矯愼傳》
吳蒼	蒼遺書矯愼，欲觀其志，書中盛言黃老之旨。	《後漢書‧逸民傳》

〔註17〕此表主要參酌楊述達《老子古義‧二》附錄〈漢代老學者考〉，（收錄於嚴靈峰：《無求備齋老子集成續編》第13函（台北：藝文印書館，未註年代），頁1～10。）楊述達根據《史記》、《漢書》、《後漢書》、《東觀漢紀》等記載，得出兩漢好黃老之學者約有五十餘人，本文僅取西漢中後期者，並另據史料有所增補。

蔡勳	蔡邕字伯喈，陳留圉人。六世祖勳好黃老，平帝時爲郡令。	《後漢書·蔡邕傳》
向長	向長字子平，河內朝歌人也。隱居不仕，性尚中和，好通老、易。貧無資食，好事者更餽焉，受之取足而反其餘。王莽大司空王邑辟之，連年乃至，欲薦之於莽，固辭乃止。潛隱於家……建武中，男女聚娶既畢……竟不知所終。	《後漢書·向長傳》
向栩	向栩字甫興，河內朝歌人，向長之後也。少爲書生，性卓詭不倫。恆讀老子，狀如學道，又似狂生，好被髮，著絳綃頭。常於竈北坐板默上，如是積久，板乃有膝踝足指之處。不好語言而喜長嘯，賓客從就，輒伏而不視。	《後漢書·向栩傳》
閔貢	閔仲叔，太原人，好黃老，清志潔行，不仕王莽之世，恬靜養神，弗役於物。	《太平御覽》
馮衍	家世貧賤，不得其志，退而作賦。自論曰：「馮子以爲夫人之德，不碌碌如玉，落落如石。風興雲蒸念人生之不再兮，悲六親之日遠」故決定「闔門講習道德，觀覽乎孔老之論，庶幾乎松喬之福……鑿岩石而爲室兮，托高陽以養仙。	《後漢書·馮衍傳》
楚王英	「英少時好游俠，交通賓客，晚節更喜黃老，學爲浮屠齋戒祭祀。」	《後漢書·楚王英傳》
	「楚王誦黃老之微言，尚浮屠之仁祠。絜齋三月，與神爲誓。」	《後漢書·光武十王列傳》
任隗	隗字仲和，少好黃老，清靜寡欲，所得奉秩，常以賑卹宗族，收養孤寡。……隗義行內修，不求名譽。	《後漢書·任隗傳》
樊融	融，有俊才，好黃老，不肯爲吏。	《後漢書·樊曄傳》
樊瑞	準，字俊幼，宏之族曾孫也。（準）父瑞，好黃老之言，清靜少欲。	《後漢書·樊準傳》
鄭均	鄭均，字仲虞，東平任城人也。少好黃老書。……永元中卒於家。	《後漢書·鄭均傳》
高恢	鴻友人京兆高恢，少好老子，隱於華陰山中。及鴻東遊思恢，作詩曰：「鳥嚶嚶兮友之期，念高子兮僕懷思，想念恢兮爰集茲。」二人遂不復相見。恢亦高抗，終身不仕	《後漢書·梁鴻傳》
任光	光字伯卿，南陽宛人。好黃老言，爲人純厚，鄉里愛之。	《袁宏·後漢記》
淳于恭	淳于恭字孟孫，北海淳于人也。善說老子，清靜不慕榮名。	《後漢書·淳于恭傳》
蘇順	蘇順，字孝山，京兆霸陵人也，和安間以才學見稱，好養生術，隱處求道。	《後漢書·蘇順傳》

范升	范升，字辯卿，代郡人也。少孤，依外家居。九歲通《論語》、《孝經》，及長，習梁丘《易》、《老子》，教授後生。	《後漢書·范升傳》
楊厚	楊厚，字仲桓，廣漢新都人也。……稱病求退，帝許之，賜車馬錢帛歸家。修黃老，教授門生，上名錄者三千餘人。太尉李固數薦言之，本初元年，梁太后詔備古禮以聘厚，遂辭疾不就。……年八十二卒於家。	《後漢書·楊厚傳》
周䌷	䌷字巨勝，少尚玄虛，以父任為郎，自免歸家。……常隱處竄身，慕老聃清靜，杜絕人事，巷生荊棘，十有餘歲。至延熹二年，乃開門延賓，游談宴樂。	《後漢書·周䌷傳》
劉先	尤好黃老之言	《三國志·劉表傳》注引
桓帝	延熹中，桓帝事黃老道，悉毀諸房祀。	《後漢書·王渙傳》
	聞宮中立黃老、浮屠之祠。此道清虛，貴尚無為，好生惡殺，省欲去奢。今陛下淫女豔婦，極天下之麗，甘飲肥美，單天下之味，奈何欲如黃老乎？	《後漢書·襄楷傳》
魏愔劉寵	熹平二年，國相師遷追奏前相魏愔與寵共祭天神，希幸非冀，罪至不道。有司奏遣使者案驗，是時新誅勃海王悝，靈帝不忍復加法，詔檻車傳送愔、遷詣北寺詔獄，使中常侍王酺與尚書令、侍御史雜考，愔辭與王共祭黃老君，求長生福而已，無它冀幸。	《後漢書·陳敬王羨傳》
張角	巨鹿張角，自稱大賢良師，奉事黃老道，蓄養弟子，跪拜首過。	《後漢書·皇甫嵩傳》
管寧	太中大夫管寧……玄虛澹泊，與道逍遙，娛心黃老。	《三國志·管寧傳》
折像	折像，字伯式，廣漢雒人也……像幼有仁心，不殺昆蟲，不折萌牙，能通京氏易，好黃老言。及國（其父）卒，感多藏厚亡之義，乃散金帛資產，周施親。或諫像曰：「君三男兩女，孫息盈前，當增益產業，何為坐自殫竭乎？」像曰：「昔鬬子文有言：『我乃逃禍，非避富也。』吾門戶殖財日久，盈滿之咎，道家所忌。今世將衰，子又不才，不仁而富，謂之不幸，牆隙而高，其崩必疾也。」智者聞之咸服焉。」自知亡日，召賓客九族飲食辭訣，忽然而終，時年八十四。	《後漢書·折像傳》

　　首先，上述所列的嚴遵，其《老子指歸》是漢代注解老子的代表之一，關於嚴遵的生平記載，史料十分有限，僅有《漢書·王貢兩龔鮑傳》與皇甫謐《高士傳》。《漢書·藝文志》未著錄其著作，《隋書·經籍志》則有《老子指歸》十一卷。《老子指歸》全書共十三卷，前七卷注解《老子·德經》；後

六卷注解《老子‧道經》，不過自宋朝以後，後六卷亡佚，僅存前七卷。《老子指歸》關於道德修爲與養生理論有不少討論，以下僅就其養生理論作一粗淺的介紹，首先它對於生命的態度秉承先秦老莊、《呂氏春秋》、《淮南子》重生的基本主張，將人之生命視爲最高位，認爲維持生命的存在是所有生物的本能：「自今及古，飛鳥走獸、含氣有類之屬，未有不欲得而全其性命者也。」〔註18〕（〈天下有道篇〉），又（〈名身孰親篇〉）以「禍極於死，福極於生」一語，道出人生與死乃人生福禍之極限，沒有任何事比生命的存在更爲重要。

不過，《老子指歸》雖高揚生命存在的可貴，但並不貪生，它對人之生死現象有著深切的反省，並發揮老莊的生死觀，要人「生而不喜，死而不憂」（〈至柔〉），視死生一如，不別存亡，才可臻於精神上的逍遙自得，〈至柔篇〉說：

> 夫立則遺其身，坐則忘其心。澹如赤子，泊如無形。不視不聽，不爲不言，變化消息，動靜無常。與道俯仰，與德浮沉，與神合體，與和屈伸。不賤爲物，不貴爲人，與王侯異利，與萬性殊患。死生爲一，故不別存亡。此治身之無爲也。

故其認爲善養生者，必須順隨自然生死之道，「不以生爲利，不以死爲害」（〈出生入死篇〉）對於人想方設法以追求長生的行爲極爲反對，呼籲人唯有遺其身、忘其心，才可與道爲一。就人的生命結構而論，《老子指歸》和《莊子》、《淮南子》一樣，特別強調「神」在人體的重要地位，〈聖人無常心篇〉說：

> 我之所以爲我者，以有神也。神之所以留我者，道使然也。託道之術，留神之方，清靜爲本，虛無爲常，非心意之所能致。

《老子指歸》以「神」作爲養身契道之關鍵，「存身之道，莫急乎養神」（〈民不畏威篇〉），而「留神之方，清靜爲本」，《老子指歸》主張人當「養以無欲，導以自然」，它認爲過當的欲望不僅不利養神，更會破壞人的本然純眞之性，故〈含德之厚篇〉說：「唯無欲者，身爲之宅，藏之於心，故曰『含德』。」簡言之，《老子指歸》的「守靜存神」、「無欲保德」、「存神全身」等養生理論，大抵上不出於先秦道家、西漢黃老思想的範圍。

另外就上表可知，當時不少知識份子不得志時便退而養生，轉求「松喬之福」。故無論君主公卿，或隱士逸民，仍有爲數不少好黃老，學黃老者，黃老養生風氣可說遍及朝野，以黃老之術修身養性似乎成爲一種時代風尚。他們或遁

〔註18〕　參見王德有：《老子指歸》點校（北京：中華書局，1994年3月），本章所引之《老子指歸》原文，悉依此本爲據，以下僅注篇名，不再另注版本出處。

隱深山，以求松喬之福；或清靜寡欲、終身不仕，此時言黃老者，已全然將黃老之學視為個人養性長生之方，黃老學儼然成為養生學的代名詞，如何藉此怡養性情、延年益壽，成為東漢中前期黃老思想的重點。

上表也反映習黃老者或高齡而終，或已習染了神仙思想，像是馮衍因不得志，退而作賦：「念人生之不再兮，悲六親之日遠」決定「闔門講習道德，觀覽乎孔老之論，庶幾乎松喬之福……鑿岩石而為室兮，托高陽以養仙。」又如矯慎，《後漢書》說他「少好黃老，仰慕松、喬導引之術」，其友吳蒼尚知黃老之學「有理國養人，施於為政」一端，但是矯慎卻全然將此說視為「乘虛入冥」的仙道，甚至還有他成仙的傳說，由此可見東漢後期黃老思想與方仙道合流的現象（此部分留待第三節討論）。

此外，從東漢諸子的著作中也有關於養生議題的討論，如桓譚肯定「老子用恬淡養性，致壽數百」，提出「愛養適用」（《新論·祛蔽》）的養生主張，認為養生對於身體健康的維護具有一定的功效，〈祛蔽〉說：

> 人之養性，或能使墮齒復生，白髮更黑，肌顏光澤，如彼促脂轉燭者，至壽極亦獨死耳。明者知其難求，故不以自勞，愚者欺惑，而冀獲盡脂易燭之力，故汲汲不息。……生之有長，長之有老，老之有死，若四時之代謝矣。而欲變易其性，求為異道，惑之不解者也。

可見桓譚認為養生僅具延緩衰老、健康長壽之效，人之生死乃無法違逆的自然規律，若要以養生為手段來達到成仙的目的是不可能的。桓譚反對長生成仙等妄說，確立養生的正確方向，對於其後的王充有著直接的影響。

王充《論衡》中將黃老定義為：「黃者，黃帝也；老者，老子也。黃老之操，身中恬淡，其治無為，正身共己，而陰陽自和，無心於為，而物自化，無意於生，而物自成。」（〈道虛〉），即專以恬淡養性、保身養生之說來看待黃老思想，〈定賢〉也提到：「以恬淡無欲，志不在於仕，苟欲全身養性為賢乎？是則老聃之徒也……不進與孔墨合務，而還與黃老同操，非賢也。」〈道虛〉又說：「世或以老子之道為可以度世，恬淡無欲、養精愛氣。夫人以精神為壽命，精神不傷，則壽命長而不死。老子行之，踰百度世為真人矣。」、「道家或以服食藥物，輕身益氣，延年度世。」上述所言，反映出當時世人已將道家之說解讀成愛精養氣，甚至可度世不死之術。可見王充所批評的道家，已與神仙家合流。王充雖不認同此說，但也並未否認黃老思想的養生內容，

據《論衡‧自紀》所述，王充有感晚年因身體日漸衰弱，加上仕路阻絕而鬱鬱寡歡，年屆七十之際，開始養性修身、服藥導引，自造《養性書》十六篇，文曰：

> 章和二年，罷州家居。年漸七十，時可懸輿。仕路隔絕，志窮無如。
> 事有否然，身有利害。髮白齒落，日月踰邁，儔倫彌索，鮮所恃賴，
> 貧無供養，志不娛快。歷數冉冉，庚辛域際，雖懼終徂，愚猶沛沛，
> 乃作《養性》之書，凡十六篇。養氣自守，適食則酒，閉目塞聰，
> 愛精自保，適輔服藥導引，庶冀性命可延，斯須不老。

可惜這十六篇《養性書》未能流傳，無法詳知其內容，在劉勰《文心雕龍‧養氣》中有一段記載：

> 昔王充著述，制養氣之篇，驗己而作，豈虛造哉！夫耳目鼻口，生
> 之役也；心慮言辭，神之用也。率志委和，則理融而情暢；鑽礪過
> 分，則神疲而氣衰，此性情之數也。

從劉勰的敘述中約略可知王充《養性》說的宗旨。仲長統也以「安神閨房，思老氏之玄虛；呼吸精和，求至人之彷彿。」（《後漢書‧仲長統傳》）為其生命常規，可見黃老養生學的內容在東漢社會已普遍流傳。到了東漢末年，祭祀黃老以求長生更成為帝王貴冑間尋常之事，這股風氣對於道教的起源有著直接的影響，這點留待第三節再詳述。

第二節　《老子河上公章句》的養生思想

　　《老子河上公注》又稱《老子道德經河上公章句》，與《老子指歸》、《老子想爾注》同為漢代注解老子的重要注本，不過自唐代學者法琳〔註 19〕、玄嶷〔註 20〕及劉知幾〔註 21〕對作者及成書年代提出懷疑，所衍生出的相關問題，一千多年來學者聚訟紛紜，至今未有定論。然而一部作品的成書時代背

〔註19〕法琳《辯證論》：「漢文帝詣河上之游，決無蹤跡。按潘岳關中記、嵇康、皇甫謐高士傳及班固漢史文帝傳及訪父老等，無河上公結草為菴，現神變處，事並虛謬，焉可憑乎！」（見《大正新修大藏經》卷五十二，頁 498～499。）

〔註20〕玄嶷《甄正論》：「子之此言更成虛妄，道聽塗說，焉足可憑？」（參見《大正新修大藏經》卷五十二，頁 568。）

〔註21〕劉知幾：「此乃不經之鄙言、流俗之虛語」（參見（宋）王溥《唐會要》，（北京：中華書局，1985 年）。）

景，關鍵地影響著作品思想的形成與流傳，更是能否適切理解作品內容的重要外緣輔助。故在探討《老子河上公章句》的養生內容前，本節首先就歷來備存爭議的作者與成書年代問題予以討論與定位。

一、《老子河上公章句》作者與成書年代

（一）《老子河上公章句》的作者討論

首先，關於該書作者是否即是書名所指的「河上公」？根據目前古文獻的記載，有「河上丈人」與「河上公」兩種說法。認爲本書乃「河上丈人」所注，出自西晉皇甫謐《高士傳》。《太平御覽・逸民部》引皇甫謐《高士傳》說：

> 河上丈人者，不知何國人也。明老子之術，自匿姓名，居河之濱，著《老子章句》，故世號河上丈人。當戰國之末，諸侯交爭，馳說之士咸以權勢相傾，唯丈人隱身修道，老而不虧，傳業於安期生，爲道家之宗焉。〔註22〕

關於河上丈人的生平記載，最早見於《史記・樂毅傳》，司馬遷說他是一位黃老學派的祖師，弟子皆係戰國末至西漢初的著名隱士，《史記・樂毅列傳》記載：

> 樂臣公學黃帝、老子，其本師號曰河上丈人，不知其所出。河上丈人教安期生，安期生教毛翕公，毛翕公教樂瑕公，樂瑕公教樂臣公，樂臣公教蓋公，蓋公教於齊高密、膠西，爲曹相國師。〔註23〕

其學六傳至曹參，曹參將他的學說實際運用在施政上，還獲得顯著的成績。不過司馬遷雖然明確將戰國自漢初黃老學的師承表列排序，但是對於這位河上丈人的生平事蹟卻以「不知其所出」交代，亦未提及他是否曾爲《老子》作章句。之後班固《漢書・藝文志》道家類著錄的圖書中，也未見《老子河上公章句》。

另一說法則是河上公所注，此說出自晉代葛玄〈道德經序〉，葛洪《神仙傳》卷三《河上公》也提到：

> 河上公者，莫知其姓名。漢孝文帝時，結草爲庵於河之濱，常讀《老子道德經》。文帝好老子之言，詔命諸王公大臣州牧兩千石朝直眾官，皆令誦之。有所不解數句，時天下莫能通者，聞侍郎裴楷說河上公誦《老子》，乃遣詔使賫所不了義問之。……帝乃悟之，知是神

〔註22〕 參見李昉等《太平御覽》（台北：新興書局，1959年），頁2318～2319。
〔註23〕 參見司馬遷《史記》（北京：中華書局，1982年11月），頁2436。

人，方下筆稽首禮謝，曰：「朕以不德，忝統先業，才不任大，憂於
不堪，雖治世事，而心敬道德，直以闇昧，多所不了，惟蒙道君弘
愍，有以教之，則幽夕睹太陽之耀光。」河上公即授素書《老子道
德經章句》二卷，謂帝曰：「熟研此，則所疑自解。余註是經以來，
千七百餘年，凡傳三人，連子四矣，勿示非其人。」文帝跪受經，
言畢，失公所在。〔註24〕

依葛玄之言，《河上公章句》的作者是西漢文帝時的河上公，不過在序言中，葛
玄敘述這位授書給漢文帝的河上公，經歷頗爲荒誕離奇，說他如雲升天，活了
千七百餘年，甚具神話色彩，《隋書‧經籍志》〔註25〕及唐陸德明《經典釋文‧
序錄》〔註26〕都認同葛玄、葛洪的說法，認爲河上公確有其人，其活動年限大
約在西漢文帝時期。此外，《舊唐書‧經籍志》有：「《老子》二卷，河上公注」、
《新唐書‧藝文志》：「河上公注《老子道德經》二卷」的記載。不過這樣的看
法宋代黃震已予以駁斥，其後清代學者姚振宗在《隋書‧經籍志考證》中有更
詳細的論證，〔註27〕《老子河上公章句》的作者究竟是戰國時期的河上丈人，
還是西漢文帝時期的河上公？今人王明亦針對河上公與河上丈人是否爲同一
人，以及是否爲《老子河上公章句》的作者深入討論，〔註28〕據王明考證，認

〔註24〕 參見呂祖謙重校：《音注河上公老子道德經》四版，（臺北：廣文書局，1990
年9月）。

〔註25〕 《隋書‧經籍志》在首列的《老子道德經》二卷下注云：「周柱下史李耳撰，
漢文帝時，河上公注。梁有戰國時河上丈人注《老子經》二卷，漢長陵三老
毋丘望之注《老子》二卷，漢隱士嚴遵注《老子》兩卷，虞翻注《老子》二
卷，亡。」（參見魏徵：《新校本隋書》（台北：鼎文書局，1980年），頁1000。）

〔註26〕 陸德明《經典釋文》：「漢文帝竇皇后好黃老之言，有河上公者，居河之湄，結
草爲庵，以《老子》教授，文帝征之不至，則詣河上則之。河上公乃踊身空中，
文帝改容謝之，于是作《老子章句》四篇以授文帝，言治身治國之要。」其《老
子音義》也說：「老子生而皓首，爲周柱下史。睹周之衰，乃西出關，爲關令
尹說《道德》二篇，尚虛無無爲，凡五千餘言，河上注爲《章句》四卷。」

〔註27〕 其文曰：「據《史記》及本志篇敘，則河上丈人凡五傳而至蓋公。漢文帝之宗
黃老，乃得之於蓋公，非受於河上公也。考嵇康《聖賢高士傳》有河上公無
河上丈人，皇甫謐《高士傳》有河上丈人無河上公。雖二家之書，皆爲後人
所輯錄，非其原編，然稽《傳》稱河上公謂之丈人，則可知河上公即河上丈
人，非兩人矣。……今所傳，漢河上公耳。是說也，似沿本志之誤。蓋本書
以見存有河上公注，惑於《神仙傳》之說，遂以爲漢文帝時人，又見《七錄》
有河上丈人注，阮氏或題戰國時人遂別爲一家，而附著於下，陸氏《釋文》
亦引《神仙傳》之言，故自來相傳，有漢河上公，實不然也。」

〔註28〕 詳文參見王明：〈《老子河上公章句》考〉收錄於氏著：（《道家和道教思想研

爲生於戰國之末的「河上丈人」確有其人，但並未作《老子注》。至於「河上公」則並無其人，爲傳說中的人物，今傳《老子河上公章句》應爲託名河上公之作，王氏對於該書作者的看法目前爲學界普遍共識。

（二）《老子河上公章句》的成書年代

關於《老子河上公章句》的成書年代，歷來看法頗爲分歧，由於成書時代的差異，直接影響《老子河上公章句》一書思想的詮解與定位，歸納目前學界的相關討論，計有以下七種說法：1. 西漢說；2. 兩漢之際說；3. 東漢說；4. 魏晉時期說〔註29〕；5. 南齊說〔註30〕；6. 不同階段說〔註31〕；7. 唐代說。〔註32〕成書於兩漢的說法，目前較受學界普遍認同，其餘時代的說法已陸續爲學者推翻，故在此不另贅述。僅針對成書於兩漢的說法進行分析與檢討，至於在西漢還是東漢，或是介於兩漢之際？目前學界仍存在不同的意見。以下彙整出目前學界較具代表性的說法進行討論。

1. 成書於西漢說

首先，贊同成書於西漢的學者主要以金春鋒爲代表，他是第一位提出《老子河上公章句》成書於西漢的學者，其於 1983 年撰有〈也談《老子河上公章句》之時代與《抱朴子》之關係──與谷方同志商榷〉一文，〔註33〕主要針對谷方主張《老子河上公章句》「乃魏晉葛洪一派道教徒所爲」的說法提出批

究》（重慶：中國社會科學出版社，1984 年 6 月），頁 293～323。）
〔註29〕此說以谷方（〈河上公《老子章句》考證──兼論其與《抱朴子》的關係〉，收錄於《中國哲學·第七輯》，（北京：生活、讀書、新知三聯書店，1982 年 3 月），頁 41～57。）與日人武內義雄：（《老子原始》（京都：弘文堂書房，1935 年））爲代表。
〔註30〕清代馬敍倫根據謝守灝《混元聖記》中的說法，認爲《河上公章句》爲南齊時仇岳所作。（詳文參見氏著：《老子覈詁》（台北：藝文印書館，1970 年），頁 2。）
〔註31〕日人小林政美認爲《河上眞人章句》與《河上公章句》內容相同，認爲此書經後漢末、西晉、劉宋三個階段完成。（參見氏著：〈河上眞人章句の思想と成立〉收錄於《東方宗教》第 65 期，1985 年 5 月，頁 20～43。）楠山春樹則提出東漢時期至六朝兩階段。（參見氏著：《老子傳說の研究》（東京：創文社出版，1979 年））
〔註32〕日人島邦男認爲成於唐初。參見氏著：〈老子河上公本の成立〉，收錄於（《宇野哲人先生白壽祝賀紀念東洋學論叢》，1974 年 10 月，頁 529～549。）
〔註33〕詳文參見金春峰：〈也談《老子河上公章句》之時代與《抱朴子》之關係──與谷方同志商権〉，收錄於《中國哲學》（第九輯）（北京：生活、讀書、新知三聯書店，1983 年 10 月），頁 206～246。

駁，該文分析《老子河上公章句》所使用的名詞、觀念、思想，並非魏晉時期；它反映出漢代特有的風習、制度；其學風也與魏晉不同，認為《老子河上公章句》的養生思想並未超出先秦兩漢與《黃帝內經》養生思想的範圍，書中養生的目的更與葛洪《抱朴子》修練成仙大異其趣。另外，文中並就前人論據該書不可能出於西漢的兩大原因——《漢志》並未著錄及章句體裁形式等說法分別予以說明，而得出《老子河上公章句》當是西漢時期作品，其他主西漢說的學者大抵贊同金春峰的看法。

如雷健坤〈治身與治國——論《老子河上公章句》的思想主旨〉〔註34〕一文首先肯定金春峰主張成於西漢的說法，不過又以金氏考證過程多側重從原文的字、詞、句進行對比，對於《老子河上公章句》的思想主旨並未深入挖掘，以及對書中治身與治國的關係未有明確回應，以此為討論基點，雷氏首先便以相當的篇幅從西漢初年政治社會情勢開始討論，一路談到漢武帝尊儒後黃老思想的轉變，與武帝從元光二年為了反擊匈奴的侵邊，發動了持續三十九年之久的全國戰爭等時代背景，認為在勞民傷財的戰爭侵擾下，社會再次出現休養生息的現實要求，由此認為黃老之學講清靜無為的政術，乃應當時的需要再度抬頭。加上這一時期也是神仙方術活動最為活躍的時期，在上述的時代背景下雷氏提出：

> 黃老學者不遺餘力地將漢初黃老的政治學說與當時流行的神仙學說相結合，提出治身同於治國，並以治身為現實的中介繼續推行其為政之術。《河上注》一書就是這一時期黃老思想發展的集中體現。〔註35〕

雷氏硬以《老子河上公章句》去牽合武帝之好大喜功與當時神仙方術活躍的時代背景，將該書視為黃老與神仙合流的作品，實際上有違思想史發展之事實。黃老思想與神仙方術的結合如上節所討論，在東漢中後期最為濃烈，從《老子河上公章句》裡我們看不出濃郁的神仙思想（詳細討論參見下文），書中對於養生議題的討論及其養生境界，和神仙家追求生命不死有著明顯的差異，因此雷氏若以此說論證《老子河上公章句》成書於西漢初期是站不住腳的。

李增同樣接受金春峰的看法，主張河上公注當在西漢中後期的說法，據此提出：

〔註34〕詳文參見雷健坤〈治身與治國——論《老子河上公章句》的思想主旨〉，《人文雜誌》，第 6 期（總第 110 期），1997 年，頁 37～41。
〔註35〕參見雷健坤〈治身與治國——論《老子河上公章句》的思想主旨〉，頁 37～41。

假設河注本是在批評漢武帝個人的好大喜功、爭伐匈奴後、耗盡國
力，民生疲憊的困局，因而力主「無爲」治國。以及批評武帝「內
多欲」之要節情欲而要治身的論點。治國與治身，是河上公註文中
最爲顯著的目的。其次，河注以氣、陰陽、五行註老子的道是合乎
漢代氣化宇宙生成論的思潮，而忽略『有無』爲內涵之本論。是故
假設河注是漢代的作品，當是合理的。再者，河注中有些名詞，例
如精神、神明、太和與物之質概念與西漢後期，嚴遵《老子指歸》
所用概念同時出現，並且亦有天人感應思想，不認同小國寡民，這
些都符合西漢中後的時代精神，是故將河上公注本假設於西漢中
後，武帝後中期的著作，似可成立的。〔註36〕

李增的說法和雷健坤不謀而合，同樣認爲《老子河上公章句》可能產生於漢
武帝好大喜功征戰後，黃老學者重提漢初黃老之治的背景下。但李氏僅以「假
設」爲前提，缺乏充分史料佐證，即先預設立場來推論，證據實顯不足。

黃釗在 1991 年主編的《道家思想史綱》一書裡，〔註37〕原本主張《老子
河上公章句》應該成於西漢成帝到東漢光武帝這段時間，當時他認爲《老子
河上公章句》的思想傾向及體裁符合這段時期思想變遷，並分析《老子河上
公章句》的成書背景應在政治衰敗，充滿危機的東漢。此時儒學與經學惡性
膨脹，使得具有神秘色彩的道家思想傾向於宗教化，因而促使黃老思想與神
仙方術結合，《老子河上公章句》即這樣的時空背景下產生。不過當時黃釗也
認爲《河上公章句》不能算是道教的經典。

但在 2001 年，黃釗改變舊說，另撰〈《老子河上公章句》成書時限考論〉
一文，〔註38〕認爲《老子河上公章句》當成書於西漢中前期。他檢討該書不
能晚至東漢的主因，在於各個時代著作理應打上屬於該時代的精神烙印，若
《老子河上公章句》成書於東漢末年，以當時走向成熟的道教思想爲例，按
理說《老子河上公章句》裡應當留下些蛛絲馬跡，他以任繼愈《中國道教史》
把《太平經》、《周易參同契》、《老子想爾注》視爲道教信仰及其理論形成的

〔註36〕 參見李增〈論河上公注老之氣化宇宙觀特色〉，《哲學與文化月刊》，第 30 卷
第 9 期，2003 年 9 月，頁 94。
〔註37〕 參見黃釗：《道教思想史綱》（長沙：湖南師範大學出版社，1991 年 4 月），頁
220～225。
〔註38〕 參見黃釗：〈《老子河上公章句》成書時限考論〉，《中州學刊》，第 2 期（總第
122 期），2001 年 3 月，頁 69～78。

標誌爲例證，分析這三部著作都出現在東漢中後期，尤其像《太平經》幾乎滿紙皆是神仙、仙官、仙士等道教徒的常用語，《老子想爾注》中仙士、仙壽等語詞亦時有所見，但《老子河上公章句》則不同，全書未言仙字，更不見仙壽等語，故黃氏據此修正早期的看法，判定該書不應成於東漢中後期。再者，黃氏也指出該書不可能成書於東漢中前期，其說以爲王充《論衡》對於《老子河上公章句》有所因襲批判，而《論衡》的時代在東漢前期，則《老子河上公章句》理當比東漢前期更早。他以「精氣」、「元氣」、「稟氣」及「天地生萬物，人最爲貴」這幾個同出於《老子河上公章句》及《論衡》二書的觀點，即認爲二書間有所因襲。然而，這些觀念並非《老子河上公章句》所獨創，早在《管子》、《呂氏春秋》、《淮南子》裡就有這樣的說法，因此若要說《論衡》這些論點有所因襲，也未必定由《老子河上公章句》而來。另一方面，黃氏所持當成書於西漢中前期的論據爲《老子河上公章句》保留了帛書《老子》的某些用語以及《老子河上公章句》思想內容暗示了對秦王朝暴政的鞭撻及西漢王朝的歌頌。黃氏於文中各援舉三例說明，如其以〈七十四章注〉：「民不畏死」句爲：「治國者刑罰酷深，民不聊生，故不畏死也。」其以「刑罰酷深，民不聊生」二句即認爲是對秦代暴政的歷史總結。又舉〈七十六章〉「儉故能下」之注文：「天子身能節儉，故民用日廣。」認爲《老子河上公章句》在歌頌西漢文帝節儉美德。然而這些看法本是《老子》書中既有的思想，若按黃氏所言來推論，這樣的看法不也同樣可能出現在其他時代？故由此不足以證明《老子河上公章句》成書於西漢中前期。

　　陳廣忠則將《老子河上公章句》的成書年代拉到西漢初年，大約在文景之世。他在對比馬王堆帛書《老子》甲、乙本及其他黃老帛書後，認爲：「河上公《老子章句》成書於文、景之世，它是帛書《老子》甲、乙本之後，第一部全面詮釋《老子》思想的專著，是西漢時期黃老學派治國、治身理論的重要組成部分。司馬遷、皇甫謐、稽康、《隋書・經籍志》的記載是可信的。」〔註39〕陳廣忠在比較帛書《老子》甲、乙本與《河上公章句》時，發現三書在語詞的使用、語法結構與思想內容上都很接近，認爲它們的時代應相距不遠。他又將《河上公章句》與黃老帛書作比較，在道論、自然觀、精氣說、養生論、政治觀等方面都十分類似，認爲這足以證明馬王堆三號漢墓所出土的《經法》、《十大經》、《稱》、《道原》、《十問》等帛書，與河上公《老子章

〔註39〕參見陳廣忠：《中國道家新論》（合肥：黃山書局，2001 年 11 月），頁 478。

句》時代相近。然而，相近的版本極有可能只是他們採用了相同的抄本，若是如此，則此說亦不能構成判定成書早晚的證據。此外，陳氏在與帛書《老子》甲、乙本相對比時還發現，《老子河上公章句》避漢高祖劉邦的名諱計二十三條，避漢文帝劉恆的名諱計二十二條，避漢景帝劉啓的名諱三條，據此他更加認定《老子河上公章句》應成書於奉行黃老思想的西漢初年。若就避諱觀點來討論，王寶利也曾藉此考證過《老子河上公章句》的成書年代，他在〈從避諱現象談《老子河上公章句》的成書時代〉〔註40〕一文裡，發現了《老子河上公章句》也避了漢昭帝劉弗陵之「弗」字，據他的統計共有三十七處，但不避更始帝劉玄之諱，就避諱說而論，王寶利認為：「把《河上公章句》之成書時代定在漢昭帝劉弗陵之時，更始帝劉玄之前這一段時期內（即公元前 86 年至公元 23 年），是比較合理的。」〔註41〕王氏此說將陳廣忠所提出的西漢初年又往後拉到漢昭帝時期。然而，僅以避諱說一項理由，就將《河上公章句》的成書年代定位在西漢初年文景之世，或是漢昭帝劉弗陵之時，其論據實嫌薄弱。當然不可否認的，避諱在釐判歷史文獻的時代上確實是重要的輔助，但是避諱制度在漢代尚未嚴密，或許回歸到思想內容的面向才是最根本、最允妥的方式。

王寶利可能也認為僅以避諱制度來判定成書年代不足為證，故在 2007 年再撰〈《老子河上公章句》成書時限再考〉一文，文中隻字未言先前所提之避諱說，重新從思想內容、版本和語言（詞彙學和訓詁學）三個角度來討論《老子河上公章句》的成書年限。文中關於思想內容與版本的探討上大抵沿承前人說法，值得注意的是他在訓詁學上的討論。王氏考察章句體在兩漢的發展情況，認為《老子河上公章句》的成書年代早至西漢前期或中期的可能性不大，綜合其說約可分下列數點：(1) 從章句的注釋文獻範圍來看，西漢章句是以《周易》、《尚書》、《春秋》等五經為主，很少涉及其他文獻。據統計，西漢的章句體著作計有二十四部，其中〈六藝略〉十九部（《周易》八部、《尚書》五部、《春秋》四部、《論語》二部）；〈詩賦略〉二部（《楚辭》、《離騷經》各一）；〈諸子略〉儒家一部（《揚子太玄經》）、法家兩部（《大杜律》、《小杜律》）。王氏援引楊端志《訓詁學》中所提出的「注釋文獻範圍的擴大是從東漢開始」為考察線索，發

〔註40〕 參見王寶利：〈從避諱現象談《老子河上公章句》的成書時代〉，《蘭州學刊》，第 8 期（總第 155 期），2006 年，頁 47〜48。
〔註41〕 參見王寶利：〈從避諱現象談《老子河上公章句》的成書時代〉，頁 48。

現章句範圍擴大也是從東漢開始的，此時章句在〈諸子略〉（計十一部）分佈漸廣，因此相對於西漢，《老子河上公章句》更有可能成書於東漢；（2）從章句的政治地位來看，西漢絕大多數章句爲"官方章句"，其作者多爲今文經學者。至東漢漸漸出現了大量章句體著作，但與西漢"官方章句"不同的是，這些章句多爲"民間章句"，其流傳僅限於民間，並未得到官方的認可。又據朱謙之《老子校釋》，《老子河上公章句》當爲"民間系統"，相對於經書類的"官方章句"而言，其流傳應當只在民間。再從《漢書‧藝文志》未收《老子河上公章句》的情況來看，該書不大可能成於黃老最爲得勢的西漢文景之際，也不可能是"官方章句"；（3）就《漢書‧藝文志》未著錄而言，王氏認爲極有可能是劉向著《七略》時尚未有該書出現；（4）從章句的學術水平來看，《老子河上公章句》明顯高於西漢章句類著作，故具有更強韌的生命力得以流傳下來，而西漢章句均已亡佚，只在後人著作中留下隻言片語；（5）從寫作風格上來看，《老子河上公章句》沒有今日學者批評西漢章句「旁徵博引，增益其文」的繁冗之弊；（6）就《老子河上公章句》書中所保留的古詞古義，加上朱謙之對比《老子》河上本與王弼本，發現河上本"文句簡古，多古字，亦雜俗俚"等理由，認爲《老子河上公章句》很有可能是古文經學得勢以後才出現的。基於上述所論，王寶利認爲將《老子河上公章句》的成書年代，定位於嚴遵《老子指歸》之後，《孟子章句》、《楚辭章句》之前這段時間，是比較謹慎的看法。王氏從章句體裁來考證，爲《老子河上公章句》不應成書於西漢中前期提供新的事證，其獨到的見解值得學術界重視。

2. 成書於兩漢之際

韓籍學者吳相武〔註42〕在綜合檢討諸家說法，並就《老子河上公章句》文本之思想內容進行分析，認爲《老子河上公章句》成書年代較東漢王充《論衡》早，較嚴遵《道德指歸》稍晚，大約書成於西漢末年到東漢初年間。其主要論據爲：以《論衡‧道虛》中「世或以老子之道爲可以度世，恬淡無欲，養精愛氣」、「夫人以精神爲壽命，精神不傷，則壽命長而不死。」、「成事，老子行之，踰百度世爲眞人矣」等內容，認定《論衡》所提及的《老子》應該就是《老子河上公章句》，並認爲〈道虛〉的內容與《河上公注》的思想基本上一致。吳氏

〔註42〕詳文參見吳相武〈關於《河上公注》成書年代〉，收錄於陳鼓應主編：《道家文化研究》（第十五輯）（北京：生活‧讀書‧新知三聯書店，1999 年 3 月），頁 209～246。

又將《老子河上公章句》與《老子指歸》的版本相互比較，從版本變化來看，《指歸》比較接近帛書《老子》，兩者皆德經在前、道經在後，而《老子河上公章句》卻道經在前、德經在後，此後《老子》的版本往道經在前、德經在後的方向發展，這表示《老子河上公章句》較《指歸》晚。此外吳氏分析《老子河上公章句》對一些概念的解釋比《指歸》來得明確清楚，像《指歸》雖講養生，但《老子河上公章句》的養生思想更爲豐富，甚至主張長生不死，《指歸》則沒有長生不死的思想。基於這幾點，吳相武認爲《老子河上公章句》的時代較王充《論衡》早，而較《指歸》稍晚一些，大概成書於兩漢之際。

陳麗桂先生〔註43〕大抵認同吳相武所提出的版本變化之說，但對吳氏僅依據《論衡・道虛》中幾句談及老子有養生、愛氣、求長生之言，便認爲〈道虛〉所指的《老子》即是《老子河上公章句》，藉此推定《老子河上公章句》的成書時代當在《論衡》成書前後的說法，認爲吳氏論據稍嫌薄弱。不過對於吳氏提出的西漢末爲《老子河上公章句》的成書上限仍表贊同，陳麗桂先生綜合王明、王卡的說法，將《老子河上公章句》的成書下限稍加放寬，定爲東漢中期以前。

熊鐵基、馬懷良、劉韶軍所編的《中國老學史》〔註44〕論及《老子河上公章句》的年代，認爲該書有明顯的黃老思想特點，而無成仙思想，故與魏晉時期出現的道教經典不同，推斷《老子河上公章句》的成書年代應在漢代。此外，他們還就思想精確性來比較，在論述由無生有的過程中，嚴遵《老子指歸》已提到「形因於氣」，但並未進一步具體的說明，而《老子河上公章句》關於「氣」的論述就明確得多，尤其在宇宙生成論上，以較完整的氣化學說來充實「道」的概念，文中舉了相當多的例子來證明，故得出《老子河上公章句》的成書上限應不會超過嚴遵的《老子指歸》。他們的結論是：「早不一定會早過嚴遵，這是從某些思想明確不明確看的，但大體與嚴遵同時也有可能；晚不至於晚到東漢末，不會與道教的形成直接接軌，這也主要是從思想性質來看的，時間大約是西漢後期或者是東漢前期。」〔註45〕

〔註43〕 詳文參見陳麗桂先生：〈「老子河上公章句」所顯現的黃老養生之理〉，《中國學術年刊》第21期，2000年3月，頁177～210。

〔註44〕 詳文參見熊鐵基、馬懷良、劉韶軍編：《中國老學史》（福州：福建人民出版社，1997年7月），頁，181～185。同文亦收錄於熊鐵基：《秦漢新道家》（上海：上海人民出版社，2001年3月），頁433～452。

〔註45〕 參見熊鐵基：《秦漢新道家》，頁437。

3. 成書於東漢

至於主張成書於東漢者以王明爲代表，王明在〈《老子河上公章句考》〉〔註46〕一文裡首先分析自西漢初迄三國，老學歷經三變：西漢初年，以黃老爲政術，主治國經世；東漢中葉以下至東漢末年，以黃老爲長生之道術，主治身養性；三國之時，習黃老者既不在治國經世，亦不爲治身養性，大率爲虛無自然之玄論。王明認爲這三次變化，老學宗旨各有不同，而《老子河上公章句》以治身養生爲主，當出於東漢中後期，按其推論：《老子河上公章句》「當後漢桓靈之際，有人焉，類似矯仲彥者，篤好黃老，且慕導引行氣之術，習染章句時風，託名於河上公，爲《老子》作章句也。」〔註47〕故王氏的結論爲：「《河上公章句》者，蓋當後漢中葉迄末造間，有奉黃老之教者，爲敷陳養生之義，希幸久壽不死，托名於河上公而作。」其餘主張東漢說的學者，大抵承襲王氏說法，將於下文予以檢討，在此不一一陳述。

本文較贊同成於兩漢之際，大約在西漢稍後至東漢前期的說法（詳說見下文），不過對於吳相武認爲《老子河上公章句》強調長生不死的說法並不認同，下文嘗試討論之。

二、《老子河上公章句》〔註48〕治身重於治國的養生思想

探究《老子河上公章句》的內容，可發現該書極爲強調治身治國的一致性，書中多處將兩者相提並論，並順著這個方向一路去解釋。爬梳原文，書中常標舉身國共治，一體之理，諸如：

> 謂聖人治國與治身同也。（〈安民第三〉）
>
> 治身者愛氣則全身，治國者愛民則國安。（〈能爲第十〉）
>
> 法道無爲，治身則有益（於）精神；治國則有益（於）萬民，不勞煩也。（〈偏用第四十三〉）
>
> 治身者，神不勞；治國者，民不擾；故可長久。（〈立戒第四十四〉）

〔註46〕 參見王明：〈《老子河上公章句》考〉，收錄於氏著：《道家和道教思想研究》，頁293～323。

〔註47〕 參見王明：〈《老子河上公章句》考〉，收錄於氏著：《道家和道教思想研究》，頁297。

〔註48〕 本節所引有關《老子河上公章句》原文之版本與校正問題，悉依王卡所點校之《老子道德經河上公章句》（北京：中華書局，1997年10月）爲據，此後僅注篇名，不另注版本出處。

治國者，兵甲不用，卻走馬以治農田。治身者，卻陽精以糞其身。（〈檢欲第四十六〉）

道之於萬物，非但生之而已，乃復長養成熟覆育，全於性命。人君治國治身，亦當如是也。（〈養德第五十一〉）

善以道立身立國者，不可得引而拔也。（〈修觀第五十四〉）

治國者，當愛民財，不爲奢泰。治身者，當愛精氣，不爲放逸。（〈守道第五十九〉）

國、身同也。母，道也。人能保身中之道，使精神不勞，五神不苦，則可以長久。（〈守道第五十九〉）

治國煩則下亂，治身煩則精散。（〈居位第六十〉）

全身治國，恬然無爲，故可爲天下貴也。（〈爲道第六十三〉）

治身治國安靜者，易守持也。（〈守微第六十四〉）

常能知智者爲賊，不智者爲福，是治身治國之法式也。（〈淳德第六十五〉）

治國者，刑罰酷深，民不聊生，故不畏死也。治身者，嗜欲傷神，貪財殺身，民不知畏之也。（〈制惑第七十四〉）

上述所列引文反映對身國共治之理的強調與重視，此說無疑是黃老道家思想的承襲。《老子河上公章句》認爲，不論治身或是治國所遵循的依歸皆是「道」，而書中的「道」兼具個人理身與治國兩方面。不過，《老子河上公章句》在詮釋《老子》首章之「道可道」時說：「謂經術政教之道也。」並直言此「非自然長生之道」。書中將「道」劃分爲治國的「經術政教之道」與治身的「自然長生之道」，所謂的「常道」，當是「以無爲養神，無事安民，含光藏暉，滅跡匿端，不可稱道。」（〈體道第一〉），《老子河上公章句》所以貶抑「經術政教之道」的原因，在〈忘知第四十八〉裡有說明，在注解「爲學日益，爲道日損」時提到：

> 學謂政教禮樂之學也。日益者，情欲文飾日以益多。道謂自然之道也。日損者，情欲文飾日以消損。

作者認爲，經術政教多文飾，日益滋繁將造成情欲的牽引，如此有違自然無爲之道。〈守微第六十四〉說得更爲明白：

聖人欲人所不欲。人欲彰顯，聖人欲伏光；人欲文飾，聖人欲質樸；
人欲（於）色，聖人欲於德。

聖人學人所不能學。人學智詐，聖人學自然；人學治世，聖人學治
身，守道眞也。

這裡明言治身乃聖人之學，治世僅爲衆人之學，此說更加凸顯《老子河上公章句》治身重於治國的思想。此外，從前述羅列之引文可知，《老子河上公章句》雖然將身國共治並舉，但是多半將治身置於首位，其次才言及治國，諸如〈能爲第十〉、〈偏用第四十三〉、〈立戒第四十四〉、〈修觀第五十四〉、〈爲道第六十三〉、〈守微第六十四〉、〈淳德第六十五〉等，或許這樣的看法稍嫌薄弱，但可以確定的是，《老子河上公章句》多處刻意轉化《老子》原文，將《老子》原本與治身養生之理毫無關涉的內容，甚至本爲治國理民的專章，都從養生的角度來闡述。

　　例如《老子》第三章，旨在論述治國安民之理，所揭示的乃聖人之治當如何消融百姓之知與欲，以共躋無爲大治。但〈安民第三〉注「聖人（之）治」時卻說：「聖人治國與治身也。」且《老子》原典所說的「聖人之治」，本是藉由「虛心」、「實腹」、「弱志」、「強骨」等方式達到「使民無知無欲」的目的，但《老子河上公章句》卻引入「除嗜欲，去煩亂」、「懷道抱一，守五神」、「愛精重施，髓滿骨堅」等鮮明的養生思想來詮解。〈能爲第十〉注「愛民治國，能無爲乎？」句爲「治身者愛氣則身全」。同章注「能無爲」也說：「治身者呼吸精氣，無令耳聞；治國者佈施惠德，無令下知也。」又〈儉欲第四十六〉注「卻走馬以糞」，將《老子》原所指陳的反戰思想硬是解成「治身者卻陽精以糞其身」的說法。〈居位第六十〉注「治大國若烹小鮮」爲「治國煩則下亂」，本已切中爲政者當勿擾於民之旨，但接著又帶出「治身煩則精散」。像這樣治身重於治世的思想在書中相當突出，〔註49〕反映出東漢黃老學偏重修身養生的時代特徵。以下即針對《老子河上公章句》書中所呈現的養生思想加以討論。

（一）因氣立質、愛養精氣

《老子河上公章句》以道論作爲學說基礎，將「道」視爲宇宙化生之源，

〔註49〕據陳麗桂先生的統計：「《老子》原意明明是講治國的，一無涉及『治身』問題，《河上公章句》擅自增入『治身』以爲解，硬由《老子》治國之道中衍生『治身』之理。在全書八十一章中，至少有二十二例。」（參見氏著：〈「老子河上公章句」所顯現的黃老養生之理〉，頁 186～187。）

也是萬物的本根，首章開宗明義指出：

> 道無形，故不可名也。始者道本也，吐氣布化，出於虛無，爲天地
> 本始也。有名謂天地，天地有形位、（有）陰陽、有剛柔，是其有名
> 也。萬物母者，天地含氣生萬物，長大成熟，如母之養子也。

這裡所說的「母」是指最高的「道」，而非「天地」。「道」乃「天地之本始也」，
〔註50〕其化生萬物如同「母之養子」一般，「道」的性質無象無形、出於虛無，
藉由「吐氣布化」的過程化生萬物。在〈道化第四十二〉裡闡述《老子》「道
生一，一生二，二生三，三生萬物」的生成論時說得更爲清楚，它說：

> 道始所生者（一也）。一生陰與陽也。陰陽生和、清、濁三氣，分爲
> 天地人也。天地（人）共生萬物也。天施地化，人長養之也。萬物
> 無不負陰而向陽，迴心而就日。萬物中皆有元氣。

在漢代氣化宇宙論的背景下，《老子河上公章句》講述「道」之生化過程，往
往注入「氣」的概念。道生一，一再化生陰陽二氣，陰陽二氣交感相盪分爲
和、清、濁三氣。其中清氣成天，濁氣成地，和氣爲人。萬物則由天、地、
人共同化育。書中多以「氣」來詮釋與展現「道」的生化作用：

> 元氣生萬物而不有。（〈養身第二〉）

> 道唯恍忽，其中有一，經營主化，因氣立質。……萬物始生，從道
> 受氣。吾何以知從道受氣？……以今萬物皆得道（之）精氣而生，
> 動作起居，非道不然。（〈虛心第二十一〉）」

> 道育養萬物精氣，如母之養子。我不見道（之）形容，不知當何以
> 名之，見萬物皆從道所生。……道清靜不言，陰行精氣，萬物自成
> 也。（〈象元第二十五〉）

> 萬物皆歸道受氣，道非如人主有所禁止也。（〈任成第三十四〉）

> 道善貸人之精氣，且成就之。（〈同異第四十一〉）

> 道生萬物。……一主布氣而畜養（之）。（〈養德第五十一〉）」

《老子河上公章句》以「氣」、「元氣」、「精氣」、「和氣」做爲「道」的內涵，
藉由「氣」的交感布化，來鋪陳「道」創生宇宙天地萬物的過程。文中所說
「氣」、「元氣」、「精氣」、「和氣」等概念，基本上是一致的。「氣」作爲支撐

〔註50〕 〈象元第二十五〉注「有物混成，先天地生」說得更爲清楚：「謂道無形，混
　　　　沌而成萬物，乃在天地之前。」

生命的根本元素，是人能否長生久壽的主要關鍵，因此它的存養至爲重要，它說：

> 人能抱一，使不離於身則長存。一者，道始所生，太和之精氣也。(〈能爲第十〉)

> 人能自節養，不失其所，受天之精氣，則可以久。(〈辯德第三十三〉)

> 修道於身，愛氣養神，益壽延年，其德如是，乃爲眞人。(〈修觀第五十四〉)

> 人能保身中之道，使精氣不勞，五神不苦，則可以長久。(〈守道第五十九〉)

由上列引文可知，《老子河上公章句》認爲人若能愛氣養神、使精氣不勞，則可收益壽延年之效。此外，《老子河上公章句》常以「氣」在體內的留駐與否，來解釋人的生命狀態，它說：

> 人生含和氣，抱精神，故柔弱也。人死則和氣竭，精神亡，故堅強也。(〈戒強第七十六〉)

> 人能知和氣之柔弱，有益於人者，則爲知道之常也。(〈玄符第五十五〉)

> 萬物之中皆有元氣，得以和柔，若胸中有藏，骨中有髓，草木中有空虛，和氣潛通，故得久生也。(〈道化第四十二〉)

當人體處於柔弱空虛的狀態，則和氣潛通、筋骨柔和，此乃生命充旺的表徵，因此它屢屢要人「自愛其身，以保精氣」(〈愛己第七十二〉)。〈守道第五十九〉將體內之氣喻爲人身之根蒂，能否固守使其無所漏泄，關係著人是否可長生久視，它說：

> 人能以氣爲根，以精爲蒂，如樹根不深則拔，（蕈）蒂不堅則落。言當深藏其氣，固守其精，使無漏泄。根深固蒂者，乃長生久視之道。

此外，《老子河上公章句》在注解《老子·第五十五章》時，依沿老子主柔弱、戒剛強的原旨，將氣與柔弱命題相繫結，並以嬰兒爲例，說明赤子身軀柔軟卻精力旺盛，原因即在於體內精氣的充足，〈玄符第五十五說〉：

> 赤子筋骨柔弱而持物堅固，以其意（專而）心不移也。赤子未知男女之合會而陰作怒者，由精氣多之所致也。赤子從朝至暮啼號聲不變易者，和氣多之所致。

〈能爲第十〉也提到：

> 專守精氣，使不亂；則形體能應之而柔順。……治身者，愛氣則身全。……治身者，呼吸精氣，無令耳聞。……治身當如雌牝，安靜柔弱。

可見筋骨柔和是精氣充足、生命旺盛的表徵。反之，若體內精氣因妄爲而散失，將會導致死亡。同章注說：「妄有所爲，（則）和氣去於中，故形體日以剛強也。萬物壯極則枯老也。老則不得道矣。不得道者早死。」故《老子河上公章句》認爲人體內之氣的理想狀態當是「不勞」、「不亂」、「不放逸」，它說：

> 天地之間空虛，和氣流行，故萬物自生……不如守德於中，育養精神，愛氣希言。（〈虛用第五〉）

> 專守精氣，使不亂；則形體能應之而柔順。（〈能爲第十〉）

> 治身者，當愛（惜）精氣，不（爲）放逸。（〈守道第五十九〉）

> 人能保身中之道，使精氣不勞，五神不苦，則可以長久。（〈守道第五十九〉）

《老子河上公章句》不僅強調體內之氣的內守，亦主張當與天地之氣的交通往來，因爲人既然是稟受「道」之精氣所生，天道與人道可以通過一氣之流行交感互通，它說：

> 天道與人道同，天人相通，精氣相貫。（〈鑒遠第四十七〉）

> 其志節玄妙，精與天通。（〈顯德第十五〉）

人身與天地之氣既可相通，溝通的管道就是人的口鼻，〈成象第六〉說：

> 言不死之道，在於玄牝。玄，天也，於人爲鼻。牝，地也，於人爲口。天食人以五氣，從鼻入藏於心。五氣清微，爲精神聰明，音聲五性。其鬼曰魂，魂者雄也，主出入人鼻，與天通，故鼻爲玄也。地食人以五味，從口入藏於胃，五性濁辱，爲形骸骨肉，血脈六情。其鬼曰魄，魄者雌也，主出入人口，與地通，故口爲牝也。根，元也。鼻口之門，乃是通天地之元氣所從往來也。

《老子河上公章句》稱「鼻口」爲「玄牝之門」，天之氣透過鼻子進入人體，地之氣則由口進入人體，它說：

> 鼻口呼喻喘息，當綿綿微妙，若可存，復若無有。用氣當寬舒，不當急疾勤勞也。（〈成象第六〉）

這裡對於行氣之法有所規定，吐故納新的過程當是寬緩舒坦、綿綿微妙，如此才能使若有似無的氣持久在體內流動，若行之急躁，將造成體內精氣的散失。不過必須說明的是，《老子河上公章句》雖對喘息呼吸之法頗為重視，但並非如部分學者所說的「是一套導引行氣的功法理論」，〔註51〕更非如戈國龍所說的：

> 《河上公注》注重呼吸吐納的氣功修煉，因為人的呼吸是溝通身心和天人的重要橋樑，亦與人體生命能量的轉化昇華有密切關係，"言鼻口之門，乃是通天地之元氣所從往來"，呼吸調節與意念調節為煉內丹的重要關鍵，呼吸如"風"，意念如"火"，是修煉人體精氣神而成"內丹"的主要手段。《河上公注》雖沒有具體的修煉精氣神的功法，但其呼吸氣功和還精功法，當與內丹修煉有關。〔註52〕

戈國龍完全以道教內丹的角度來看待《老子河上公章句》，故將書中行氣養生解釋為與內丹修煉有關。然而，綜觀全書，我們看不到作者有制訂任何修煉功法的意圖，且行氣之說自先秦以來便已流行，《莊子·刻意》〔註53〕與《淮南子·齊俗》〔註54〕均有記載，《老子河上公章句》在養氣行氣所提出的綿綿微妙、用氣寬舒都是先秦以來的基本觀念，實不宜以神仙方術一系所講究的功法或後世宗教內丹理論來解釋。

（二）靜以養神、除情去欲

　　綜上所論，氣或精氣既是構成人體的基本元素，透過氣的流通與充旺，

〔註51〕張運華說：「為了愛氣養神，《河上公章句》還提出了一套導引行氣的功法理論。……行氣導引之說，從先秦時期就一直存在，並在漢代養生思潮的氛圍中得以盛行，《河上公章句》繼承了這種傳統理論，並加以系統化，其功法理論，既有專門術語，又有簡單要領，"天門謂北極紫微宮，開闔始終無際也。治身，天門謂鼻孔，開謂喘息，闔謂呼吸"，"不死之道，在於玄牝，玄，天也，於人為鼻；牝，地也，於人為口"，"鼻口呼吸喘息，當綿綿微妙，若可存，復若無有"，"用氣常寬舒，不當疾勤勞也"。通過這套功法，可以練氣養神，延年益壽。」（參見氏著：〈身國並重的道家養生理論──《老子河上公章句》〉，《宗教哲學》，第 2 卷第 1 期，1996 年 1 月，頁103～104。）

〔註52〕參見戈國龍：《道教內丹學溯源》（北京：宗教文化出版社，2004 年 6 月），頁86～87。

〔註53〕《莊子·刻意》：「吹呴呼吸，吐故納新，熊經鳥申，為壽而已矣。此導引之士，養形之人，彭祖壽考之所好也。」

〔註54〕《淮南子·齊俗》：「今夫王喬、赤誦子，吹呴呼吸，吐故納新，遺形去智，抱素反真，以游玄眇，上通雲天。今欲學其道，不得其養氣處神，而放其一吐一吸，時詘時伸，其不能乘雲升假亦明矣。」

人體官能內臟等組織才能發揮適當的功能，不過究竟是何種因素在控制與調節體內之氣與五臟機制？《老子河上公章句》認爲和精神有密切的關係，在書中往往將精氣、精神相提並論，像是：

> 不如守德於中，育養精神，愛氣希言。（〈虛用第五〉）

> 專守精氣，使不亂；則形體能應之而柔順。能如嬰兒，內無思慮，外無政事，則精神不去也。（〈能爲第十〉）

> 節志氣，養神明。（〈檢欲第十二〉）

> 修道於身，愛氣養神，益壽延年。（〈修觀第五十四〉）

> 人能保身中之道，使精氣不勞，五神不苦，則可以長久。（〈守道第五十九〉）

> 人生含和氣，抱精神，故柔弱也。（〈戒強第七十六〉）

> （大害者），謂死亡也。畏之者當愛精（養）神，承天順地也。（〈愛己第七十二〉）

從上述可知，能專守精氣，則形體應之柔順；能愛氣養神，則可益壽延年。可見《老子河上公章句》不僅重視愛氣，同時亦強調養神，兩者可說相輔相成。〔註55〕如果說愛氣是生命能否長久的主要因素，那麼人生命是生是死，或存或亡的根本關鍵，則取決於精神，〈愛己第七十二〉說：「人所以生者，以有精神。」精神乃支撐生命的根本，因此人是否能益壽延年的終極關鍵在於精神的保養，《老子河上公章句》說：

> 人能養神則不死。（〈成象第六〉）

〔註55〕關於《老子河上公章句》中神與氣的性質，誠如那薇所言：「神到底是物質性的精氣還是一種精神現象？《老子河上公注》的神具有兩方面的性質，神既有精神現象的恍惚不定，又有物質因素的確定和實在。有的注釋偏重於精神現象，有的注釋偏重於物質因素。如果用直覺這種思維方式加以解釋就比較清楚了。在直覺的瞬間，如果人們心靈專注於外界事物，會產生物我一體的感受。人的心靈融於外物，隨自然事物起伏、動蕩、飛馳、靜止，自然界的萬事萬物也隨我而喜怒哀樂，人的情感與外界事物混同一體，不可分割。如果人們把心靈意念專注於五藏的精氣時，人的精神意念與精氣是一體的，氣隨著人們意念的導引而運行，意念導引到哪裡，氣也就運行到哪裡，這時神與氣不可分離。這是氣功的理論基礎。氣功非常講究守得住神，才能守得住氣。如果用直覺體驗去解釋《老子河上公注》的養神，它把精神與精氣混爲一談也就不值得奇怪了。」（參見氏著：《漢代道家的政治思想和直覺體悟》（山東：齊魯書社，1992年1月），頁256～257。）

治身不害神明，則身安而大壽也。(〈仁德第三十五〉)

內傷精神，減壽消年也。(〈知病第七十一〉)

人不畏小害則大害至。(大害者)，謂死亡也。畏之者當愛精(養)
神，承天順地也。(〈愛己第七十二〉)

精神對於人生命存在具有絕對的影響，故《老子河上公章句》特為重視精神
的保養，它講愛氣、重固精，其目的都在於養神。首先它標舉出精神的理想
狀態當是內守不失、安靜無為的，它說：

常道當以無為養神。(〈體道第一〉)

人精神好安靜，馳騁呼吸，精神散亡，故發狂也。……守五性，去
六情，節志氣，養神明。(〈檢欲第十二〉)

法道無為，治身則有益精神。(〈徧用第四十三〉)

(精神)託空虛，喜清靜，(若)飲食不節，忽道念色，邪僻滿腹，
為伐本厭神也。夫唯獨不厭精神之人，洗心濯垢，恬泊無欲，則精
神居之(而)不厭也。(〈愛己第七十二〉)

書中反覆強調安靜、淡泊、無為是符合道性，利於長生，它說：

當湛然安靜，故能長存不亡。(〈無源第四〉)

誰能安靜以久，徐徐以長生也。保此徐生之道(者)，不欲奢泰盈溢。
(〈顯德第十五〉)

靜謂根也。根安靜柔弱，謙卑處下，故不復死也。言安靜者是為復
還性命，使不死也。復命使不死，乃道之所常行也。(〈歸根第十六〉)

人君不靜則失威，治身不靜則身危。(〈重德第二十六〉)

因此要維持精神清靜內守的狀態，必須要禁絕有害養神的行為，《老子河上公
章句》類舉出傷害神的可能情況如下：

多事傷神。(〈虛用第五〉)

馳騁呼吸，精神散亡(〈檢欲第十二〉)

治身躁疾則失其精神。(〈重德第二十六〉)

甚愛色者，費精神也。(〈立戒第四十四〉)

有為於色，廢於精神也。(〈守微第六十四〉)

妄行強知之事以自顯著，內傷精神，減壽消年也。(〈知病第七十一〉)

飲食不節，忽道念色，邪僻滿腹，爲此伐命散神也。（〈愛己第七十二〉）

無論是「多事」、「馳騁」、「躁急」、「喜色」、「妄行」、「強知」，這些強爲造作將會造成精神耗費、散亡，乃消減年壽的不智之舉，《老子河上公章句》認爲，養神的理想狀態應如嬰兒般無思無慮，無所造作，它說：「能如嬰兒內無思慮，外無政事，則精神不去也。」（〈能爲第十〉）、「當恬淡如嬰兒，無所造爲也。」（〈忘知第四十八〉）使其內守形體勿亡失，這才是保養精神的最佳方式，這和《淮南子》養神的看法相當一致。

又如〈無用第十一〉說：「腹中有神，畏其形之消亡也。」要人善加愛護身體，避免因形軀消亡致使精神無所居處，這裡已略指出神居腹內。〈成象第六〉注「谷神不死」句時說得更爲清楚：

谷，養也。人能養神則不死。神謂五藏之神也：肝藏魂，肺藏魄，

心藏神，腎藏精，脾藏志。五藏盡傷，則五神去矣。

此處點明腹中的五臟乃五神歸聚之所，不過《老子河上公章句》將「神」細分爲「肝魂、肺魄、心神、腎精、脾志」五種不同面貌，這種五神藏五藏的說法無疑是前有所承的，在《黃帝內經·素問》即有：「所謂五藏者，藏精氣而不瀉也」（〈五藏別論〉）、「五藏所藏，心藏神，肺藏魄，肝藏魂，脾藏意，腎藏志，是謂五藏所藏。」（〈宣明五氣〉）的說法，《靈樞》也說：「五藏：心藏神，肺藏魄，肝藏魂，脾藏意，腎藏精志也。」（〈九鍼論〉）、「五臟者，所以藏精神血氣魂魄者也。」（〈本藏〉）、「心怵惕思慮則傷神……脾憂愁而不解則傷意……肝悲哀動中則傷魂……肺喜樂無極則傷魄……腎盛怒而不止則傷志。」（〈本神〉），《老子河上公章句》同樣將心與神做關連性的論述，心乃神寓居之所，又居五藏神的領導地位，在心神的統攝下，「魂、魄、精、志」四神能各得其位，則身體「肝、肺、腎、脾」內臟機能才得以專司其職地正常運作。〔註56〕亦有學者從宗教、神祇的角度來解釋《老子河上公章句》的「五

〔註56〕蔡璧名在解釋《黃帝內經》裡的「五藏神」時，曾以共名與別名來解釋「五藏神」，並以人體經穴證明五藏與各神間的對應關係，她說：「就『神』之於『心』的空間意義而言，與其說『魂、神、意、魄、志』爲『肝、心、脾、肺、腎』五臟之神，不如說『魂、神、意、魄、志』，實爲共名之『神』，佈居於形軀，其當『肝、心、脾、肺、腎』處，就其特殊功能所立之別名。而『魂、神、意、魄、志』之佈居於『肝、心、脾、肺、腎』相應的空間位置，恐即爲傳統身體觀中，具器官意義之『肝、心、脾、肺、腎』，其所以得「藏」（臟）之名的重要緣由。與『心』『神』關係表現在經穴上的配應相仿，在十

藏神」，如鄭燦山認為《老子河上公章句》的「治身」之說：

> 實際上是圍繞著「五臟神」而衍生出的一套養生學，而這種養生學
> 卻不只是如嚴君平所說不能長生久視的有為法而已，卻反倒是可以
> 「自然輕舉，昇雲出入無間」的成仙之道。〔註57〕

王明也以《太平經》裡的「五藏神」來解釋《老子河上公章句》的「五藏神」。
〔註58〕然而，這樣的說法並不合於《老子河上公章句》的思想，陳麗桂先生
將《老子河上公章句》與《太平經》〔註59〕的五藏神觀念相互比較，認為：

二經脈穴位中，『肺俞』之旁有『魄戶』，『肝俞』之旁有『魂門』，『脾俞』之
旁有『意舍』，『腎俞』之旁有『志室』，可見『魂、神、意、魄、志』分居於
『肝心、脾、肺、腎』等臟的空間性，乃有機地配應到經脈穴位的佈局。在
《內經》的身體觀中，五臟各部的官能作用，既有待五神居位、宰制，可見
《內經》對五臟的運作，並不純粹地予以物質性的器官功能來理解。相反地，
在傳統醫學理論中，五臟的功能運轉，必有一形上的宰制力量予以機制上的
調節。同樣地，五神的清明盈滿，又有賴於五臟的健朗康強。是以從病理上
來看，各臟的諸般病象，與各神的強弱盈缺，是相互表裏的；治心之所以治
神，治神之所以治心，各神既是各臟的生命動源，各臟復是各神的物質性基
礎。」（參見氏著：《身體與自然──以《黃帝內經素問》為中心論古代思想
傳統中的身體觀》（台北：國立臺灣大學文史叢刊，1997 年 4 月），頁 134～
135。）基於蔡氏此段論述，我們可以發現《河上公章句》中「五藏神」的觀
念基本上與《內經》同出一轍。

〔註57〕參見鄭燦山：〈老子河上公注長生思想析論〉，《孔孟學報》，第 77 期，1999
年 9 月，頁 177。

〔註58〕王明在解釋《河上公章句》〈成象第六〉、〈安民第三〉、〈守道第五十九〉之「五
藏神」時說：「五藏神簡稱五神，《太上老君內觀經》所謂『五藏藏五神也。』……
五藏神之稱，《太平經》中亦有說。《道藏》傅字號下《太平經》卷七十二《齋
戒思神救死訣》云：『此四時五行精神，入為人五藏神，出為四時五行神精。』
蓋人身之陰陽，皆應天之陰陽。故五藏應四時五行，入為五藏神，出為四時
五行神精。如肝應四時，上為歲星，應五行則為木；心應四時，上為熒惑星，
應五行則為火；脾應四時，上為鎮星，應五行則為土；肺應四時，上為太白
星，應五行則為金；腎應四時，上為辰星，應五行則為水。故欲養性久壽，
須內使五藏神不傷不苦。由五藏神更演而為八景二十四真，則黃庭經之說詳
焉。」王明全然以《太平經》中「五藏神」來解釋《河上公章句》的「五藏
神」（參見氏著：《《老子河上公章句》考》，頁 312。）

〔註59〕《太平經》關於五臟神的敘述見於〈盛身卻災法〉，文曰：「少年神加，年衰
即神減，謂五藏精神也，中內之候也。千二百二十善神為其使，進退司候，
萬神為其民，皆隨人盛衰。此天地常理，若以神同城而善御之，靜身存神，
即病不加也，年壽長矣，神明佑之。故天地立身以靖，守以神，興以道。故
人能清靜，抱精神，思慮不失，即凶邪不得入矣。其真神在內，使人常喜，
欣欣然不欲貪財寶，辯訟爭，竟功名，久久自能見神。神長二尺五寸，隨五

《太平經》因此將這「五藏神」宗教化、神祇化，說人一旦生病，可依五行顏色及方位，圖畫五藏神象，懸掛室內，「思之不止」，則「五藏神」自能「報二十四節氣、五行神具來救之」，完完全全進入了神學領域。相較之下，《河上公章句》則清新許多，它只言養生治身之事，了不涉及宗教神學。〔註60〕

由此可以發現《老子河上公章句》的「五藏神」，比較接近《黃帝內經》的說法，和《太平經》裡充滿宗教神靈色彩的「五藏神」實大相逕庭。

《老子河上公章句》認爲，要使神歸五藏，除了上述幾項妨害神的因素需排除外，干擾精神最大的因素在於嗜欲，它說：

除嗜欲，去煩亂，懷道抱一，守五神也。(〈安民第三〉)

人能除情欲，節滋味，清五藏，則神明居之也。(〈虛用第五〉)

治身者，當除情去欲，使五藏空虛，神乃歸之也。(〈無用第十一〉)

得道之人，捐情去欲，五內清靜，至於虛極也。……能知道之所常行，則能去情忘欲，無所不包容也。(〈歸根第十六〉)

治身，則以大道制御情欲，不害精神也。(〈反朴第二十八〉)

治身者嗜欲傷神。(〈制惑第七十四〉)

「養神」首重摒情去欲，情欲又是如何產生的？究竟該從何對治情欲？《老子河上公章句》首先承認：「有名之物，盡有情欲」(〈聖德第三十二〉)，作者並非完全否定與排斥情欲的存在。然而，人的情欲若不能妥適控制，將會導致人體精氣耗散、精神損傷，對於生命健康將造成極大的危害。故〈體道第一〉開宗明義分析情欲對生命所造成的威脅，它說：

人常能無欲，則可以觀道之要。……常有欲之人，可以觀世俗之所歸趣也。……兩者，謂有欲無欲也。同出者，同出於人心也。異名者，所名各異也。名無欲者，長存；名有欲者，亡身也。……除情

行五藏服飾，君仁者道興，君柔者德生。中心少有邪意，遠方爲之亂，神氣周流，疾於雷電，急還神明，以自照內，故病自癒而人自治。」(參見王明：《太平經合校》(北京：中華書局，1960年2月)，頁722～723。本章所引之《太平經》原文，悉依此本爲據，此後僅注篇名不再另注版本出處。)《太平經》裡所說的五臟神，神學色彩強烈，對於五臟神靈的身長、形狀、服飾都有具體的描述。此外還有「齋戒思神救死訣」、「五神所持訣」這類神思法，〈齋戒思神救死訣〉還敘述了藉助「畫像」進行思神的具體操作過程。

〔註60〕參見陳麗桂先生：〈「老子河上公章句」所顯現的黃老養生之理〉，頁207。

去欲，守中和，是謂知道要之門户也。

《老子河上公章句》認爲人之長存或早亡，在於情欲能否控制得宜，書中不厭其煩的剖析情欲對人身的傷害，它說：

營魄，魂魄也。人載魂魄之上，得以生，當愛養之。喜怒亡魂，卒驚傷魄，魂在肝，魄在肺，美酒甘肴，腐人肝肺。故魂靜，志道不亂；魄安，得壽延年也。（〈能爲第十〉）

情欲紛起而造成心貪意欲，不是「喜怒亡魂，卒驚傷魄」就是「美酒甘肴，腐人肝肺」，一旦體內臟器受損，而五藏盡傷，其結果將是「五神去矣」（〈成象第六〉），它說：

貪淫好色，則傷精失明也，（不能視無色之色）。好聽五音，則和氣去心，不能聽無聲之聲。爽，亡也。人嗜五味，則口亡，言失於道也。……難得之貨謂金銀珠玉，心貪意欲，不知厭足，則行傷身辱也。……目不妄視，妄視泄精於外。（〈檢欲第十二〉）

又〈貴生第五十〉也認爲：

出生謂情欲出（於）五內，魂定魄靜，故生。入死謂情欲入於胷臆，精神勞惑，故死。言生死之類各有十三，謂九竅四關也。其生也，目不妄視，耳不妄聽，鼻不妄嗅，口不妄言，（舌不妄）味，手不妄持，足不妄行，精不妄施。其死也反是。……（言人）所以動之死地者，以其求生活之事太厚，違道忤天，妄行失紀。

無論貪淫、好色、好音、嗜味均屬縱欲之舉，其後果將會導致傷精、失明、氣散、亡味，甚至死亡。因此它告誡養生者，人之九竅四關，當「目不妄視，耳不妄聽，口不妄言，則無怨惡於天下，故長壽。」（〈辯德第三十三〉），又上文言及神既透過心的空間聯繫，爲生命的動源，因此要使神安居於人身之中，取決於心能否發揮其靈明統御的作用，故《老子河上公章句》呼籲，要除情去欲必須從心上下功夫，杜絕外在可能的誘因，故〈安民第三〉將「虛其心」句釋爲「除嗜欲，去煩亂」，又如：

當洗其心，使潔淨也（〈能爲第十〉）

心當專一和柔，而（神）氣實內。（〈玄符第五十五〉）

洗心濯垢，恬淡無欲，則精神（而）不厭也。謂心居神，當寬柔，不當急狹也。〈愛己第七十二〉

《老子河上公章句》這種保持心的專一、和柔、清靜以利養神的論述，早見

於《管子》，〈心術上〉說：「虛其欲，神將入舍。掃除不絜，神乃留處。」將嗜欲掃除潔淨，才利於精神的居處。《淮南子》中也有相同的看法，《老子河上公章句》同樣認爲心必須保持在清靜無爲的狀態下，才能避免受到情欲的糾擾，它說：

> 除情去欲，日以空虛。（〈顯德第十五〉）

> 能知道之所常行，則除情去欲，無所不包容也。（〈歸根第十六〉）

> 善以道閉情欲守精神者，不如門戶有關鍵可得開也。（〈巧用第二十七〉）

> 情欲斷絕，德與道合，則無所不施，無所不爲也。（〈忘知第四十八〉）

《老子河上公章句》屢屢要人除情去欲、斷絕情欲、以道閉情欲，這不僅是養神的根本之道，更是延長壽命的不二法門。

（三）延年益壽、長存久生

上節在討論《老子河上公章句》成書年代時，不少學者將該書之成書時代歸判在東漢後期，甚至魏晉之際，其主要論據在於認爲書中出現了追求長生不死，以成仙爲目標的內容。學者以書中出現「長生」、「不死」、「未有既盡之時」等詞語，據此便認爲《老子河上公章句》具有邁向不死的宗教性質，這樣的說法其實有違《老子河上公章句》的本旨。

爬梳書中對於生死議題的討論，不難發現《河上公章句》對於人生必有死的觀念是十分明確的。如〈成象第六〉注「谷神不死」說：「谷，養也。人能養神則不死。」這裡所出現的不死，是順著《老子》原文而來，認爲人若能愛養精神，則可避免提早死亡。〈愛己第七十二〉注「民不畏威，（則）大威至矣」也告誡人若不善加保養精神就會死亡，它說：「人不畏小害則大害至。（大害者），謂死亡也。畏之者當愛精（養）神，承天順地也。」、「人死和氣竭，精神亡。」（〈戒強第七十六〉），〈貴生第五十〉也說：「出生謂情欲出（於）五內，魂定魄靜，故生。入死謂情欲入於胷臆，精神勞惑，故死。」又如〈玄符第五十五〉注「不道早已」說：「不得道者早死。」意指人若不從道而行將導致人提早死亡。〈法本第三十九〉注「萬物無以生將恐滅」說：「言萬物當隨時生死，不可但欲（長）生無已時，將恐滅亡不爲物。」更是明白道出萬物的生命是有週期性的，不可一味欲求生命無終止，否則反將招致毀滅。

　　因此，《老子河上公章句》雖重愛身養生，但並不認為人可以藉由上述的愛氣養神，除情去欲，達到長生不死的境界，它只希望藉由這些保養方式，使生命能夠盡可能長存久壽，以避免中道夭卒。又如〈辯德第三十五〉注「不失其所者久，死而不亡者壽」也是說：「人能自節養，不失其所受天之精氣，則可以（長）久。目不妄視，耳不妄聽，口不妄言，則無怨惡於天下，故長壽。」純然以長壽來解讀「死而不亡」。這樣的生命觀遍見於書中，諸如：「故魂靜志道不亂，魄安得壽延年也。言人能抱一，使不離於身，則（身）長存。」（〈能為第十〉）、「人能自節養，不失其所受天之精氣，則可以（長）久。」（〈辯德第三十三〉）、「治身不害神明，則身安而大壽也。」（〈仁德第三十五〉）、「治身者神不勞……故可長久。」（〈立戒第四十四〉）、「修道於身，愛氣養神，益壽延年。」（〈修觀第五十四〉）、「人能保身中之道，使精氣不勞，五神不苦，則可以長久。」（〈守道第五十九〉）故書中所說的長生，不過是長生久壽的追求，與神仙家所標舉的長生不死思想不同，即如戈國龍所說：

　　　　長生與不死有本質上的區別，長生只是比一般人生存更長的時間，
　　　　本質上是一種養生理論；而不死則根本上超出生死的對立而要達到
　　　　生命的永恆，這是一種成仙信仰。〔註61〕

不少學者視《老子河上公章句》為長生不死之作，主要論據即是以為書中出現了「長生」、「長存不亡」、「無有既盡之時」等字眼，如黃釗說：

　　　　就養生要達到的目的來說，《章句》所追求的主要方面是長生不死。
　　　　如說：「當湛然安靜，故能長存不亡」（四章注）。「德不差忒，則長生
　　　　久壽，歸身於無窮極也。」（二十八章注）。「謂用道治國，則國富民
　　　　昌；治身，則壽命延長，無有既盡之時也。」（三十五章注）〔註62〕

熊鐵基也認為：「它（《老子河上公章句》）受了神仙思想的影響，還認為養生可以達到長生不死。」〔註63〕在這樣的前提下，我們回頭探討幾則較具爭議性的引文，如〈無源第四〉說：「言當湛然安靜，故能長存不亡。」對照上下文意來看，本章旨在論述道的特性，所以這裡「湛然安靜，故能長存不亡」的主語是「道」，末句釋「象帝之先」也說：「道似在天帝之前，此言道乃先

〔註61〕參戈國龍：《道教內丹學溯源》（北京：宗教文化出版社，2004年6月），頁87。）
〔註62〕參見黃釗：《道家思想史綱》（長沙：湖南師範大學出版社，1991年4月），頁224。
〔註63〕參見熊鐵基：《秦漢新道家》（上海：上海人民出版社，2001年3月），頁446。

天地生也。至今在者，以能安靜湛然，不勞煩。欲使人修身法道。」是故所謂的「長存不亡」並非指人的生命可以長存不亡。〈仁德第三十五〉也說：「（既，盡也）。（謂）用道治國，則國富民昌，治身則壽命延長，無有既盡（之）時也。」該章原文是在形容道之「淡乎無味、不足見、不足聞、用之不可既」，故《老子河上公章句》僅說以道治身則「壽命延長」，無有既盡之時其實是形容「道」具有無可用盡的特性。

又如〈修觀第五十四〉注「子孫祭祀不輟」說：「爲人子孫能修道如是，（則）長生不死，世世以久，祭祀祖先宗廟，無（有）絕時。」這裡「長生不死」與「無（有）絕時」的確容易引人聯想，但是對照前上兩句「善建者不拔，善抱者不脫」合看，《老子河上公章句》說：「善以道立身立國者，不可得引而拔（之）。善以道抱精神者，終不可拔引解脫。」是故這三句旨在勉人若能以道修身，就能長保生存狀態，若代代皆能如此，自然祖先的宗廟就不會受到子孫早死而斷絕，因而得以永續維持。

此外，鄭燦山在解讀〈猒恥第十三〉：「使吾無有身體，得道自然，輕舉昇雲，出入無間，與道通神，當有何患。」論定《老子河上公章句》裡已有輕舉飛昇、得道不死的思想，以爲這是作者對神仙境界的嚮往，他說：

> 顯然地這是一種得道成仙飛昇的思想，是一種對於神仙境界的嚮往。這種觀念，標示者異於人世的他界之存在，大不同於儒道二家把重點放在現世。〔註64〕

但細繹《老子》第十三章的內容，主要在討論「寵辱若驚，貴大患若身」的問題，認爲身乃吾人之大患，由此開展出「及吾無身，吾有何患」的結論。基本上《老子河上公章句》注解此章並未違背《老子》原旨，我們還原〈猒恥第十三〉的注文片段如下：

> 何謂貴大患若身？
>
> 《章句》：復還自問：何故畏大患至身？
>
> 吾所以有大患者，爲吾有身。
>
> 《章句》：吾所以有大患者，爲吾有身。有身（則）憂其勤勞，念其飢寒，觸情縱欲，則遇禍患也。
>
> 及吾無身，無有何患？

〔註64〕 參見鄭燦山：〈《河上公注》成書時代及其思想史、道教史之意義〉，《漢學研究》，第 18 卷第 2 期，2000 年 12 月，頁 104。

《章句》：使吾无有身體，得道自然，輕舉昇雲，出入無間，與道通神，當有何患？

可見《老子河上公章句》對於形軀之身頗爲戒惕，它分析人一旦貪求形軀保養，就會導致欲望肆恣，如此對生命將造成極大的損傷，因此若能不念茲在茲於形體的愛養，而與道同遊，自然能與禍患隔絕。故所謂的「輕舉昇雲，出入無間」並非人形體之輕舉飛昇，何況《老子河上公章句》既承認人生必有死，又否定對形體的過度豢養，這和神仙家重視肉體保養，希冀藉助服食、導引、行氣等種種方術以達致成仙不死的目的，有著根本性的差異。綜觀全書，《老子河上公章句》講述養生，所反覆強調的是如何以道治身來去煩亂、除情欲、愛精氣、保精神、重清靜，「使壽命延長」（〈仁德第三十五〉）而不致早死，這才是《老子河上公章句》論養生的最終目的。

總結《老子河上公章句》一書雖以治國治身並舉，但重點幾乎都放在治身養生，首章便明白指出用於治國的「經術政教之道」只是「可道」之道，而非「常道」。它在註解《老子》時，明顯地刻意增添了治身之理，甚至將《老子》原文與養生之論毫無關涉的篇章，注解成養生理論。

書中治身養生理論雖大抵承襲秦漢以來黃老養生思想中愛養精神、除情去欲的內容，以期能達到長生久壽的人生理想，不同於西漢前期黃老思想講述治身之理，其背後是以治國爲目的，《老子河上公章句》講修身養生，主要是以個人生命安養爲關懷，雖兼論治國，但書中對政治議題的關心已不似西漢黃老思想那般積極強烈，與《太平經》爲救治當時政治黑暗、社會危亂而欲藉著龐雜宗教神學體系的理論來達到公平、大樂、無災的太平世界的政治理想更是大相逕庭。〔註65〕

〔註65〕鄭燦山以《河上公章句》兩見「太平」一詞以及「《太平經》、《想爾注》屢言及『太平』的情形看來，關心政治，期待太平盛世的來臨，可以說是當時的普遍的願望，所以《河上公注》重治身與治國是其來有自的。」這也是他認爲《河上公章句》當成書於東漢的主要原因之一。（參見氏著：〈老子河上公注長生思想析論〉，頁177。）李剛也認爲《河上公章句》的治國之道「和《太平經》相似，以追求"太平"爲目標。」（參見氏著：《漢代道教哲學》，四川：巴蜀書社，頁201，1995年5月。）不過王平指出：「《太平經》是以『太平』一詞傳達其社會理想的。檢視《太平經》本文，『太平』一詞頻頻出現，不勝枚舉。……蓋理想社會之追求，幾爲人類之天性。在一個戰亂頻仍，危機四起的時代，這種嚮往越加強烈和急迫。面對東漢末年嚴峻的社會衰亂局面，《太平經》之作者即表達了對一種理想社會的強烈嚮往，這集中體現在它對『太平氣將至』這一神祕預言的反覆申說中。查

另外，《老子河上公章句》中的老子形象，尚未具有東漢末期神化老子的傾向，相較於《老子想爾注》中的神仙色彩，《老子河上公章句》大多將老子視爲得道者、體道者，故鄭燦山「《河上公》將老子提高道教主聖典」的說法實待商榷。因此《老子河上公章句》的成書年代應拉前至東漢中期以前。

總言之，《老子河上公章句》書中不見強烈的宗教意圖，與後世不死求仙的追求亦有相當距離，僅能說書中對長生久壽的追求與「輕舉入雲」、「出入無間」等用語，給之後爲追求長生久壽而附會老子之說者留下了發揮的空間。因此將它視爲漢代黃老學治身養生學向道教過渡的代表，或許是較保守，卻也較允當的看法。

第三節　《老子想爾注》的養生思想

在討論《老子想爾注》的養生思想前，必須對道教產生的時代背景做一交代，本節將從黃老道形成的時代背景切入，探討黃老學如何從學術轉向宗教的歷程。

一、黃老道形成的時代氛圍

漢武帝深信方士之言，大規模求仙，淮南王劉安亦好仙術，招致賓客方術之士數千人，此後神仙方術在民間的影響日益普遍深入。繼武帝之後，號稱中興英主的宣帝「復興神仙方術之事」（《漢書・楚元王傳》），大夫劉向曾獻上淮南王的《枕中鴻寶苑秘書》，書言神仙使鬼物爲金之術，及鄒衍重道延命方，言黃金可成，宣帝令劉向典領尚方鑄作之事。京兆尹張敞上疏諫曰：「願明主時忘車馬之好，斥遠方士之虛語，游心帝王之術，太平庶幾可興也。」宣帝乃罷之。其後之元帝、成帝，皆好鬼神、喜方術。成帝末年，因無繼嗣，方士多上書言祭祀方術，均得待詔，[註66] 朝中儒臣起而擯斥此說，谷永上書揭露方士的欺瞞行爲，由谷永對成帝的勸說，略可窺見當時神仙方術的內容：

> 諸背仁義之正道，不遵五經之法言，而盛稱奇怪鬼神，廣崇祭祀之

《太平經》本文，『太平氣將至』這一預言屢屢出現。」（參見氏著：《《太平經》研究》（台北：文津出版社，1995 年 10 月），頁 42。）然《老子河上公章句》書中「太平」一詞僅出現兩處，實與《太平經》對太平盛世期待的政治理想有所差別。

〔註66〕《漢書・郊祀志》：「成帝末年頗好鬼神，亦以無繼嗣故，多上書言祭祀方術者，皆得待詔，祠祭上林苑中長安城旁，費用甚多，然無大貴盛者。」

方，求報無福之祠，及言世有仙人，服食不終之藥，遙興輕舉，登
遐倒景，覽觀縣圃，浮游蓬萊，耕耘五德，朝種暮獲，與山石無極。
黃冶變化，堅冰淖溺，化色五倉之術者，皆奸人惑眾，挾左道，懷
詐偽，以欺罔世主。聽其言，洋洋滿耳，若將可遇；求之，蕩蕩如
係風捕影，終不可得。（《漢書・郊祀志》）

谷永總結歷史教訓，歷數自周靈王以鬼神之術會朝諸侯而周室愈微，諸侯愈
叛。楚懷王隆祭祀而兵挫地削，身辱國危。至秦皇漢武任信方士而遭致百姓
怨恨的歷史教訓，並總結：「夫周秦之末，三五之隆，已嘗專意散財，厚爵祿，
竦精神，舉天下以求之矣。曠日經年，靡有毫釐之驗，足以揆今。」谷永以
歷朝來祭祀鬼神，均無毫釐之驗，呼籲追求神仙最終只是曠日費財。剴切勸
誡成帝「拒絕此類，毋令姦人有以窺朝者」，所幸「上善其言」，從這段史料
可知，成帝雖好鬼神方術，但不類武帝沈迷。成帝之後的哀帝，在位僅七年，
但亦頗好此道，《漢書・郊祀志》說：

哀帝即位，寢疾，博徵方術士，京師諸縣皆有侍祠使者，盡復前世
所常興諸神祠官，凡七百餘所，一歲三萬七千祠云。

哀帝、平帝後，王莽篡漢，讖緯經學盛行一時，神仙思想更達高峰，王莽頗
好神仙之事，〔註67〕《漢書・郊祀志》云：

莽篡位兩年，興神仙事，以方士蘇樂言，起八風台於宮中。台成萬
金，作樂其上，順風作液湯。又種五梁禾於殿中，各順色置其方面，
先嚼鶴髓、毒冒、犀玉二十餘物漬種，計粟斛成一斤，言此黃帝穀
僊之術也。以樂為黃門郎，令主之。莽遂㑵鬼神淫祠，至其末年，
自天地六宗以下至諸小鬼神，凡千七百所，用三牲鳥獸三千餘種。
後不能備，乃以雞當鶩鴈，犬當麋鹿。數下詔自以當僊。

此言將王莽求仙的痴態表露無遺。至東漢前期諸帝，雖偏向儒學，對神仙之
術不甚留意，不過漢光武帝之子楚王英「晚節更喜黃老，學為浮屠齋戒祭祀」
（《後漢書・楚王英傳》）明帝永平八年曾下詔與楚王英說：「誦黃老之微言，
尚浮屠之仁祠，潔齋三月，與神為誓。」（《後漢書・光武十王列傳》）此時黃
老之言已與佛教相提並論，粗具宗教化的傾向。東漢初年，明帝、章帝元和

〔註67〕 《漢書・王莽傳》亦云：「或言黃帝時建華蓋以登僊，莽乃造華蓋九重，高八丈一
　　　　尺，金瑵羽葆，載以祕機四輪車，駕六馬，力士三百人黃衣幘，車上人擊鼓，
　　　　輓者皆呼「登僊」。莽出，令在前。百官竊言：『此似轜車，非僊物也。』」

年間，益州太守王阜，著有《老子聖母碑》，文中直接將老子等同於「道」，文曰：「老子者，道也。乃生於無形之先，起於太初之前，行於太素之元，浮游六虛，出入幽冥，觀混合之未別，窺清濁之未分。」（嚴可均《全後漢文》卷三十二）將老子化身爲創生宇宙天地的神靈，儼然已成神仙的化身。對於《老子聖母碑》，有學者提出：

> 這種把老子與道合而爲一的創世說，既把《老子》的宇宙生成說——
> ——道生一「道生一，一生二，二生三，三生萬物」——擬人化，又
> 把老子其人的地位和作用神聖化，成爲道教創世說的雛形，也是老
> 子被神化，並被奉爲道祖的序幕。〔註68〕

由此可見，隨著現實需要，神仙思潮與黃老思想相互依附，黃帝與老子也逐漸被神化，這也是黃老思想轉化的重要因素。

　　不過，在先秦時期老子和神仙之說並無關係，《莊子·養生主》也說：「老聃死，秦失弔之」，證明他並非什麼不死之神。然而，或許因爲年代久遠，至漢代司馬遷《史記》爲老子作傳時，其面目已難分辨，司馬遷就史家的立場，記錄老子生平，〔註69〕但文中「孔子之周，問禮於老子」及「莫知其所終」等記載，卻給後來神化老子開了方便之門，在署名於西漢劉向的《列仙傳》裡，已正式將老子神仙化，稱老子「好養精氣，貴接而不施」，〔註70〕老子已爲群仙之一。至於老子究竟何時被神化？比較確切的說法應如陳攖寧先生所言：

> 《前漢書·藝文志》列舉各家書目，在道家有黃帝又有老子，在神
> 仙家只有黃帝而無老子，可見西漢時期的老子還是他本來面貌。到
> 東漢時，老子身份才起了變化。〔註71〕

〔註68〕參見卿希泰主編：《中國道教史》（第一卷）（成都：四川人民出版社，1996年），頁88。

〔註69〕《史記·老莊申韓列傳》說：「老子者，楚苦縣屬鄉曲仁里人也，姓李氏，名耳，字聃，周守藏室之史也。……其學以自隱無名爲務，居周久之，見周之衰，迺遂去，至關，關令尹喜曰：「子將隱矣，彊爲我著書。」於是老子迺著書上下篇，言道德之意五千餘言而去，莫知其所終。或曰：「老萊子亦楚人也」……蓋老子有百有六十餘歲，或言二百餘歲，以其脩道而養壽也。自孔子死之後百二十九年，而史記周太史儋見秦獻公曰：「始秦與周合，合五百歲而離，離七十歲而霸王者出焉。」或曰儋即老子，或曰非也，世莫知其然否。老子，隱君子也。」

〔註70〕參見王叔岷：《列仙傳校箋》（台北：中央研究院中國文哲研究所籌備處，1995年4月），頁18。

〔註71〕參見陳攖寧：《道教與養生》（北京：華文出版社，1989年7月），頁39。

伴隨老子逐步被神化，東漢後期祭祀老子已成爲帝王間的尋常行爲。「甚好神
仙事」（《後漢書‧祭祀志》）的桓帝曾多次祭祀老子，延熹八年春，首次使中
常侍左悺到陳國苦縣祭祀老子，同年十一月，又派遣中常侍管霸到苦縣祠老
子，據《水經‧渦水注》記載：「渦水又北經老子廟東，廟前有二碑，在南門
外。漢桓帝遣中官管霸祠老子，命陳相邊韶撰文。」邊韶奉命所撰的〈老子
銘〉說：「延熹八年八月甲子，皇上尚德弘道，含閎光大，存神養性，意在凌
雲。是以潛心軒黃，同符高宗，夢見老子，尊而祀之。」（嚴可均《全後漢文》
卷六十二），「存神養性，意在凌雲」說明桓帝存神養性盼求成仙，故對老子
「尊而祀之」。延熹九年，桓帝又「親祠老子於濯龍。文爲壇闕，飾淳金釦器，
設華蓋之坐，用郊天樂也。」（《後漢書‧祭祀志下》）桓帝以郊祀天帝的規格
三次祭祀老子，可見老子當時在統治階層心中，地位之高。《後漢書‧王渙傳》
記載：「延熹中，桓帝事黃老道，悉毀諸房祀。」黃老道的名稱始見於此，黃
老思想至此也演變成爲黃老道。它的形成可說是黃老思想與神仙信仰合流下
的產物，而「祭黃老君，求長生福」（《後漢書‧孝明八王列傳》）則爲黃老道
的主要內容。官方勢力的支持對黃老道的發展與傳播有一定的影響，《後漢
書‧皇甫嵩傳》說張角「自稱大賢良師，奉事黃老道，蓄養弟子，跪拜過首，
符水咒說以療病，病者頗癒，百姓信向之。」此言可見黃老道已從統治階級
向下傳布至民間。東漢末期信奉黃老道者，全然以長生不死、度世成仙爲目
的，至此黃老學已褪去學術外衣，展現出濃郁的宗教特質，對於道教的誕生
更起著推波助瀾的影響。

二、《老子想爾注》〔註72〕的養生思想

　　《老子想爾注》原書早已失傳，今所存者，爲〈道經〉中三十五個章節
注釋，不過第一、二兩章與第三章首句及德經部分均已亡佚，卷末題「老子
道德經上」，下注「想爾」二字分行。乃清末敦煌莫高窟所出土的古寫本，現
存於倫敦大英博物館，列爲斯坦因編目六八二五號，名爲《老子道德經想爾
注殘卷》，其成書年代大約在東漢末年。〔註73〕自三國魏以降至唐代，不少道

〔註72〕　本節所引有關《老子想爾注》原文之版本與校正問題，悉依饒宗頤之《老子
　　　　想爾注校箋》（上海：古籍出版社，1991 年 11 月）爲據，此後僅注章次，不
　　　　另注版本出處。
〔註73〕　從 1956 年饒宗頤提出《老子想爾注》是東漢末期的作品以來，此說獲得廣泛
　　　　學者所認同。不過，絕大多數日本學者對於《老子想爾注》出於東漢末期的

書中皆有關於《老子想爾注》的載錄、論述或引用，然而《隋書‧經籍志》、《舊唐書‧經籍志》、《新唐書‧藝文志》、《正統道藏》均未著錄該書，最早的目錄記載始見於唐陸德明《經典釋文》，其《序錄》載錄《老子想余注》二卷。「余」與「爾」字形近而誤，《想余注》即《想爾注》。

關於該書的作者，主要有兩種說法，一說張魯作《想爾》，持此說者如六朝道書《傳授經戒儀注訣》，書中著錄《老君道經上想爾訓》、《道經下想爾訓》，並論《想爾注》：「系師得道，化道西蜀。蜀風淺末，未曉深言。托遘《想爾》，以訓初回，初回之倫，多同蜀淺，辭說切近，因爲賦道。」所謂的「系師」，指的即是張魯。陸德明《經典釋文‧序錄》注也說該書作者：「不詳何人，一云張魯，或云劉表。魯字公祺，沛國豐人，漢鎭南將軍，關內侯。」也比較傾向於作者應該是張魯。另說則認爲是張陵所注。唐玄宗御製《道德眞經疏‧外傳》與五代時道士杜光庭《道德眞經廣聖義》，均有《想爾》兩卷，皆稱「三天法師張道陵所注」，其後道書及道教徒多承襲此說。然《老子想爾注》在五代後失傳，直到近代《老子道德經想爾注》的手抄本殘卷在敦煌莫高窟始被發現，僅存三十五章，其中缺〈道經〉一、二章和第三章首句，學界定爲六朝寫本。該殘本經注合書，不別章次，字體不分大小，保存東漢晚期注書的形式，今人饒宗頤先生著有《老子想爾注校證》，對於該殘卷進行深入的考證，他以敦煌天寶十載寫本卷末記有「道經卅七章」、「五千文上下二（卷）」、「系定師」等語，認爲《老子想爾注》是張魯在其定本《老子五千文》的基礎上所作。而得出《想爾注》：「當是陵之說而魯述之；或魯所作而托始於陵，要

說法表示懷疑，分別提出了北魏末期以後說、北魏時期說、劉宋時期說等不同意見，而一致認爲《老子想爾注》出於南北朝時期。吳相武在研究《老子想爾注》時發現學界並未針對《老子想爾注》是否可能成書於南北朝時期進行檢討，與日本學界尖銳地批判東漢末期說而主張南北朝時期說的情況完全不同，因此吳氏嘗試就此議題予以討論，他主要以《洞眞太上太霄琅書》與《大道家令戒》兩部作品中均出現「想爾」兩字爲線索，以它們的成書年代（尤其是《大道家令戒》的成書時代）來推測，認爲《大道家令戒》蓋出於曹魏末期，而「想爾」一詞在《大道家令戒》中出現，認爲《老子想爾注》應成書於曹魏末期前，吳氏又從《老子想爾注》所批判的世間偏技、古代典籍對《老子想爾注》作者的提及、房中術與張陵等四個部分來考察《老子想爾注》的成書年代與作者問題，認爲《老子想爾注》當成書於東漢末期張魯之作。關於日本學者的討論與吳相武的論證，詳說參見吳相武〈《老子想爾注》之年代和作者考〉一文（收錄於《道家文化研究》（十五輯）（上海：上海古籍出版社，1995 年 3 月），頁 247～264。）

爲天師道一家之學。」〔註74〕這樣的說法已爲學界的普遍共識，該書以老子道家哲學爲基礎，卻將老子思想神學化、宗教化，是第一部從宗教立場去注解《老子》的作品，在學術史上象徵著東漢後期道家向道教發展的重要標誌，爲道教早期的重要經典。

（一）長生成仙的終極目標

《老子想爾注》透過對《老子》的注解，將《老子》思想宗教化、神秘化，爲道教教義尋求理論依據。《老子想爾注》大大發揮《老子》道論，建立起以道爲最高本體的神學體系，對道的信仰與崇拜成爲《老子想爾注》全書的綱領。此外，《老子想爾注》明確提出神仙可學可致，並將長生成仙視爲人生的終極目標。

首先，《想爾注》以經驗性的推理提出自古就有長生成仙之說，以此堅定世人對於長生不死的信仰，〈第十四章注〉說：「何以知此道今端有？觀古得仙壽者，悉行之以得，知今俗有不絕也。能以古仙壽若喻，今自勉屬守道眞，即得道經紀也。」不僅如此，《老子想爾注》不同於《太平經》主張先天骨錄的命定論，指斥此說乃邪文欺人之言，它肯定人爲的努力，認爲不分男女尊卑，只要通過一定的修煉，人人皆可長生成仙，〈第十九章注〉說：

> 今人無狀，裁通經藝，未貫道眞，便自稱聖，不因本，而篇章自揆，不能得道言，先爲身，不勸民眞道可得仙壽，脩善自勯，反言仙自有骨錄，非行所臻，云无生道，道書欺人。此乃罪盈三千，爲大惡人。

《老子想爾注》這種人人皆可成仙的說法擴大了道教傳布的社會基礎。爲了宣揚長生成仙的宗旨，《老子想爾注》就《老子》生命觀與養生論的基礎上大肆發揮。《老子》書中本無長生不死、肉體成仙的思想，〈第二十三章〉就說「天地尚不能久，而況於人乎？」但是認同人可藉由適當的養生之法盡可能的長生久視。《老子想爾注》基於宗教需要，進一步把《老子》長生久視的養生理想加以附會與擴張，轉化爲長生不死的神仙理論。爲了證明神仙的存在與長生不死的可成，《老子想爾注》甚至不惜改動《老子》原文以立新意，如將《老子‧二十五章》「故道大、天大、地大、王亦大，域中有四大，而王居其一焉」的「王」，改易爲「生」字，《老子想爾注》說：「四大之中，

〔註74〕參見饒宗頤：《老子想爾注校箋》，頁4。

所以令生處一者，生，道之別體也。」將長生視爲「道」的表現形式，求「道」即是求生。又如〈第十六章〉說：「知常容，容乃公，公乃王王乃天」，《老子想爾注》同樣將「王」改爲「生」，並以長生角度詮釋爲：「知常法意，常保形容。以道保形容，爲天地上容，處天地間不畏死，故公也。能行道公正，故常生也。能致長生，則副天也。」此外，書中充滿了對行道長生的宣揚，〈第二十八章注〉更明白道出「長生爲大福」，將「生」視爲人世間第一要事，在這樣的基礎上《想爾注》力倡「學生」，即學習長生成仙之道，它說：

> 多知浮華，不知守道全身，壽盡輒窮；數數，非一也。不如學生，
> 守中和之道。(〈第五章注〉)

《老子想爾注》鼓勵人只要能守道全身，則可獲致仙壽，長生不死。〈第七章注〉也說：「能法道，故能自生而長久。」然而面對世間仍有死亡現象的存在該如何解釋？《老子想爾注》認爲這正是不守長生之道所致，在〈第七章注〉它改動了《老子》「以其無私，故能成其私」的原文，成爲「以其無尸，故能成其尸」，將此注解爲：「不知長生之道，身皆尸行耳，非道所行，悉尸行也。道人所以得仙壽者，不行尸行，與俗別異，故能成其尸，令爲仙士也。」它批評不知修長生之道者，如同行屍走肉，所謂「尸行」與「道行」的差異在於人能否行道體道，唯有體道行道者才可藉由「練尸」而延壽，並尸解成仙。[註75] 若是只知養身、榮身，終將死亡。它說：

> 求長生者，不勞精思求財以養身，不以無功劫君取祿以榮身，不食
> 五味以恣，衣弊履穿，不與俗爭，即爲後其身也；而目此得仙壽，
> 獲福在俗人先，即爲身先。

在〈第十三章注〉並爲世人區判出「保身」與「愛身」兩個對立的概念，它說：

> 彼身有貪寵之人，若以貪寵有身，不可託天下之號也。所以者，此
> 人但知貪寵有身，必欲好衣美食，廣宮室，高臺榭，積珍寶，則有
> 爲……設如道意，有身不愛，不求榮好，不奢侈飲食，常弊薄羸行，

[註75] 爲了替世間死亡這一矛盾現象解套，《老子想爾注》甚至設計了所謂的「太陰練形之宮」，做爲道人仙士練尸的處所，〈第十六章注〉：「太陰道積，練形之宮也。世有不可處，賢者避死，託死過太陰之中，而復一邊生像，沒而不殆也。俗人不能積善行，死便眞死，屬地官去也。」、〈第三十三章注〉：「道人行備，道神歸之，避世託死過於太陰中，復生去爲不亡，故壽也。俗人無功，死者屬地官，便爲亡矣。」其意大致是説修道者可以藉由太陰練形術死而復生，再獲得仙壽，反之不修道的俗人死則眞亡。

有天下必無爲，守樸素，合道意矣。人但當保身，不當愛身，何謂
也？奉道誡，積善成功，積精成神，神成仙壽，以此爲身寶矣。貪
榮寵，勞精思以求財，美食以恣身，此爲愛身者也，不合於道也。
（〈第十三章注〉）

道人畏辱，故不貪榮，但歸志於道，唯願長生。（〈第二十八章注〉）

道人求生，不貪榮名。（〈第三十二章注〉）

貪榮寵、求財貨而縱情於享樂，這種有爲、愛身的行爲不合於大道本旨，有
礙於修道養生，無法達到神成仙壽的目標，因此《老子想爾注》呼籲「人但
當保身，不當愛身」，至於保身的內容，可以道誡的奉行來概括。

（二）信守道誡、法道不離

《老子想爾注》同樣以「道」做爲學說理論核心，書中對「道」的詮釋，
部分仍承襲《老子》的道論，像是將「道」視爲宇宙萬物生化的本原，它說：
「道者天下萬事之本」（〈第十四章注〉）、「嘆無名大道之巍巍也，眞天下之母
也。」（〈第二十五章注〉）、「道雖微小，爲天下母。」（〈第三十二章注〉），「道」
仍保留了部分自然屬性，但《老子想爾注》把「道」原本廣漠無形、不可名
見卻又無所不在的特性，轉化成至高無上的象徵，首先將「道」人格化，它
將《老子》書中「吾」、「我」等人稱都注解成「道」，像是〈第四章〉注「無
不知誰子？像帝之先。」爲：「吾，道也。帝先者，亦道也。」、〈第十三章注〉：
「吾所以有大患，爲我有身。及我无身，吾有何患。」爲「吾，道也。我者，
吾同。……吾、我，道也。」此外在第十五章、第十六章、第二十一章、第
二十五章、第二十九章中，也可見將「吾」改成「道」的解讀。《老子想爾注》
把「道」擬人化，故「道」也具有人的情感意志與行爲能力，它說：

道貴中和，當中和行之；志意不可盈溢，違道誡。（〈第四章注〉）

道教人結精成神。（〈第九章注〉）

人身像天地。覽，廣也，疵，惡也，非道所憙（喜）；當滌除一身，
行必令無惡也。（〈第十章注〉）

古未有車時，退然，道遣奚仲作之，愚者得車，貪利而已，不念行
道，不覺道神。……道使黃帝爲之，亦與車同說，此三物本難作，
非道不成。（〈第十一章注〉）

道所不欲也。行道致生，不致貨；貨有爲，乃致貨妨道矣。……道

不喜強求尊貴，有寵輒有辱。〈第十三章注〉

情慾思慮怒喜惡事，道所不欲。(〈第十五章注〉)

道之所言，無一可棄者。(〈第十七章注〉)

道設生以賞善，設死以威惡。(〈第二十章注〉)

道聽之，佢欲令務尊道行誡，勿驕溢也。(〈第三十二章注〉)

道之所言，反俗絕巧。……道樂質樸，辭無餘。(〈第三十五章注〉)

道性不爲惡事，故能神，无所不作，道人當法之。王者雖尊，猶常
畏道，奉誡行之。……道常无欲，樂清靜，故令天地常正。天地，
道臣也，王者法道行誡，臣下悉皆自正矣。(〈第三十七章注〉)

分析上所羅列的引文可知，「道」在《老子想爾注》裡被轉化爲具有喜怒好惡、
能賞善罰惡、能言能爲，可爲人師，甚至還可遣奚仲、黃帝制作，對世間起
著一切支配作用。爲了樹立宗教信仰權威，《老子想爾注》更進一步將「道」
神格化，甚至具像化爲「太上老君」，〈第十章注〉說：

一者道也，……一在天地之外，入在天地間，但往來人身中耳，都
皮裡悉是，非獨一處。一散形爲氣，聚形爲太上老君，常治崑崙，
或言虛無，或言自然，或言無名，皆同一耳。

所謂的「一」指的就是「道」，這裡不過將「道」、「氣」、「一」、「太上老君」
視爲同一本體的不同型態，直接以「一」釋「道」的說法另見於〈第二十二
章〉注「聖人抱一爲天下式」爲：「一，道也」，「一」可聚可散，散則爲氣，
在天地萬物間往來，聚則爲太上老君，成爲無所不能的至上尊神，〔註76〕它
說：「道尊且神，終不聽人。」(〈第三十五章注〉)、「道性不爲惡事，故能神，
无所不作，道人當法之。」(〈第三十七章注〉) 可見《老子想爾注》的「道」，
具人格性，有情感意識，又具神格特質，可對人類施以恩威獎懲。

此外，《老子想爾注》基於宗教組織信仰傳播的需要，將形而上難以名狀

〔註76〕 梁宗華指出：「一、道、氣及道教所信奉的教主太上老君原是四位一體的合體
關係，經由"聚"與"散"的不同方式，一、道或表現爲"氣"態，或表現
爲"太上老君"之神體。如此一來，道家哲學中宇宙自然本體的"道"就化
爲宗教神學本體的"道"，"神"（太上老君）成爲超越一切的最高精神本
體"道"的化身。……其後道教"一氣化三清"之說由此濫觴。」(參見氏著：
〈道家哲學向宗教神學理論的切換——《老子想爾注》"道"論剖析〉，《哲
學研究》第 8 期，1999 年，頁 53。)

的「道」具體化，設定了所謂的「道誡」，與普通信徒相聯繫，以此為人修道、體道的具體途徑。而道誡是如何產生的？《老子想爾注》指出一切的戒律都是由道所制訂，並非人能為之。它說：

> 道至尊，微而隱，無狀貌形像也；但可從其誡，不可見知也。(〈第十四章注〉)

> 一，道也，設誡，聖人行之為抱一也，常教天下為法式也。(〈第二十二章注〉)

> 道尊且神，故放精耶，變異汾汾，將以誡誨，道隱卻現。(〈第三十五章注〉)

可見「道」儘管至高無上，卻可透過誡誨、警示的方式來傳達其內涵與譴告。故「道誡」等同於「道」，人可藉由遵守道誡來體會道的實存性。在僅存的三十七章裡，言及道誡就有二十餘章，可見《老子想爾注》對道誡的重視與尊崇，也反映出《老子想爾注》在轉化《老子》思想上，是以道誡為核心而開展。

《老子想爾注》十分強調道誡公正與平等的特質，人人無一例外都得信奉道誡，身為統治的君主更當如此，它認為道或道誡乃統治者行為與施政的依據，書中遍見對統治者的呼籲，它說：

> 上信道不勌(倦)，多知之士，雖有邪心，見上勳勳，亦不敢不為也。如此，國以治也。(〈第三章注〉)

> 人君理國，常當法道為政，則政治。(〈第四章注〉)

> 人君欲愛民令壽考，治國令太平，當精心鑿道意，教民皆令知道真；無令知偽道耶知也。(〈第十章注〉)

> 帝王當專心行道誡也。(〈第十六章注〉)

> 道用時，帝王躬奉行之，練明其意，以臣庶於此，吏民民莫有不效法者。……今欲復此，疾要在帝王當專心信道戒也。(〈第十八章〉)

> 天子王公也，雖有榮觀為人所尊，務當重清靜，奉行道誡也。天子乘人之權，猶當畏天尊道。(〈第二十六章注〉)

> 治國之君務脩道德，忠臣輔佐務在行道，道普德溢，太平至矣。(〈第三十章注〉)

> 是以帝王常當行道，然後乃及吏民，非獨道士可行，王者棄捐也。……

王者行道，道來歸往，王者亦皆樂道，知神明不可欺負，不畏法律，乃畏天神，不敢爲非惡，臣忠子孝，出自然至心。(〈第三十五章注〉)

王者雖尊，猶常畏道，奉誡行之。王者法道爲政，吏民庶孽子悉化爲道。……今王者法道，民悉從正，齋正而止，不可復變爲邪矣。(〈第三十七章注〉)

連位高權重的君主都必須臣服於道誡之下，以此建立道誡無上的權威性及神聖性。

《老子想爾注》認爲人若能奉行道誡，就是尊道、體道的表現，如〈第四章注〉所說：「人行道，不違誡，淵深似道。」它要求人的一切行爲活動都需以道誡爲最高指導原則，它說：

人欲舉動勿違道誡。(〈第八章注〉)

去彼惡行，取此道誡也。(〈第十二章注〉)

人欲舉事，先考之道誡，安思其義不犯道，乃徐施之，生道不去。(〈第十五章注〉)

道之所言，無一可棄者，得仙之士，但貴道言，故輒成功事遂也。(〈第十七章注〉)

道在天下，譬如江海，人一心志道，當如谷水之欲歸海也。(〈第三十二章注〉)

道誡可說是每位教徒日常行事的唯一法則，人之行事若能合乎道誡，則長生之道就不會遠離，故人對於道誡，必須抱持謹愼戒懼的態度，要如同「冬涉川者，恐懼也。畏四鄰，不敢爲非，恐懼鄰里知也。尊道奉誡之人，猶豫行止之間，常當畏敬如此。」(〈第十五章注〉)否則「人舉事不懼畏道誡，失道意，道即去之，自然如此。」(〈第二十三章注〉)《老子想爾注》嚴肅地告誡人們若不循道誡而爲，道將遠離人身，所造成的後果將是死亡，它說：

今佈道誡教人，守誡不違，即爲守一矣，不行其誡即爲失一也。……去生遂遠矣。(〈第十章注〉)

爲人爲誡不合道，故令不久也。(〈第二十三章注〉)

信道者生，失道者死。(〈第二十四章注〉)

聞道不能行，故老，老不止，早已矣。(〈第三十章注〉)

> 誠爲淵，道猶水，人猶魚。魚失淵去水則死，人不行誠守道，道去
> 則死。(〈第三十六章注〉)

人與道誠的關係好比淵水與魚般須臾不可離，一旦背離道誠則「去生邃遠
矣」，可見其深刻的警惕意義。書中反覆強調，唯有行誠守道才是避死就生，
神成仙壽的唯一途徑，《老子想爾注》說：

> 能法道，故能自生而長久也。(〈第七章注〉)

> 行道致生。(〈第十二章注〉)

> 奉道誠，積善成功，積精成神，神成仙壽。(〈第十三章注〉)

> 能行道公政，故常生也。能致長生，則副天也。天能久生，法道故
> 也。人法道意，便能長久也。(〈第十六章注〉)

> 聖人法，但念積行，令身長生生之行。(〈第二十二章注〉)

> 欲求仙壽天福，要在信道，守誠守信，不爲貳過。……行道者生，
> 失道者死。(〈第二十四章注〉)

> 結志求成，務從道誠。(〈第二十七章注〉)

> 悉如信道，皆仙壽矣。(〈第三十章注〉)

> 奉道誠者可長處吉不凶，不能止足相返不虛也。(〈第三十六章注〉)

上述引文體現了奉守道誠的種種好處，不僅可讓人「避死就生」、「長處吉不凶」，
最重要的即是獲得仙壽。爲了加強信道守誠可得仙壽的說服力，《老子想爾注》
還以仙士爲例證，藉由仙人與俗人的對比，勉人當效法仙士奉道而爲，它說：

> 道設生以賞善，設死以威惡。死是人之所畏也，仙王士與俗人同知
> 畏死樂生，但所行異耳。俗人莽莽，未央脫死也，俗人雖畏死，端
> 不信道，好爲惡事，奈何未央脫死乎。仙士畏死，信道守誠，故與
> 生合也。(〈第二十章注〉)

> 道誠甚難，仙士得之，但志耳，非有伎巧也。(〈第三十三章注〉)

信道守誠是「與生合」的必要關鍵，《老子想爾注》也提醒不守道誠而效法邪
僞技巧，不僅會爲自身招致禍患，更將與得道成仙絕緣。書中多處可見對「邪
道僞伎」的批評及信道守誠的呼籲，諸如：

> 道絕不行，邪文滋起，貨賂爲生，民競貪學之，身隨危傾。當禁之，
> 勿知邪文，勿貪寶貨，國則易治。上之化下，猶風之靡草。欲如此，

上要當知信道。(〈第三章注〉)

人等當欲事師，當求善知眞道者；不當事邪僞伎巧，邪知驕奢也。(〈第八章注〉)

今世間僞伎因緣眞文設詐巧，言道有天轂人身有轂，專炁爲柔，輻指形爲錧錯；又培胎練形，當如土爲瓦時；又言道有戶牖在人身中；皆耶僞不可用，用之者大迷矣。(〈第十一章注〉)

道至尊，微而隱，無狀貌形像也；但可從其誡，不可見知也。今世間僞伎指形名道，令有服色名字、狀貌、長短非也，悉耶僞耳。(〈第十四章注〉)

眞道藏，邪文出，世間常僞伎稱道教，皆爲大僞不可用。何謂邪文？其五經半入邪，其五經以外，眾書傳記，尸人所作，悉邪耳。(〈第十八章注〉)

謂詐聖知邪文者，夫聖人天所挺生，必有表，河雒著名。然常宣眞，不至受有誤邪道，不信明聖人之言，故令千百歲大聖演眞，滌除邪文。……是故絕詐聖邪知，不絕眞聖道知也。(〈第十九章注〉)

未知者復怪問之，絕邪學，道與之何？耶與道相去近遠？絕耶學，獨守道，道必與之；耶道與耶學甚遠，道生耶死，死屬地，生屬天，故極遠。(〈第二十章注〉)

道甚大，教孔丘爲知，後世不信道文，但上孔書，以爲无上，道故明之，告後賢。(〈第二十一章注〉)

上列引文中〈第三章注〉說明不行眞道而妄從邪文，不僅身隨危傾，社會國家更會因此陷入混亂。〈第十八章注〉指陳當時眞道隱藏，邪文僞道氾濫，這些僞道假道教之名，故爲大僞不可信。〈第十九章注〉批評那些以邪文之說冒充聖人者，呼籲世人應「絕詐聖邪知」。

　　《老子想爾注》掌握住人樂生畏死的性格，並以此約束教徒，把道誡推展成落實長生成仙的唯一保證，雖然書中未見對道誡的具體規範或戒條式的載列，但全書三十五章，幾乎章章可見道誡的內容，綜合歸納大抵有：貴中和不求盈滿、〔註77〕清靜節欲、〔註78〕柔弱不爭、〔註79〕與下文所說的清靜養氣、

〔註77〕諸如：「道貴中和，當中和行之；志意不可盈溢，違道誡(〈第四章注〉)」、「不欲志意盈溢，思念惡事也。(〈第十五章注〉)」。

結精自守等生理內修工夫外，還包括至誠守善、競行忠孝、不爲惡事〔註80〕等道德修爲。《老子想爾注》認爲要能長生成仙，兩方面缺一不可。

（三）清靜養氣、結精自守

如上所言，《老子想爾注》以「道」爲生化萬物的根源，並以「氣」或「精氣」來解說「道」的內容，隨著道體的化生，「道」以「氣」的形式內存於人形體之中，成爲人身之根本。它說：

> 人之精氣滿藏中，苦無愛守之者，不肯自然閉心而揣挩之，即大迷矣。（〈第九章注〉）

> 身爲精車，精落故當載營之。神成氣來，載營人身，欲令此功無離一。一者道也。（〈第十章注〉）

> 古仙人實精以生，今人失精以死，大信也。……所以精者，道之別氣也，入人身中爲根本。（〈第二十一章注〉）

理想的情況下當使「精氣滿藏中」使其充盈於體內各處，撑持著我們的生命。即如〈第三章注〉所說：「腹者，道囊，氣常欲實。……氣去骨枯，弱其惡志，氣歸髓滿。」〈第十章注〉也將人身比喻成滿乘精氣的載體，唯有氣充盛盈滿於體內，並保持穩定平和的狀態，身體機能才能正常運作，故：「用氣喘息，不合清靜，不可久也。」（〈第二十四章注〉）、「道氣歸根，愈當清靜矣。知寶

〔註78〕 諸如：「若以貪寵有身，不可託天下之號也。所以者，此人但知貪有天下必無爲，守樸素，合道意矣。（〈第十三章注〉）」、「道樂質樸，辭無餘。（〈第三十五章注〉）、「務當重清靜，奉行道誡也。（〈第二十六章注〉）」、「自然，道也，樂清靜。希言，入清靜，合自然，可久也。不合清靜自然，故不久竟日也。……天地尚不能久，人欲爲煩躁之事，思慮煩躁之事，思慮耶計，安能得久乎？（〈第二十三章注〉）」、「道性於俗間都无所欲，王者亦當法之。道常无欲，樂清靜，故令天地常正。天地，道臣也，王者法道行誡，臣下悉皆自正矣。（〈第三十七章注〉）」。

〔註79〕 如：「水善能柔弱，像道去高就下，避實歸虛，常潤利萬物，終不爭，故欲令人法則之也。（〈第八章注〉）」

〔註80〕 諸如：「人當積善功，其精神與天通。設欲侵害者，天即救。（〈第五章注〉）、「情欲思慮怒喜惡事，道所不欲。……勉信道眞，棄邪知守本樸。無他思慮，心中曠曠但信道，如谷冰之志，東（流）欲歸海也。……求生之人，與不謝，奪不恨，不隨俗轉移，眞思志道，學知清靜，意當時如癡濁也。……不欲志意盈溢，思念惡事也。（〈第十五章注〉）」、「常爲善，見惡人不棄也。就往教之，示道誡。（〈第二十七章注〉）」、「信道行善，無惡跡也。（〈第二十七章注〉）」、「百行當修，萬善當著。（〈第二十一章注〉）」

根清靜，復命之常法也。知此常法，乃爲明耳。」（〈第十六章注〉）《老子想爾注》這種愛養體內之氣，避免耗散的說法是黃老道家講述養生的一致主張。要能使身中之氣內守，它認爲必須維持情緒的平和清靜，〈第四章〉注「挫其銳，解其忿」說：

> 銳者，心方欲圖惡；忿者，怒也，皆非道所喜。心欲爲惡，挫還之；怒欲發，寬解之，勿使五藏忿怒也。自戒以道誡，自勸以長生，於此致當。忿爭激，急弦聲，所以者過。積死遲怒，傷死以疾，五藏以傷，道不能治，故道誡之，重教之丁寧。五藏所以傷者，皆金木水火土氣不和也。和則相生，戰則相剋，隨怒事情，輒有所發。發一藏則故剋，所勝成病煞人。

這裡指出五臟因忿怒而受傷，乃因體內五行之氣不調和所造成，它說「和則相生，戰則相克」，〈第三十三章注〉也提到：「喜怒五行戰傷者，人病死，不復待罪滿也。」唯有使人「情性不動，喜怒不發，五藏皆和同相生，與道同光塵也。如此湛然，常常不在亡。」（〈第四章注〉）、「夫欲寶精，……調和五行，喜怒悉去。」（〈第二十一章注〉）、「今當和五行，令各安其位勿相犯，亦久也。」（〈第三十三章注〉）如此才是長生久壽之道。

對於氣的修養，《老子想爾注》還提到所謂的「食氣」之法，〈第二十章注〉說：

> 仙士與俗人異，不貴榮祿財寶，但貴食母者，身也，於內爲胃，主五藏氣。俗人食穀，穀絕便死；仙士有穀食之，無則食氣；氣歸胃，即腸重囊也。

仙士不同於俗人者，在於俗人食穀，一旦斷絕五穀便會死亡，仙士若無五穀可食，尚可食氣。古代方士認爲，人食五穀雜糧在體內會形成穢濁之物，將妨礙人成仙，於是逐漸發展出辟穀食氣之術（詳說參見本書第五章），《淮南子‧地形》裡曾記載：「食穀者智慧而夭，食氣者神明而壽，不食者不死而神。」《老子想爾注》也吸收了這方面的思想，藉由具體技術性的操作來充實其理論內容。

此外，《老子想爾注》所言及的「精」，除了作「道之別氣」（〈第二十一章注〉）充盈人體內，爲人身之根本外，「精」在書裡還有濃烈的生殖意義。有學者分析《老子想爾注》的「精」，提出：

> 精分先天元精和後天交感之精，先天元精沒有形質，與生俱來，爲

生命之本；後天交感之精源於元精，有形質，相當人體之精液。精
貯存於下丹田，道教認爲精的消耗就是對生命的耗損，精盡之時即
是生命的完結，因而保生之根本在保精。保精的方法主要是節欲，
即節制男女性生活。〔註81〕

《老子想爾注》所說的保精之道，主要表現在男女性生活的節制，它把房中
養生思想應用於修道實踐，教人結精自守，〈第六章注〉說：

谷者，欲也。精結爲神，欲令神不死，當結精自守。牝者，地也，
體性安，女像之，故不摯。男欲結精，心當像地似女，勿爲事先。
牝，地也，女像之。陰孔爲門，死生之官也，最要，故名根。男茶
亦名根。陰陽之道，以若結精爲生。年以知命，當名自止。年少之
時，雖有，當閑省之。綿綿者微也，從其微少，若少年則長存矣。
今此乃爲大害，道造之何？道重繼嗣，種類不絕，欲令合精產生，
故教之。年少，微省，不絕，不教之勳力也。勳力之計出於愚人之
心耳，豈可怨道乎。上德之人，志操堅彊，能不戀結產生，少時便
絕。又善神早成，言此者道精也；故令天地無祠。……能用此道，
應得仙壽，男女之事，不可不勤也。〔註82〕

所謂「道重繼嗣，種類不絕」，說明「道」重子孫綿延相傳，肯定男女之事以
其嚴肅性與必要性。不過人隨著年歲增長，體內精氣不斷消耗，要避免精氣
提早耗散枯竭，《老子想爾注》認爲當「結精自守」、「男欲結精，勿爲事先」、
「當閑省之」，男女之事需特別慎重。即便年少之時精滿氣壯，性慾強盛，但
當有所節制，不可縱情肆欲。〈第九章注〉也說：「結精成神，陽氣有餘，務
當自愛，閉心絕念，不可驕欺陰也。驕欺，咎即成。」對於房中之事《老子
想爾注》是抱持保精節制，不完全禁絕的態度，並勉人若能妥善遵循此道，
則「應得仙壽」。《老子想爾注》對於房中術的看法和班固《漢書·藝文志》
對房中一類的評價相當一致，〈方技略〉說：

房中者，情性之極，至道之極。……樂而有節，則和平壽考。及迷
者弗顧，以生疾而隕性命。

〔註81〕 參見顧寶田、張忠利注譯：《新譯老子想爾注》（導讀）（台北：三民書局，1997
年1月），頁11。

〔註82〕 原文本作「男女之事不可不勤也」，據饒宗頤認爲第二個「不」字疑爲衍文，
「不可不勤也」應爲「不可勤也」。參見氏著：《老子想爾注校箋》，頁10。

它們均強調行房中之事要能和平壽考，必須以樂而有節為前提。是故《老子想爾注》所推崇的房中養身術，重在闡發陰陽交合以繁衍後代是合乎大道之旨，但必須藉由閉心絕念、結精自守、保精勿費，有所節制，並嚴正告誡人們若行之過勤將成養生大害。它針對當時一些術士假託黃帝、玄女、龔子、容成之名來傳授房中御女的方術的作法提出抨擊，它說：

> 道教人結精成神，今世間偽技詐稱道，託黃帝、玄女、龔子、容成
> 之文相教，從女不施，思還精補腦，心神不一，失其所守，為揣悅
> 不可長寶。(〈第九章注〉)

《老子想爾注》指出這種與女子交合而握固不泄的「還精補腦」之術，不僅有違自然，更會導致人心神不一，迷失其中而背離正道，《老子想爾注》極力反對，斥之為偽技。〈第二十八章注〉也說：

> 知守黑者，道德常在，不從人貸，必當償之，不如自有也。行《玄
> 女經》龔子容成之法，悉欲貸，何人主當貸若者乎？故令不得也。
> 唯有自守，絕心閉念者，大無極也。

這將《老子》原本守雌處後的思想轉化成房中之術，並以有貸必有償的比喻，說明施行《玄女經》之術者好比向人告貸，尤其告誡人主不可施行此道，唯有絕心閉念，重個人自守而非採補才是根本之道。因此《老子想爾注》有關房中保養的論述，體現早期道教對於房中術抱持著謹慎態度，且對具體技藝涉及甚少，與後世流於淫穢猥褻的奇淫伎巧亦大相逕庭。

（四）行善積德、競行忠孝

《老子想爾注》認為人欲得長生仙壽，光是注重形體的修煉是不夠的，它站在宗教的立場將人道德品行的修養與形體修煉繫連起來，除注重生理上養氣、寶精、清靜節欲之內修外，還需輔以道德修為的外養工夫，「積善成功」更是必要條件。《老子想爾注》將兩者緊密結合，〈第二十一章〉注說：

> 古仙士實精以生，今人失精以死，大信也。今但結精便可得生乎？
> 不也。要諸行當備。所以精者，道之別氣也，入人身中為根本，持
> 其半，乃先言之。夫欲寶精，百行當修，萬善當著，調和五行，喜
> 怒悉去，天曹左契，算有餘數，精乃守之。惡人寶精，空自苦，終
> 不居，必自泄漏也。心應規，制萬事，故號明堂三道，布陽邪陰害，
> 以中正度道氣。精并喻像池水，身為池堤封，善行為水源，若斯三
> 備，池乃全堅，心不專善，無堤封，水必去；善行不積，源不通，

　　水必燥乾。決水溉野，渠如溪江，雖堤在，源流泄必亦空，行燥炘

　　裂，百病并生。斯三不慎，池爲空坑也。

「夫欲寶精，百行當修，萬善當著」說明修行積善亦是寶精的先決條件，能
「諸行皆備」即修百行、行萬善，則上天自有司過之神——天曹，持左右契
以記錄之，按照人之功過來加減其年壽。「精」是生命的根本，保養愛惜精氣
固然重要，但要能精氣不失，必須「百行當備，萬善當著」，《老子想爾注》
甚至認爲行善對於體內精氣充沛與否，有著關鍵性的影響。上列〈第二十一
章注〉還提出個生動的比喻，說明「精」好比池水；「身」如同池之堤壩，而
善行則如同活水之源，必須這三者兼備，若是三者中有一不慎，這池水便成
爲空坑，是故寶精、修身、道德操行缺一不可。據本文統計，書中多處將善
惡對舉，以傳達無論是養生或是治國，在道德修爲上，行善是百誡之首，更
明言要成「仙士」關鍵之一即在於行善去惡。

　　由上所論可見行爲的善惡，在《老子想爾注》裡亦成爲能否得仙壽的一
大關鍵，尤其書中的「道」具有人格化的特質，本身即具有好善喜惡的傾向，
如〈第二十章注〉所說：「道設生以賞善，設死以威惡」，因此《老子想爾注》
強調：「能行公道，故常生也。」（〈第十六章注〉）、「我、仙士也。但樂性道
守誡，不樂惡事」。（〈第二十章注〉）「惡者，伐身之斧也，聖人法道不爲惡，
故不伐身，常全其功也。聖人法道，但念積行，令身長生生之行」（〈第二十
二章注〉）、「行善，道隨之；行惡，害隨之也。」（〈第二十九章注〉）、「信道
行善,無惡跡也。」（〈第二十七章注〉），敦促人們「修善自勤」的重要。此外，
〈第五章注〉也提到：

　　人當積善功，其精神與天通，設欲偏（侵）害者，天即救之。庸庸

　　之人皆是芻狗之徒耳，精神不能通天。……精氣自然與天不親，生

　　死之際，天不知也。

可見人唯有行善積德，其精神才可與天相通，當有任何危險災禍時才能得到
天的助祐，反之庸庸之人無善可積，則爲天所棄。《老子想爾注》更將人能否
行善積德，作爲是否可避入太陰宮的憑藉，它說：

　　太陰道積，練形之宮也。世有不可處，賢者避去，託死過太陰中；

　　而復一邊生像，沒而不殆也。俗人不能積善行，死便眞死，屬地官

　　也。（〈第十六章注〉）

　　道人行備，道神歸之，避死託過太陰中，復生去爲不亡，故壽也。

俗人無善功，死者屬地官，便爲亡矣。(〈第三十三章注〉)

所謂的太陰練形即是《老子想爾注》爲解決現實生活中人壽命長短，往往與道德良善並不一致的矛盾現象所提出的解決之道。不過書中關於太陰練形術的記載多語焉不詳，可能因其爲師徒私相授受，故富有秘傳性格，不過大抵指賢者有難或死亡時，因平日積德行善，故可暫避於太陰練形之處，經過練形，一段時日之後可得再生，但若未積累善行，死便眞死，永遠與仙壽絕緣，故〈十五章注〉「夫惟不盈，能弊復成」句也說：「尸死爲弊，尸生爲成，獨能守道不盈溢，故能改弊爲成耳。」

至於《老子想爾注》道德修行的內容，除了著重道家自然無爲〔註83〕、清靜質樸〔註84〕、守柔不爭〔註85〕的內容外，亦擷取了儒家道德實踐的理論，尤其是忠孝仁義之道，書中遍見其對世人競行仁義忠孝的鼓勵，它說：

人當法水，心常樂善仁。(〈第八章注〉)

上古道用時，以人爲名，皆行仁義，同相像類，仁義不別。……道用時，家家慈孝，皆同相類，慈孝不別。今道不用，人不慈孝，六親不和。……知道意賤死貴仙，競行忠孝質樸，……道用時，臣忠子孝，國則易治，……既爲忠孝，不欲令君父知，自嘿而行，欲蒙天報。(〈第十八章注〉)

人爲仁義，自當至誠，天自賞之；不至誠者，天自罰之。天察必審於人，皆知尊道畏天，仁義便至誠矣。(〈第十九章注〉)

《老子想爾注》將儒家所重視的仁、義、忠、孝、慈等德行與《老子》的道論相結合，認爲道用時臣忠子孝、家家孝慈而天下大治。故其提倡仁義忠孝，以此爲內心道德自律，並勉勵人誠心行之，則「天自賞之」，將蒙受上天最公平的回報，以上即是《老子想爾注》對於儒家道修養理論的汲取。

總結本節所論，《老子想爾注》是第一部從宗教的立場上注釋《老子》的著作，它的出現反映了道家思想向道教理論轉化的過程。其說內容主要圍繞

〔註83〕如〈第二十三章注〉說：「自然，道也，樂清靜。希言，入清靜，合自然，可久也。不合清靜自然，故不久竟日也。」

〔註84〕如〈第十三章注〉說：「有天下必無爲，守樸素，合道意矣。」

〔註85〕如〈第八章注〉說：「水善能柔弱，像道。去高就下，避實歸虛，常潤利萬物，終不爭，故欲令人法則之也。」、〈第二十二章注〉說：「聖人不與俗人爭，有爭，避之高逝，俗人如何能與之共爭乎！」

著「道」開展，作者有目的、有系統地藉由對《老子》「道」的新解〔註86〕來建構其神學體系。它將「道」神格具化成至高無上的尊神，成為教徒信仰崇拜的主神，道是人類社會秩序的維持者，掌管人類生死大權，書中將道具體落實，設立了絕對權威，可供信眾實際遵守的道誡，道誡雖有其至高性，但亦具平等性，在修道成仙上注重人主觀努力實踐，相較於《太平經》主張仙有骨錄、成仙命定的說法，〔註87〕《老子想爾注》則大開仙界之大門，勉勵人不論尊卑貴賤，但求「行道者生，失道者死，天之正法，不在祭餟禱祠也。」（〈第二十四章注〉）只要盡其在我地奉道守誡，人人均可長生成仙，這種求仙平等說無疑成為最強而有力的號召。

書中遍見它對學「生」的熱情呼籲，認為此途乃人生的最佳選擇，它依循《老子》虛靜恬淡、清靜節欲的修養宗旨，要人當「保身」而不「愛身」，卻將《老子》以來道家貴生而不戀生，養生以盡天年的生命期望膨脹擴張，養生的終極目標不再是長生久壽，而是長生成仙。

學說理論之外，《老子想爾注》還吸收了辟穀、食氣、房中養生等具體可行的方術技藝，使得邁向不死之境的這條道路更加直截明確。除了生理上的修練，道德修為的配合也是長生成仙的必備條件，長生仙壽可說是各種修行的綜合成果，這樣的思想也為後世道者所吸收，如《抱朴子・對俗》：「欲求仙者，要當人忠孝和順仁信為本。若德行不修，而但務本，皆不得長生也。」又說：「人欲地仙、當立三百善；欲天仙，立千二百善。」道書《太上感應篇》

〔註86〕即如李剛所說：「老莊的『道』是非人格的、自然運作的宇宙本體，道教則將其人格化、神聖化、超自然化，成為化生宇宙現象的最高神祇，具有永恆不滅性。這樣，『得道者』即與道同體的人便具有到的永恆屬性，成仙不死。故在道教那裡，人生的終極關懷就是生命實體不死，為了這一目的必須效法神仙之『得道』。這就是道教之『道』與道家之『道』的根本不同處。」（參見氏著：《漢代道教哲學》（四川：巴蜀書社，1995 年 5 月），頁 22。）

〔註87〕學者分析統整《太平經》關於仙有骨錄的說法，指出：「《太平經》既承認命運，又主張力為。它說：『人生各有命也，命貴不能為賤，命賤不能為貴也。』，神、真、仙、道、聖、賢，「六人生各自有命」，並非人人都能成神仙，度世者『萬未有一人』。但主觀是否努力也有很大的關係，不力學，『但愁苦而死，尚有過於地下』；若為善學道，則可以得到命運所允許的最好結果，多數人可以『竟其天年』，『有天命者，可學之必得大度；中賢學之，亦可得大壽；下愚為之，可得小壽』，『上賢力為之，不知喜怒，天下無怨咎也。』可見《太平經》設計的神仙天國，向著少數上層人士開放，但也不使下層人民失望。」（參見任繼愈主編：《中國道教史》（上），（台北：桂冠圖書公司，1991 年 10 月），頁 25。）

也有：「欲求天仙者，當立一千三百善；欲求地位者，當立三百善。」這些看法和《老子想爾注》「多積善功」的主張相合。

第五章　養生之道與不死之方的交涉
——紛呈多姿的養生方技

　　第二章論述先秦以來養生思想發展的背景時，言及「神」與「仙」最早本是兩個獨立指稱，「神」作爲一種異於凡人的超自然存在，具有逍遙自在、神通廣大、生命不死的特質。「仙」則是可藉由特定的手段方法，達至與「神」相媲美的境界。自戰國之世，神仙之說混同，神仙思潮在方士鼓吹與帝王醉心的背景下獲得空前的發展，這股求仙風氣深深籠罩整個秦漢社會，《漢書・藝文志》著錄神仙十家共計兩百零五卷，班固對神仙家的定義是：「神仙者，所以保性命之眞，而游求於其外者也。聊以蕩意平心，同死生之域，而無怵惕於胸中。」如何超脫生命侷限，使「無怵惕於胸中」，成爲自由的仙人，爲神仙一派之終極目標。

　　在神仙信仰的驅使下，方士們努力不懈地探索各種延年益壽的辦法，他們深信只要通過一定的修練，生命即可長存不死。他們誇大渲染當時本有的養生理論與保健之道，在方士的倡導下，沾染上神仙色彩的養生方術因而廣泛流傳。尤其近二、三十年來，長沙馬王堆、江陵張家山等地陸續出土的大批簡帛，更直接證明了秦漢以來養生方技蓬勃發展的情況，李學勤根據《藝文志・方技略》的標準，爲馬王堆所出土的大批簡帛著做了分類：

> 馬王堆醫書種數多，性質亦頗複雜。出土這些簡帛的馬王堆三號墓有準確的下葬年代，即漢文帝十二年（公元前 168 年），醫書抄寫年代自然都不晚於這一年。據考察，其間早的可能抄寫於秦漢

之際，晚的則在文帝初年。他們均是劉向父子、班固等所不見的佚籍，在《漢書・藝文志》之外，但如果按照《藝文志》的方法分類，皆應列於《方技略》。譬如《足臂十一脈灸經》（標題依整理小組命名，下同）、《陰陽十一脈灸經》甲乙本、《脈法》、《陰陽脈死候》，與《黃帝內經》有淵源關係，宜入《方技略》的醫經家。《五十二病方》應入經方家；《胎產書》近似《漢志》所收《婦人嬰兒方》，《雜禁方》雖系巫術，然爲古方書恒有，亦宜入經方家。《十問》、《合陰陽》、《天下至道談》應入房中家；《養生方》、《雜療方》的大部分內容也屬此類，其餘部分則屬神仙家。至於《卻穀食氣》，便純爲神仙家了。〔註1〕

李學勤認爲馬王堆簡帛的出土，反映了《藝文志・方技略》醫經、經方、房中、神仙四家在馬王堆簡帛裡都已存在，說明了這批簡帛醫書內容的廣泛，亦反映出當時方技家的發展與流傳情況。

蒙文通先生在〈晚周仙道分三派考〉一文中，則將當時神仙之說分爲三派，說：「是古之仙道，大別爲三，行氣、藥餌、寶精三者而已也。」〔註2〕古代養生方術大抵可分爲藥物服食、導引行氣、房中養生三大流派。它們均被《漢書・藝文志》收錄至「方技」一類，班固將它們定義爲「生生之具」。不過需說明的是，養生之道與不死之方其操作內容實無明確劃分，因此歷史上秉行此術者未必沈迷於求仙，不少醫者與養生之士均曾修習或發展，並賦予一些新的內容。這些養生方技也展現出不同於秦漢諸子以「治身，太上養神，其次養形」（《淮南子・泰族》），以神爲重的養生標準，在「神仙可成」的信念下，神仙方士對於形軀生命的保養特爲重視，從《莊子・刻意》可知，當時社會已流行一派藉著「吹呴呼吸，吐故納新，熊經鳥申」以求壽考的「養形之人」，莊子評之爲「刻意尚行」之士，這種刻意注重形體保養的作法，雖不爲主張重神的先秦道家所認同，但不得不承認，正是仰賴這類「刻意尚行」之士，才能實質地從技術層面展現出養生之道的眞實面貌。以下即以蒙氏分類爲基礎，討論戰國以來所流行的養生方技。

〔註1〕 詳文參見魏啓鵬、胡翔驊：《馬王堆漢墓醫書校釋》（壹）（四川：成都出版社，1992 年 6 月），頁 1～2。

〔註2〕 參見蒙文通〈晚周仙道分三派考〉收錄於氏著：《先秦諸子與理學》（桂林：廣西師範大學出版社，2006 年 5 月），頁 133。

第一節　服食與辟穀

在第二章的部分約略提及方士與藥物服食的關係，本節將進一步探討服食藥物的來源與藥物性質轉變的原因與過程。另外，由於服食之法往往與辟穀之術相配合，故亦將辟穀置於本節討論。

一、藥物服食——從尋藥到煉藥

服食又稱服餌，主要藉由特定藥物以求延年益壽乃至長生不死。早期人們將長生不死的願望寄託在服食不死藥物上，關於不死之藥的傳說由來已久，早期文獻如《山海經》裡已有不死藥物的記載，如《海內西經》說「開明東有巫彭、屋抵、巫陽、巫履、巫凡、巫相，夾窫窳之尸，皆操不死之藥以距之。」《戰國策・楚策》也有人獻不死之藥於荊王的故事。戰國以降，燕齊一帶神仙思潮興起，方士宣稱不死之藥掌握在神仙手中，逐漸興起一股求仙訪藥的熱潮，《史記・封禪書》裡記載在蓬萊、方丈、瀛洲三神山「諸仙人及不死之藥皆在焉」，戰國時齊威王、宣王、燕昭王均曾遣方士入海求不死之藥，〔註3〕到了秦始皇，更為瘋狂，《史記・秦始皇本紀》、《史記・封禪書》、《漢書・郊祀志》、《資治通鑑》多有記載，然而歷時十餘年的求仙活動均無所獲。在求仙過程中方士們對於藥物始終賦予高度期待，應該跟他們的背景有關，如第二章所述，在醫學脫離巫術邁向獨立發展的道路後，部分巫者轉入民間，他們靠著本身具有的醫藥知識與巫技謀生，成為具有一定醫藥知識背景的「方士」。且在尋仙訪藥的過程中，或為鮫魚所苦，或受暴風所阻，屢遭挫折的情況下，方士漸由外求轉為自力，加上醫學的發展與用藥知識的累積，人們逐漸將目標從仙境轉移至凡間。李申指出：

> 最初的不死之藥是動植物藥，說明追求長生不死實是醫病養生的極端發展，是醫學和求長生願望的結合。所以服食的理論基礎也是醫學。〔註4〕

因此服食的本質可說是一種醫療保健行為，就醫學角度而言，藥物的作用本

〔註3〕 龔鵬程分析早期方仙道藥物取得的管道時指出：「藥的來源有兩種，一是去海外神仙世界取，一是自己合成，⋯⋯當時仍以去海外神仙處取藥為重。」（參見氏著：〈道、道家、道教——道教史上幾個基本名詞考察〉，《漢學研究》，第 11 卷第 2 期，1993 年 12 月，頁 27。）

〔註4〕 參見李申：《中國古代哲學和自然科學》（上海：上海人民出版社，2002 年 1 月），頁 449。

爲治病防病，但隨著藥物學的發展，人們逐漸發現某些特定藥物具有輕身益氣、增壽延年的功效，方士們應受到當時醫藥常識的啓發，〔註5〕服食派方士所取資的自然物質大抵可分爲草木與金石兩大類，他們觀察自然界中某些植物或礦物，具有經霜耐寒與堅硬不消的質性，因而幻想若是服食這些物質，人體就能因此延年益壽。

　　大約成書於漢代，現存最早的本草專著，也是第一部集大成的藥物學著作《神農本草經》，〔註6〕對戰國以來的藥物知識與用藥經驗進行了系統性的總結。書中收錄藥物共計三百六十五種，其中以植物藥最多，計二百五十二種；其次是動物藥，計六十七種；礦物藥計四十六種。該書又根據藥物的藥性及使用目的不同，將這些藥物區分爲上、中、下三品，書中提到：

> 上藥一百二十種爲君，主養命以應天。無毒，多服、久服不傷人，欲輕身益氣，不老延年者，本上經。中藥一百二十種爲臣，主養性以應人。無毒、有毒，斟酌其宜。欲遏病，補虛羸者，本中經。下藥一百二十五種爲佐、使。主治病以應地。多毒，不可久服。欲除寒熱邪氣，破積聚，愈疾者，本下經。三品合三百六十五種，法三百六十五度，一度應一日，以成一歲。〔註7〕

《神農本草經》以「養命」爲上、「養性」次之，以「治病」爲下的分類標準，

〔註5〕　方士們的服食與醫學雖都講服藥，不過兩者間的取材與目的仍有差別，李零分析指出：「服食與醫術都講服藥，但服食之藥是以金石爲主，而醫術之藥是以草木爲主，這是兩者的一個基本區別。它們分別代表了古代藥物體系的兩個極端。醫術是以治病爲出發點，進而追求養生與延年；而服食則是以追求長生、不死和成仙爲目標，退而求其次，才求諸醫藥養生。這是研究古代服食首先應當注意的一點。」（參見氏著：《中國方術考》（修訂本）（北京：東方出版社，2001年8月），306頁。）

〔註6〕　蓋建民指出：「《神農本草經》和《黃帝內經》一樣，並非出自一時一人之手。它是在總結了秦漢以來包括方士醫學在內的藥物學基礎上，經過許多醫家之手，至遲在東漢時就已成書。從現存內容上分析，《神農本草經》明顯帶有方士醫學特徵。……在藥物分類上，首次提出了上、中、下三品分類法。三品分類法是我國傳統醫學最早的藥物分類法，這一分類法顯然是受到方士服食成仙思想的影響。其分類是以各種藥物的藥性是否有助於養性延命和輕身不老作爲劃分標準。」（參見氏著：《道教醫學》，（北京：宗教文化出版社，2001年4月），頁42～43。）

〔註7〕　參見馬繼興主編：《神農本草經輯注》（北京：人民衛生出版社，1995年12月），頁2～7。本章所引之《神農本草經》原文皆以此本爲據，以下僅注篇名，不再另注版本出處。

應該是受到服食派方士求仙思想的影響。這一百二十種列於上品的藥物，主要是一些「主養命以應天」，能使人「輕身益氣，不老延年」的藥物，書中對上品藥物動輒以「久服輕身不老」、「久食輕身，不老，延年，神仙。（赤芝）」、「久服耐寒暑、不饑，輕身，飛行千里，神仙。（太一餘糧）」來描述藥物的功效，〔註8〕這樣的敘述不免流於附會誇大，但在一定程度上表現出當時方士服食經驗的總結。

此外，題名西漢劉向所撰的《列仙傳》，書中雖多載荒誕神秘的傳說，但從中略可窺見對於服食之法的重視。歸納全書眾仙的成仙緣由，主要以服食最為大宗，〔註9〕且書中所服食的藥物主要以天然草木為主，書中還明言部分草木具有經霜不凋的特性，〔註10〕且這些藥物多見於《神農本草經》的上品，絕大部分的確具有延年益壽的功效。

就礦物藥而言，丹砂、玉泉、雲母、水銀皆深受方士所重視，像丹砂被《神農本草經》列為上品礦物藥之首，更言其具有：「治身體五藏百病，養精神，安魂魄，益氣明目，殺精魅邪惡鬼，久服通神明，不老」的功效。玉泉也是方士追求的仙藥之一，漢代銅鏡銘屢見：〔註11〕「尚方作鏡真大巧，上

〔註8〕 在《抱朴子‧內篇‧仙藥》裡引述了一段《本草經》的佚文，其中對上品藥物的描述，神仙意味更為強烈，文曰：「上藥令人身安命延，昇為天神，遨遊上下，使役萬靈，體生毛羽，行廚立至。又曰：五芝及餌丹砂、玉札、曾青、雄黃、雌黃、雲母、太乙禹餘糧，各可丹服之，皆令人飛行長生。又曰，中藥養性，下藥除病，能令毒蟲不加，猛獸不犯，惡氣不行，眾妖並避。」（詳文參見王明：《抱朴子內篇校釋》，（北京：中華書局，1980年1月），頁177。）本章所引之《抱朴子》原文，悉依此本為據，此後僅注篇名，不再另注出處。

〔註9〕 有學者曾分析《列仙傳》裡諸仙成仙方式進行分析，發現：「所記71名神仙中，通過服食成仙，或教人服食養生的有37之多，佔半數以上，而房中、行氣僅佔極小比例，這至少在一定程度上反映出漢代方士對"仙術"的價值取向。」（參見姜生、湯偉俠主編：《中國道教科學技術史》（漢魏兩晉卷）（北京：科學出版社，2002年4月），頁530。）

〔註10〕《列仙傳‧讚》曰：「若夫草木，皆春生秋落必矣。而木有松、柏、檟、檀之倫，百八十餘種，草有芝英、萍實、靈沼、黃精、白符、竹翣、戒火，長生不死者萬數，盛冬之時，經霜歷雪，蔚而不彫，見斯其類也。何怪於有仙耶！」（參見王叔岷：《列仙傳校箋》（台北：中史研究院中國文哲研究所籌備處，1995年4月），頁202～203。）本章所引之《列仙傳》原文，皆以此本為據，以下僅注篇名，不再另注版本出處。

〔註11〕以下兩筆漢鏡資料直接援引自姜生、湯偉俠主編：（《中國道教科學技術史》（漢魏兩晉卷），北京：科學出版社，2002年4月），頁531。）

有仙人不知老，渴飲玉泉飢食棗，壽如金石佳且好。」洛陽出土的漢鏡也有：
「尙方作鏡眞大巧，上有仙人不知老，渴飲玉泉飢食棗，壽而金石天之保兮。」
《神農本草經》說「玉泉」：「治五臟百病，柔筋、強骨，安魂魄，長肌肉，
益氣。久服耐寒暑，不飢渴，不老神仙。人臨死服五斤，死三年色不變。」
不僅提到玉泉可讓人「不飢渴，不老神仙」也具有防腐的功效，因此玉在漢
代墓葬殉葬品裡佔了很大比重。古人對於這些礦物藥的擇取，其動機與目的
誠如李零所分析：

> 在古人心目中，丹砂、金玉都是既可用於活人服食，又可用於死屍
> 防腐的 "通用" 藥物。他們服食這類藥物，上者是求不老成仙，次
> 者是求卻病延年，下者是求死後不朽，整個是一個連續過程。〔註12〕

除了取資於自然界的藥物之外，人工煉製亦是方士求藥的重要途徑，由採藥
演變成煉藥準確的時間點今已難以考證，不過《史記·秦始皇本紀》說始皇
「悉召文學方術士甚眾，欲以興太平，方士欲練（煉）以求奇藥。」可能是
最史書裡最早關於煉丹的記載。此外，根據近年來考古研究發現，在西漢初
年可能已有煉服仙藥的行爲，一九七三年湖南長沙馬王堆漢墓出土後，研究
人員爲了探討馬王堆一號漢墓所出土古尸的死因與保存原因，對古尸的體腔
液體進行了鉛、汞、砷等毒物分析，並測定了棺液與組織固定液的毒物含量
後發現，古尸器官組織中鉛、汞、砷的含量均超出正常人數十倍到數百倍，
又屍體器官組織內鉛、汞化合物結構與棺液中的化合物不同，根據毒物在各
器官的分佈極不均勻的選擇性積蓄現象研判，排除了體內高含量的鉛、汞是
由外在棺液經皮膚滲入體內的可能，並推斷死者生前似有出現慢性鉛、汞中
毒的現象，研究人員認爲：「生前口服『仙丹』之類的藥物可能是古尸體內鉛、
汞的主要來源。」〔註13〕再加上李約瑟的研究指出，若只是單純服食天然的
硫化汞，在人體內殘留量甚微，〔註14〕不會造成像古尸一樣鉛、汞含量超出

〔註12〕 參見李零：《中國方術考》（修訂本）（北京：東方出版社，2001 年 8 月），頁
318。

〔註13〕 詳文參見湖南醫學院主編：《長沙馬王堆一號漢墓·古尸研究》（北京：文物
出版社，1980 年 10 月），頁 215～225。

〔註14〕 李約瑟說：「（丹砂）這種難溶的化合物究竟有多少被吸收到身體內呢？……
在體外以 0.05%～0.2% 的鹽酸溶液來模仿胃液，在 37 度 C 連續攪動，二小
時後，0.02% 的硫化汞可進入溶液中。另外在試驗狗的肝臟中，也有硫化汞
的反應，但未於其他器官中發現。所以結論是除非習慣性地大量服食，否
則單單實用辰砂，由於其低溶解度，無論是爲了消毒抗霉或防止化膿而增

正常人數十倍至數百倍的情況。而墓主葬於漢文帝初元十二年（西元前 168年），可見在漢代初年已有服食鉛汞所煉製的仙丹的經驗。此外，《史記・封禪書》裡也有漢武帝時方士李少君煉製丹藥的紀錄：

> 漢興已六十餘歲矣，天下艾安……是時李少君以祠竈、穀道、卻老方見上。上尊之，少君者，故深澤侯以入主方，匿其年及所生長，常自謂七十，能使物、卻老。其遊以方遍諸侯。並言上曰：『祠竈則致物，致物而丹砂可化爲黃金，黃金成以爲飲食器則益壽，益壽而海上蓬萊仙者乃可見，見之以封禪則不死，黃帝是也。臣嘗游海上，見安期生，安期生食巨棗，大如瓜。安期生仙者，通蓬萊中，合則見人，不合則隱。於是天子始親祠灶，遣方士入海，求蓬萊安期生之屬，而事化丹砂諸藥齊（劑）爲黃金矣。

李少君的煉丹過程大概是以丹砂煉製成黃金，再以黃金做成飲食的器具，讓人在飲食過程中，將器具裡永固不朽的質性攝入人體之中，藉此以長壽成仙。然而，李少君煉丹活動並未成功，武帝竟以爲他「化去不死」。少君之後，方士欒大也以煉丹之術遊說武帝：「臣常往來海中，見安期、羨門之屬。……臣之師曰：『黃金可成，而河決可塞，不死之藥可得，仙人可致也。』」（《史記・封禪書》）據學者研究發現，他們所說的「黃金」並非普通意義上的黃金，其來源不是從一般礦石中煉出，應是「丹砂的精華」。〔註15〕與武帝同時的淮南王劉安亦耽於此道，關於劉安與諸方士煉丹的事蹟，史書多有記載，小說野史裡更流傳不少關於劉安白日升天的傳說，當然劉安本人因謀反罪名而自殺，與長生成仙無關。不過據《漢書・淮南王安傳》的記載，劉安「招致賓客方術之士數千人，作爲《內書》二十一篇，《外書》甚眾。又有《中篇》八卷，言神仙黃白之術，亦二十餘萬言。」可惜現今除了《淮南子》二十一篇外，言神仙黃白之術的論著皆已不存，但由二十餘萬言這個數字，可以想見他們煉丹活動的規模及對黃白之術的熱衷。

加腸、臟及體液內的汞含量，是一相當安全的方法。」（參見李約瑟著、陳立夫譯：《中國之科學與文明》（第十五冊）（台北：臺灣商務印書館，1985年），頁 52。）

〔註15〕學者指出：「『丹』的原意是指朱紅色的丹砂礦石，但自從方士專用丹砂來煉製仙藥之後，『丹』字就有了『仙藥』或『精煉成之藥丸』的固定含義。因此，李少君的煉方既是『煉金』亦是『煉丹』。從實質內容來看，把它稱爲『煉丹』更確切一些。」（詳文參見蒙紹榮、張興強：《歷史上的煉丹術》，（上海：上海科技教育出版社，1995 年 1 月），頁 15。）

　　《漢書·劉向傳》也提到漢宣帝好神仙方術，劉向獻上言「爲金之術」的《枕中鴻寶苑秘書》，〔註16〕這裡所說的「爲金之術」與武帝時李少君以黃金爲飲食器一樣，其目的都是爲了能延年成仙。桓寬《鹽鐵論·散不足》同樣也記載著始皇覽怪迂，當此之時：「燕齊之士，釋鋤耒，爭言神仙……言仙人食金飲珠，然後壽與天地相保。」〔註17〕桓譚《新論·辨惑》裡記載史子心爲傅太后作金爲延年之藥，更明確提到服金之事，文曰：「史子心見署爲丞相史，官架屋，發吏卒及官婢以給之。作金不成，丞相自以力不足，又白傅太后，太后不復利於金也。聞金成，可以作延年藥，又甘心焉。」王充《論衡·道虛》也載有當時流傳「爲道者服金玉之精，食紫芝之英，食精身輕，故能神仙」〔註18〕的說法。相傳成書於西漢末東漢初的《黃帝九鼎神丹經》，它的出現象徵時人對於煉丹製藥的肯定，〔註19〕該書首卷便明言服食「神丹」的功效：

〔註16〕　《漢書·劉向傳》：「淮南王劉安有《枕中鴻寶苑秘書》，言神仙使鬼物、爲金之術，及騶衍《重道延命方》，世人莫見。而更生父德，武帝時治淮南獄，得其書，更生幼而讀誦，以爲奇，獻之，言黃金可成。上令典上方鑄作事，費甚多，方不驗。上乃下更生吏。」

〔註17〕　參見王利器：《鹽鐵論校注》（北京：中華書局，1992 年 7 月），頁 355。

〔註18〕　參見黃暉：《論衡校釋》（北京：中華書局，1990 年 2 月），頁 324。本章所引《論衡》原文皆以此本爲據，以下僅注篇名，不再另注版本出處。

〔註19〕　有學者認爲，下列《黃帝九鼎神丹經》的這段論述象徵「服食長生術發展在觀念上的一個極爲重要的轉折點」，並認爲其深刻意義至少表現在六個方面：「其一，他們摒棄了自戰國以來服食草木仙藥爲主，以服餌某些天然礦物（如丹砂、雲母、石鐘乳）爲輔的長生術，轉而獨尊經人工升煉的神丹。或者說，反轉過來，以神丹爲主，而以仙草爲輔，因此第一段話可以視爲丹鼎派發表的 "宣言書"，或者說是丹鼎派煉丹術思想的核心。其二，煉丹的 "丹" 在這裡首次亮相，這是現存的最早記載。其三，以金液、還丹爲中心，"藉外物以自堅固" 的長生術指導思想從此確立起來。這種認識和追求在此後千餘年的煉丹術活動中一直占著主導地位。其四，明確指出製作金液（藥金）、點化黃金乃爲服餌長生，而非（也不應該）以發財致富爲目的。其五，這部丹經明確指出，神丹既可服餌長生，又可以點化黃金，兼有捍衛肉體與加速金屬精化、演進的特異功能，而且把點化藥金的成敗作爲神丹靈驗與否、修煉火候是否適當的一個檢驗標準。其六，中國丹鼎派的道士在草木與金石礦物的選擇之間，固然把長生的希望寄託在後者身上。但是又提出天然金石礦物積鬱了太陽、太陰之氣，而含有大毒，於是提出以火煉的方法來制伏其毒，並提煉其飛昇的精華。正是出於這種見解，道士的服食便以直接服餌天然金石（主要是黃金、丹砂）過渡到火伏金石，升煉神丹，從而形成了具有中國特色的、以火煉昇華操作（而不是阿拉伯的蒸餾）爲主的煉丹術技藝。」（參見趙匡華、周嘉華：《中國科學技術史·化學卷》（北京：科學出版社，1998 年 8 月），頁 240。）

> 凡欲長生，而不得神丹金液，徒自苦耳。雖呼吸導引，吐故納新及
> 服草木之藥，可得延年，不免於死也，服神丹令人神仙度世，與天
> 地相畢，與日月同光。……俗人惜財，不合丹藥，及信草木之藥。
> 且草木藥埋之即朽，煮之即爛，燒之即焦，不能自生，焉能生人，
> 可以療病益氣，又不免死也……作丹華成，當試以作金，金成者，
> 藥成也，金不成者，藥不成。藥未伏火而不可服也。……金若成，
> 世可度；金不成，命難固，徒自損費，何所收穫也。〔註20〕

或許出於長期服食草木藥物失敗的心得，此言首先道出呼吸導引、吐故納新
與服食草木之藥，均只有延年之效。就服食草木之藥而言，在煉丹術士眼裡，
草木柔軟易腐，本身無法長存不朽，又如何能使人不死？因此他們深切體認
要能神仙度世，唯有服食神丹金液一途。這種草木易朽不如金石永固的觀念，
在被奉為「萬古丹經王」的《周易參同契》裡得到充分的發揮，其〈大易情
性第八十五章〉明白道出該書之要旨：「大易情性，各如其度。黃老究用，較
而可御。爐火之事，真有所據。三道由一，俱出徑路。」此言表明「大易」、
「黃老」、「爐火」雖俱出徑路，實則妙契大道，同為一理之所出。該書的中
心思想以《周易》所揭示的陰陽之道，參合黃老之理講述爐火煉丹之事，書
中論述以鉛汞入藥，以水火為伍，對於用藥的份量、煉丹鼎器尺寸、煉丹的
火候與服丹的效應，都有明確的規定。書中提到：

> 金入於猛火，色不奪精光。自開闢以來，日月不虧明，金不失其重，
> 日月形如常。(〈金入猛火中章第三十〉)

> 巨勝〔註21〕尚延年，還丹可入口，金性不敗朽，故為萬物寶，術士
> 服食之，壽命得長久。……金砂入五內，霧散若風雨。薰蒸達四肢，
> 顏色悅澤好。髮白皆變黑，齒落生舊所。老翁復丁壯，耆嫗成妊女。
> 改形免世厄，號之曰真人。(〈巨勝尚延年章第三十二〉)

魏伯陽認為胡麻這類草木藥物僅具延年之效，而真金本身卻有不腐朽的質
性，若服食金丹入體，則丹氣則可滋潤全身，其效果將使髮蒼者可再轉黑，

〔註20〕 參見李零主編《中國方術概觀》(服食卷) (北京：人民中國出版社，1993年
12月)，頁2～4。

〔註21〕 關於「巨勝」，《神農本草經》記載：「胡麻一名巨勝，味甘平，補五內，益氣
力，久服輕身不老。」又《抱朴子·內篇·仙藥》：「巨勝一名胡麻，餌服之
不老，耐風濕，補衰老也。桃膠以桑灰之漬，服之百病愈，久服之身輕有光
明，在晦夜之地如月出也，多服之則可以斷穀。」

齒落者可再重生，老翁復成壯年，老嫗變爲少女，將服食金丹的效果極其神化，不僅可讓人移顏改貌，進而可使人徹底擺脫死亡之大厄而長生不死。

　　此後魏晉時葛洪的《抱朴子》把這一思想表達的更爲明確，在〈金丹〉裡有深刻的論述，其云：

> 然小丹之下者，猶自遠勝草木之上者也。凡草木，燒之即燼，而丹砂燒之成水銀，積變又還成丹砂，其去凡草木亦遠矣，故能令人長生。

該篇宣揚服食金丹以成仙，進一步提出「假萬物以自堅固」的口號：

> 夫五穀猶能活人，人得之則生，絕之則死，又況於上品之神藥，其益人豈不萬倍於五穀耶？夫金丹之爲物，燒之愈久，變化愈妙。黃金入火，百鍊不消，埋之，畢天不朽。服此二物，鍊人身體，故能令人不老不死。此蓋假求於外物以自堅固，有如脂之養火而不可滅，銅青塗腳入水不腐，此是借銅之勁以捍其肉也。金丹入身中，沾洽榮衛，非但青銅之外傅矣。

這裡指出丹砂燒之越久變化就愈神奇奧妙，黃金經火百鍊不銷，入土不朽，故在煉丹家眼中，服食丹砂、黃金等人工煉製的丹藥，便可將其不朽之特殊性質轉移至人體，即如《內篇·仙藥》引《玉經》所說的：「服金者壽如金，服玉者壽如玉。」〔註22〕煉丹術士由此得到啓發，希冀藉著服食這些不朽不敗的物質使人長生不死。故〈對俗〉說：「金玉在於九竅，則死人爲之不朽；鹽鹵沾於肌髓，則脯臟爲之不爛。況於以宜身命之物納於己，何怪其令人長生乎？」所謂的「宜身益命之物」，指的便是金丹大藥。在〈仙藥〉裡葛洪更將動、植、礦物藥物重新予以排序：「仙藥之上者丹砂，次則黃金，次則白銀，次則諸芝，次則五玉，次則雲母，次則明珠，次則雄黃，次則太乙餘糧，次

〔註22〕 李豐楙認爲魏伯陽、葛洪等變化成仙理論，主要基於巫術性思考原則，即是屬性傳達原理，李氏並援引人類學家說法加以印證，文曰：「據傳萊則『金枝篇』（The Golden Bough）析論巫術，爲根據交感原則的交感巫術（sympathetic magic）：其中一種模擬巫術（imitative magic）乃根據類似律（law of similarity）或象徵律（symbolism），能夠同類相生（like causes like）；另一種接觸巫術（contagious magic），基於接觸律（law of contact）或傳染律（law of contagion），傳達其神秘能力。威伯司特（Webster）〈巫術〉（Magic）一書演繹爲『屬性傳達原理』，即相信巫術性思考方式，透過同類相生及接觸的關係，將某物的屬性傳達到他物之上。」故李氏提出「道教煉丹服食的構想，就是想經由服食等接觸方法，傳達其不敗不朽及無窮變化的屬性，『假求外物以自固』正是此理。」（參見氏著：《探求不死》（台北：久大文化股份有限公司，1987年9月），頁91～92。）

則石中黃子，次則石桂，次則石英，次則石腦，次則石硫磺，次則石㟏，次則曾青，次則松柏脂、茯苓、地黃、麥門冬、木巨勝。」欲藉服食而長生成仙，葛洪首推金液還丹，次爲不經人工煉製的礦物藥，再者才是植物性的藥物。

　　總之，從訪仙尋藥到人工煉製，不論藥物的來源或性質爲何，服食派方士始終將此途視爲長生成仙的主要途徑，在當時（尤其是上層社會）造成不小的影響，樂府詩裡也有不少描寫方士向人主兜售仙藥的作品（見第二章所述），不過服藥求仙的效果誠如武帝晚年的悔悟：「天下豈有仙人，盡夭妄耳。節食服藥，差可少病矣。」（《資治通鑑‧漢紀》）王充《論衡‧道虛》也說：「道家或以服食藥物，輕身益氣，延年度世，此又虛也。夫服食藥物，輕身益氣，頗有其驗。若夫延年度世，世無其效。」、「吞藥養性，能令人無病，不能壽之爲仙。」荀悅《申鑒‧俗嫌》同樣認爲：「藥者療也，所以治疾也。無疾則勿藥也。肉不勝食氣，況於藥乎。……故養性者不多服也。」〔註23〕是故早期方士採藥煉藥的努力，最終只落得「服食求神仙，多爲藥所誤」（〈古詩十九首〉）的慨嘆。

二、辟穀之術

　　辟穀也稱斷穀、休糧、絕穀，即不食五穀而輔以代食品。古代方士認爲人食五穀雜糧，在腸中將會轉變成穢濁之物，如此一來人便無法成仙，於是引發辟穀的設想，逐漸演變成一套修煉方法。辟穀之術往往與「食氣」之法相配合。有關食氣一詞，在傳世古籍中最早見於《山海經‧大荒北經》：「有繼無民，繼無民任姓，無骨子，食氣、魚。」清代郝懿行《山海經箋疏》：「食氣、魚者，此人食氣兼食魚也。《大戴禮易本命篇》云：『食氣者神明而壽。』」〔註24〕《呂氏春秋‧求人》裡也載有大禹巡視天下，至巫山曾遇見「飲露吸氣之民。」在《莊子‧逍遙遊》描述藐姑射山的「神人」時提到：

　　　　藐姑射之山，有神人居焉，肌膚若冰雪，綽約若處子。不食五穀，

　　　　吸風飲露。乘云氣，御飛龍，而遊乎四海之外。

「不食五穀，吸風飲露」透露了辟穀與食氣當是相輔相成的。根據史書記載，

〔註23〕參見荀悅：《申鑒》（台北：世界書局，1967年9月），頁18。本章所引《申鑒》之原文，皆以此本爲據，以下僅注篇名，不再另注版本出處。

〔註24〕參見郝懿行：《山海經箋疏》（台北：漢京文化事業有限公司，1983年1月），頁455。

漢初張良因體多疾病曾修習過此道：

> 良從入關，性多疾，即道引不食穀，閉門不出歲餘。……願棄人間
> 事，欲從赤松子游耳。乃學道，欲輕舉。高帝崩，呂后德良，乃彊
> 食之，曰：「人生一世間，如白駒之過隙，何自苦如此！」良不得已，
> 彊聽食，後六歲薨，謚曰文成侯。（《漢書·張良傳》）

張良修習此道的目的本為治病，不過「願棄人間事，欲從赤松子游耳」與「欲
輕舉」等敘述，似乎透露出張良欲藉此求仙道的用意。又如為武帝求仙的李
少君也曾以此道遊說武帝：「是時李少君亦以祠灶、穀道、卻老方見上，上尊
之。」〔註25〕（《史記·封禪書》）然而，是什麼原因促使秦漢時期食氣辟穀
術在方士群中廣為流行？蓋建民認為：

> 究其本源，這首先與當時社會醫藥學的進步，特別是人們的飲食結
> 構和飲食思想的變革密切相關。飲食是人類維持生命活動的基本條
> 件，要使人活得健康愉快，充滿活力和智慧，則不能僅僅滿足於吃
> 飽喝足，還必須合理調配飲食結構，保證人體必須的各種營養素，
> 並且還要保證人的腸胃能夠吸收這些營養素。但在先秦時期，社會
> 的上層多喜食濃甘肥厚的肉類食物，"膳用六牲"並縱酒為樂。這
> 種飲食結構過多地涉入高脂肪的動物性食品，必然給人的身體健康
> 造成損害。針對這種情況，受道家返樸歸真思想的影響，方士們已
> 經意識到這種"肥肉厚酒"食譜的弊端，稱其為"爛腸之食"，認
> 為食肉雖多不能勝食氣。所以，一些方士紛紛在飲食上反樸歸真，
> 多喜食天然植物性食品。〔註26〕

不僅如此，人們也觀察到不同的飲食種類對於人生理狀態乃至心理個性上所
造成的差異，《淮南子·墜形》說：

> 食水者善游能寒，食土者無心而慧，食木者多力而拂，食草者善走
> 而愚，食葉者有絲而蛾，食肉者勇敢而悍，食穀者智慧而夭，食氣
> 者神明而壽，不食者不死而神。

食穀者智慧而夭，不能長生，食氣者卻能神明而壽，因此方士認為，若能藉
由辟穀食氣的修練，有朝一日將可達到「不食不死而神」的境地。《太平經》
亦提及少食與不食之法，文曰：

〔註25〕《史記集解》李奇注曰：「食穀道引，或曰辟穀不食之道。」
〔註26〕參見蓋建民：《道教醫學》，頁32。

食穀者命有期，不食者與神謀，食氣者神明謀，不飲不食，與天地
相卒也。(《三洞珠囊》卷四〈絕粒品〉引《太平經》第一百二十)

《太平經》對於食穀與辟穀的看法和《淮南子・墜形》相同。另外，從王充
《論衡・道虛》針對方士所倡辟穀食氣可以成仙所做的批駁可知，辟穀食氣
之法在當時社會應該造成流行，它說：

世或以辟穀不食爲道術之人，謂王子喬之輩以不食穀，與恆人殊食，
故與恆人疏壽，逾百度世，遂爲仙人。

道家相誇曰：眞人食氣。以氣而爲食，故傳曰：「食氣者壽而不死。」，
雖不穀飽，亦以氣盈。此又虛也。……食氣者必謂：「吹呴呼吸，吐
故納新」也。昔有彭祖嘗行之矣，不能久壽，病死而矣。

王充徹底否定了辟穀食氣的功效。東漢末年至曹魏，不少方士均曾熱衷
辟穀之術，從史料記載可知：

潁川郄儉能辟穀，餌伏苓。……初，儉之至，市伏苓價暴數倍。議郎
安平李覃學其辟穀，餐伏苓，飲寒水，水寒中泄利，殆至殞命。……
余嘗試卻儉絕穀百日，躬與之寢處，行步起居自若也。夫人不食七
日則死，而儉乃如是。然不必益壽，可以療疾而不憚饑饉焉。〔註27〕
(《三國志・魏書・方技列傳》)

孟節能含棗核，不食可至五年十年。又能結氣不息，身不動搖，狀
若死人，可至百日半年。(《後漢書・方術列傳》)

卻儉「絕穀百日，行步起居自若」，孟節「含棗核，不食可至五年十年」展現
了辟穀食氣術的神奇功效，在當時社會曾引領一股風潮，然而該術細部的操
作之法，秦漢文獻裡卻未有記載。不過在一九七三年，湖南長沙馬王堆所出
土的帛書裡有《卻穀食氣》一卷，〔註28〕專論辟穀食氣之術，〔註29〕文中教

〔註27〕參見陳壽：《三國志》(北京：中華書局，1959 年 12 月)，頁 805。本章所引
之《三國志》原文，皆以此本爲據，以下僅注篇名，不再另注版本出處。

〔註28〕本書原無名稱，馬王堆帛書小組根據其內容特點命名爲《卻穀食氣》。

〔註29〕周世榮說：「"卻穀食氣"，後來還見於《抱朴子》、《赤松子》、《黃庭經》和
《聖濟總錄》等古籍。名稱不一，有的叫"斷穀食氣"、"咽氣斷穀"，有
的則叫"辟穀服氣"，"絕氣服粒"或"蟄法"等等。總的說來，"卻穀"
與"食氣"」連在一起，說明"卻穀"與"食氣"往往是互相配合而不可分
割的。所謂"卻穀"，就是不吃五穀，並通過服氣，即呼吸空氣來維持生命，
卻病延年的一種氣功術式。」(參見氏著：《馬王堆導引術》(長沙：岳麓書社，
2005 年 11 月)，頁 116。)

人辟穀之法及配合四時的運行，逐日逐月來服食天地之氣，以此達到強身的
目的。茲錄部分如下：

> 卻穀者食石葦，朔日食質，日加一節，旬五而止；旬六始匡，日去
> 一節，至晦而復質，與月進退。爲重首、足輕、體胗，則呴吹之，
> 視利止。食穀者，食質而□。食氣者爲呴吹，則以始臥與始興。凡
> 呴中息而吹。年二十者，朝二十，暮二十，二日之暮二百。年三十
> 者，朝三十，暮三十，三日之暮三百。以此數推之。春食：一去濁
> 陽，和以匡光、朝霞，昏清可。夏食：一去湯風，和以朝霞、沆瀣，
> 昏清可。秋食：一去清風、霜霧，和以輸陽、匡光，昏清可。冬食：
> 一去凌陰，和以正陽、匡光、輸陽、輸陰，昏清可。□□□。□□
> □，（清風）者，□四塞，清風折首者也。霜霧者，□□□□□□□。
> 濁陽者，黑四塞，天之亂氣也，及日出而霧也。湯風者，□風也。
> 熱而中人者也，日□。凌陰者，入骨□□也，此五者不可食也。朝
> 霞者，□□□□□。□□者，□□□也。輸陽者，日出二竿，春爲
> 濁□□。匡光者，雲如蓋，蔽□□□□者也。□□者，苑□□□。
> 沆瀣者，夏昏清風也。〔註30〕（以下殘字甚多，略）

本文起首處提及「卻穀者食石葦」，可見行卻穀之道者非什麼都不吃，而是要
服「石葦」這種替代品。「石葦」在《神農本草經》中列爲中品，具有「味苦
平，主勞熱邪氣，五癃閉不通，利小便水道」的功效，不過也有學者認爲「石
葦」可能是一種「氣」。周一謀、蕭佐桃《馬王堆醫書考注》注「卻穀者食石
葦」一句爲：「石葦，藥名，見《神農本草經》。一說，《山海經·大荒西經》：
"有人名曰石夷，來風曰韋。"此處石葦有可能仍指一種氣。」〔註31〕據此
即將「石葦」解讀爲「氣」，此說有待商榷。〔註32〕當然，辟穀往往與食氣之
法相配合，然而在引證不足的情形下這樣的解讀實嫌武斷。就生理上來分析，
飲食是人類維持生存的基本條件之一，初行辟穀之道若僅輔以食氣，人將無

〔註30〕 參見馬繼興：《馬王堆古醫書考釋》（長沙：湖南科學技術出版社，1992 年 11
月），822～844。本章所引馬王堆古醫書之注文皆以此本爲據，此後僅注篇名，
不再另注出處。

〔註31〕 參見周一謀、蕭佐桃：《馬王堆醫書考注》（天津：天津科學技術出版社，1988
年 7 月），頁 230。

〔註32〕 《山海經·大荒西經》此句上下文爲：「有人名曰石夷，來風曰韋，處西北隅
以司日月之長短。」按袁珂校注：「有人名曰石夷」句下，疑脫『西方曰夷』
四字。」《山海經》該句「石夷」爲一主司日月運行的神人名。

法生存。且史書也說：「潁川儉能辟穀，餌伏苓。」（《三國志·魏書·方技列傳》）、「孟節能含棗核，不食可至五年十年。」（《後漢書·方術列傳》）可見辟穀者在逐漸少食或停食五穀的過程中，除了飲水之外，仍會尋求一些替代品來維持生命。〔註33〕因此將「石韋」視為辟穀時的替代糧食應是較為合理的解釋。

　　再回到〈辟穀食氣〉，上文大意主要說明學習卻穀之道者應服食石韋，月朔日服食石韋一節，每日增加一個單位，至十五日而止。自十六日起每日減一單位，至月晦乃止。食量須配合月亮的盈虧，「與月進退」，上半月遞增，下半月遞減。當感到「首重足輕體胅」時，則行呴吹，直至痊癒為止。並根據年齡不同而有所差異，二十歲者朝行二十次，暮行二十次，每二日晚上增至二百次，其他年齡者以此類推。另外再根據季節與不同氣候進行所謂的「六氣」呼吸養生法。即逐日服食天地之朝霞、凌陰、沆瀣、正陽、天玄、地黃等六氣，以達到辟穀的目的。這裡提到的「六氣」，其中「朝霞」、「凌陰」、「正陽」、「沆瀣」，亦見於他書。東漢王逸注《楚辭·遠遊》「餐六氣而飲沆瀣兮，漱正陽而含朝霞」兩句時，曾援引流傳於當時的《陵陽子明經》〔註34〕說：「春食朝霞。朝霞者，日始出赤黃氣也。秋食淪陰，淪陰者，日沒以後赤黃氣也。冬飲沆瀣，沆瀣者，北方夜半氣也。夏食正陽，正陽者，南方日中之氣是也。并天地玄黃之氣，是謂六氣也。」這裡所記載的食氣季節與名稱和《卻穀食氣》略有不同，但原理大抵相符。因此《離騷》中的「朝飲木蘭之墜露兮，夕餐秋菊之落英」及〈遠遊〉的「食六氣而飲沆瀣兮，漱正陽而含朝霞」應該不只是浪漫的神話幻想，而是戰國時期神仙家食氣行為的真實反映。

〔註33〕據馬繼興分析，行辟穀之法所利用的替代糧食：「其主要是棗、松、柏類（包括果實，葉片及其植物油松脂）、白朮……等植物。也有兼服某些礦物（如雲母，丹砂等）者。例如湖南長沙出土漢代尚方飲玉泉銅鏡上面的銘文："尚方佳鏡真大巧，尚有仙人不知老，渴飲玉泉飢食棗。"就是用吃大棗和喝山泉水代替糧食的一種辟穀方法。又如《千金翼方》卷十三"服松柏法第三"，"絕穀升仙不食法"一方中記有："取松實末之，服三合，日三則無飢渴，飲水勿食他物。百日身輕，……"就是用松子代替糧食的另一種方法。」（參見氏著：《馬王堆古醫書考釋》，頁828。）

〔註34〕《陵陽子明經》的著作年代不詳，由《史記·司馬相如傳》：「反太一而從陵陽」句，《集解》引《漢書音義》云：「仙人陵陽子明也。」可知大約武帝之時已有陵陽子明的傳說。另外，劉向《列仙傳》亦有陵陽子明的傳記，言：「陵陽子明者，銍鄉人也。好釣魚於旋溪，釣得白龍，子明懼，解鈎拜而放之。後得白魚，腹中有書，教子明服食之法。」

東漢末年道教創立，亦將辟穀之術納入修煉之法，《老子想爾注》裡也提及「食氣」，以此來區判俗人與仙人的差異，〈二十章注〉說：

> 仙士與俗人異，不貴榮祿財寶，但貴食母者，身也，於內爲胃，主五臟氣。俗人食穀，谷絕便死；仙人有穀食之，無則食氣。〈第二十章注〉

《老子想爾注》認爲俗人以五穀爲食，一旦斷絕穀物便會死亡，而仙人不需仰仗五穀，仍可藉由食氣之法維持。

對於辟穀食氣的效驗，葛洪有較爲客觀的評價：「道書雖言欲得長生，腸中當清；欲得不死，腸中無滓。又云食草者善走而愚，食肉者多力而悍，食穀者智而不壽，食氣者神明不死，此乃行氣者一家之偏說耳，不可便孤用也。」（《抱朴子·雜應》）此論一語道破辟穀之術的侷限。又根據此篇記載，當時辟穀之術已有「近有一百許法」，或以特定食物代替，或服用草木藥配制的辟穀散劑，方法更加繁複，〔註35〕但誠如葛洪所言，此道僅能減少病痛，使身輕色好及抵禦風寒濕暑，或減省肴糧之費，單行此道並不能長生成仙，行之不當反而有害。

第二節　行氣導引

「行氣」與「導引」兩者既可獨立，又可併而行之，是極爲普及的養生方法，近年來湖南長沙馬王堆《導引圖》與江陵張家山《引書》的出土，爲這方面的研究提供了寶貴的新資料，本節在既有的史料基礎上，另參酌這些新資料，以期呈現出它們的眞實面貌。

一、行　氣

行氣一詞也稱食氣，最基本的行氣之法指的應是平時的呼吸吐納，《莊子·大宗師》說：「眞人之息以踵，眾人之息以喉。」提到一般人呼吸急而短促，而眞人「其息深深」，其呼吸能下達至足，過程緩慢深長。呼吸之所以要下達至足部，據董仲舒《春秋繁露》的說法是：「天氣常下施於地，是故道者

〔註35〕《抱朴子·雜應》載錄當時流行的辟穀之法：「或服守中石藥數十九，便辟四五十日不飢，練松柏及朮，亦可以守中，但不及大藥，久不過十年以還。或辟一百二百日，或須日日服之，乃不飢者。或先作美食極飽，乃服藥以養所食之物，令不消化，可辟三年。欲還食穀，當以葵子豬膏下之，則所作美食皆下，不壞如故也。」

亦引氣於足。」〔註36〕（〈循天之道〉）馬王堆出土之簡書《十問》之第四問，
也有容成公向黃帝講述行氣方法的紀錄：

> 吸氣之道，必致之末……息必探（深）而久，新氣易守。宿氣爲老，
> 新氣爲壽。善治氣者，使宿氣夜散，新氣朝聚，以徹九徼（竅），而
> 實六府。

同樣強調行氣之道要能使氣達至四肢末端，〔註37〕且過程要能深長持久，清
新之氣才能留存於體內。由於陳濁之氣會導致人衰老，清新之氣才能使人長
壽壽，在時間上有朝暮之分，應夜去其陳，朝聚其新。此外，還要避免四季
中有害健康的惡氣：「春避濁陽，夏避湯風，秋避霜霧，冬避陵陰」，並使氣
充徹於九竅五臟，才是理想的行氣之法。

　　天津歷史博物館珍藏一件附有精巧銘文的傳世玉佩，器身呈十二面圓柱
狀，據學者考證大約是公元前三八零年戰國初期左右的作品，是現今最早有
關行氣的紀錄，上刻有銘文共四十五字，經郭沫若考釋，通讀如下：

> 行氣，深則蓄，蓄則伸，伸則下，下則定，定則固。固則萌，萌則
> 長，長則退，退則天。天幾春在上，地幾春在下。順則生，逆則死。
> 〔註38〕

郭沫若解釋：

> 這是深呼吸的一個回合，吸氣深入則多其量，使它往下伸，往下伸
> 則定而固；然後呼出，如草木之萌芽，往上長，與深入時的路徑相
> 反而退進，退到絕頂。這樣，天機便朝上動，地機便朝下動。順此
> 行之則生，逆此行之則死。〔註39〕

郭沫若認爲這件玉器「可證戰國時代，確實有這一派講究氣功的養生家」，
〔註40〕毛良則針對郭沫若的說法有所修正，其說以爲：

> 行氣。吸氣深則多其量，使它往下伸，往下伸則定而固；然後呼氣，
> 如草木之萌芽，往上長，與深入時經絡相反而退進，退則氣騰於天。

〔註36〕參見蘇輿：《春秋繁露義證》（北京：中華書局，1992 年 12 月），頁 499。
　　　　本章所引之《春秋繁露》引文皆以此本爲據，以下僅注篇名，不再另注出
　　　　處。
〔註37〕《管子・內業》在討論飲食與養生間的關係時曾提及：「飽則疾動……飽不疾
　　　　動，氣不通於四末。」也認爲氣在體內運行，當週流於全身，並達於四末。
〔註38〕參見郭沫若：《奴隸制時代》（北京：科學出版社，1953 年 5 月），頁 262。
〔註39〕參見郭沫若：《奴隸制時代》，頁 263。
〔註40〕參見郭沫若：《奴隸制時代》，頁 263。

在上之天（几）氣朝下降，在下之地几（氣）朝上升。順比行氣則

生，逆之則死。〔註41〕

儘管郭沫若與毛良的解釋稍有出入，但他們均認爲此銘的內容乃描述呼吸行氣的過程。〔註42〕短短四十五字完整敘述了行氣的過程與蓄氣的重要，指出應把握「深」、「伸」、「下」的原則，甚至明言若不依此法而行將導致死亡。這種行氣深深的過程如同荀悅《申鑒‧嫌俗》所說：

氣宜宣而遏之，體宜調而矯之，神宜平而抑之，必有失和者矣。夫善養性者無常術，得其和而已矣。鄰臍二寸謂之關，關者，所以關藏呼吸，以稟四體也。故氣長者以關息，氣短者其息稍升，其脈稍促，其神稍越，至於以肩息而氣舒。其神稍專，至於以關息而氣衍矣。故道者常致氣於關，是謂要術。〔註43〕

一般人以喉、以肩呼吸，其脈促，其神越，而善於行氣者以意領氣，將氣蓄積於鄰臍兩寸之處的關元（即所謂的丹田），〔註44〕行氣至此處可以「關藏呼吸之氣以稟授四體」。上述有關行氣的論述皆只提及行氣過程當緩慢深沈，使氣達於四肢之末，荀悅此言則強調應先將氣蓄積於關元，再從關元來稟受四體，這樣行氣的功效應如桓譚〈仙賦〉裡描述仙人行氣之法所說的：「王喬、赤松，呼則出故，翕則納新，夭矯經引，積氣關元，精神周洽。」〔註45〕而

〔註41〕 參見毛良：〈〈行氣玉佩銘〉及其釋文的討論〉，《中華醫史雜誌》，第 2 期，1982 年，頁 121。

〔註42〕 不過馬伯英卻認爲〈行氣玉佩銘〉應爲目前最早關於房中術行氣的銘文，其主要論據在於：「『行氣』是房中術的目的和主幹。」（詳說參見氏著：《中國醫學文化史》（上海：上海人民出版社，1994 年 5 月）），頁 266、頁 682～683。）不過若僅據此點即將〈行氣玉佩銘〉的內容視爲房中之作，證據實嫌薄弱。故將其視爲單純的呼吸行氣的內容，應該是較爲恰當的解讀。

〔註43〕 參見荀悅：《申鑒》（卷三）（台北：臺灣中華書局，1981 年 9 月），頁 2～3。本章所引之《申鑒》原文，皆以此本爲據，以下僅注篇名，不再另注版本出處。

〔註44〕 胡孚琛說：「關即關元，道士稱爲丹田。皇甫謐《針灸甲乙經》云：『石門，三焦募也，一名利機，一名精露，一名丹田，一名命門，在臍下二寸。』《黃庭經》云『丹田之中精氣微』；『回紫抱黃入丹田』；『呼吸廬間入丹田』等，是『丹田』一語在魏晉時道書中已經通用，且流傳有三丹田之說。葛洪在《內篇‧地眞》中說人體『臍下二寸四分』爲『下丹田』，『心下絳宮金闕』是『中丹田』，人兩眉間卻行三寸爲『上丹田』。」（參見氏著：《魏晉神仙道教——《抱朴子內篇研究》》（台北：臺灣商務印書館，1983 年 10 月），頁 333。）故此處關元，即道教所謂的下丹田。

〔註45〕 參見嚴可均輯：《全上古三代秦漢三國六朝文》（北京：中華書局，1958 年 2 月），頁 535。

行氣往往與導引關係密切，兩者往往並而行之。

二、導 引

「導引」二字，最早見於《莊子‧刻意》，主要是一種導氣與引體相結合的運動，由於史料的缺乏，難以斷定這種健身術創始的時代，不過最初可能源於先民治病的醫療活動。《呂氏春秋‧古樂》中記載：

> 昔陶唐氏之始，陰多滯伏而湛積，水道壅塞，不行其原，民氣鬱閼
> 而滯澀，筋骨瑟縮而不達，故作為舞以宣導之。〔註46〕

羅泌《路史‧前紀陶康氏》卷九也提到：

> 陶唐氏之時，水瀆不疏，江不行其源，陰凝而易悶，人既鬱於內，
> 腠理滯而多重腿，得所以利其關節者，乃制為之舞，教人引舞以利
> 導之，是謂大舞。

傳說在早期原始社會，先民長時間居住在洪水氾濫的惡劣環境中，因而發生氣鬱滯著、筋骨瑟縮的疾病，為了改善人民的身心狀況，逐步衍生出一種疏展筋骨以消除疾患的舞蹈。「宣」即宣發；「導」是導引，這種宣導肢體的舞蹈應是導引之術的萌芽。至春秋戰國之際，導引逐漸從原始舞蹈獨立出來，發展成具有固定名稱與特定動作的術式，《莊子‧刻意》說：

> 吹呴呼吸，吐故納新，熊經鳥申，為壽而已矣；此導引之士，養形
> 之人，彭祖壽者之所好也。

這裡將「吐故納新」、「熊經鳥伸」都稱為「導引之士、養形之人」，已將導引與行氣相提並論，因此蒙文通認為早期「吐納導引，未必分途，以皆歸於行氣耳。」〔註47〕晉朝李頤將此句注為：「導氣令和，引體令柔」，〔註48〕唐代成玄英《疏》也說：「吹冷呼而吐故，呴暖吸而納新，如熊攀樹而自經，類鳥飛空而伸腳，斯皆導引神氣，以養形魂，延年之道，駐形之術。故彭祖八百歲，白石三千年，壽考之人，即此之類。」〔註49〕另外，從馬王堆三號漢墓出土的《導引圖》與《卻穀食氣》同卷，江陵張家山漢簡《引書》也以行氣

〔註46〕參見陳奇猷校釋：《呂氏春秋校釋》（台北：華正書局，1985 年 8 月），頁 284。本章所引之《呂氏春秋》原文，皆以此本為據，以下僅注篇名，不再另注版本出處。

〔註47〕參見蒙文通：〈晚周仙道分三派考〉，頁 133。

〔註48〕參見郭慶藩：《莊子集釋》（台北：河洛圖書出版社，1974 年 3 月），頁 537。

〔註49〕參見郭慶藩：《莊子集釋》，頁 536。

開篇，〔註 50〕都可證明導氣與引體關係的密切。由是觀之，導引主要是一種以肢體屈伸爲主，並配合呼吸行氣的養生健體活動。〔註 51〕

先民很早就認識到體內之氣乃生命本源，將體內之氣的匯聚與流動視爲生命展現的方式，這更是稷下道家一系身體觀的基本主張，《管子‧內業》說：「精存自生，其外安榮，內藏以爲泉源，浩然和平，以爲氣淵。淵之不涸，四體乃固；泉之不竭，九竅遂通。」《呂氏春秋》藉由自然現象的觀察，提出體內之氣的鬱結乃疾病產生的主要原因，〈盡數〉說：

> 流水不腐，戶樞不螻，動也。形氣亦然，形不動則精不流，精不流則氣鬱。鬱處頭則爲腫爲風，處耳則爲挶爲聾，處目則爲眜爲盲，處鼻則爲鼽爲窒，處腹則爲張爲府，處足則爲痿爲蹶。

一旦形不動則氣不流，如此體內之氣就會滯鬱，依據氣鬱積部位的不同，將導致各種疾病的產生，因此要避免這些疾病的發生，就必須讓身體活動起來，使體內之氣得以運行通暢而周流全身，它說：

> 凡人三百六十節，九竅五藏六府，肌膚欲其比也，血脈欲其通也，筋骨欲其固也，心志欲其和也，精氣欲其行也。若此則病無所居，而惡無由生矣。病之留，惡之生也，精氣鬱也。故水鬱則爲污，樹鬱則爲蠹，草鬱則爲蕢。（〈達鬱〉）

〈先己〉也說：

> 嗇其大寶，用其新，棄其陳，腠理遂通。精氣日新，邪氣盡去，及其天年。此之謂眞人。

此外，在《春秋繁露》也提到：「天之氣常動而不滯，是故道者亦不宛氣。」

〔註 50〕 詳文參見張家山漢簡整理小組：〈張家山漢簡引書釋文〉，《文物》，1990 年第 10 期。

〔註 51〕 導引與肢體按摩間也有密切關係，有以按摩法爲導引者，如唐釋慧琳說：「凡人自摩自捏，伸縮手足，除勞去煩，名爲導引。（《一切經音義》）」唐代王冰注《內經》：「故冬不按蹻，春不鼽衄。（《素問‧金匱眞言論》）」說：「按謂按摩，蹻謂蹻捷者之舉動手足，是謂導引。」又如「是故導引按蹻者，亦從中央出也。（《素問‧異法方宜論》）」王冰注：「導引謂搖筋骨，動肢節。按，謂抑按皮肉。蹻，謂捷舉手足。」又同屬唐代的司馬貞在注《史記‧扁鵲倉公列傳》「醫有俞跗，治病不以湯液醴灑，鑱石撟引，案扤毒熨。」之「撟引」與「案扤」爲：「撟，謂爲按摩之法，夭撟引身，如熊顧鳥伸也。扤亦謂按摩而玩弄身體使調也。」不過《漢書‧藝文志‧方技略》分別載有《黃帝雜子步引》十二卷及《黃帝岐伯按摩》十卷，可見在秦漢時期按摩和導引還是有所差別。

（〈循天之道〉），因此藉由肢體的屈伸，使體內精氣暢旺不鬱積，並配合吐故納新，使邪氣排除，自可避免上述各種疾病的產生，這正是導引之術的保健作用。除了健體養身之外，導引亦頗具醫療功效，這方面在《黃帝內經》中已多次提到，文曰：

> 形苦志樂，病生於筋，治之以熨引。〔註52〕（《素問・血氣形志》）
>
> 故冬不按蹻，春不鼽衄。〔註53〕（《素問・金匱真言論》）
>
> 中央者，其地平以濕，天地所生萬物也眾，其民食雜而不勞，故其病多痿厥寒熱，其治宜導引按蹻。是故導引按蹻者，亦從中央出也。〔註54〕（《素問・異法方宜論》）
>
> 帝曰：「病脇下滿，氣逆，二三歲不已，是為何病？」岐伯曰：「病名曰息積。此不妨於食，不可灸刺，積為導引服藥，藥不能獨治也。」（《素問・奇病論》）

由《黃帝內經》的記載可知，導引對於某些特定的疾病確實有治療效果。另外，漢末張仲景的《金匱要略・方論》也說：「四肢才覺重滯，即令導引吐納，針灸膏摩，勿令九竅閉塞。」〔註55〕這些均是醫家們對導引醫療作用的論述，可見導引之術是一種行之有效的醫療手段。導引的醫療功效在近年來出土的《導引圖》與江陵張家山漢簡《引書》中再次得到證明。首先在一九七三年湖南長沙馬王堆三號漢墓所出土的《導引圖》，繪有四十四幅各種姿勢的導引圖象，除殘缺者外，圖中大部分術式旁均有簡短文字，說明姿態名稱。其中有「引聾」、「引膝痛」、「引溫病」等字樣，說明導引術的醫療性質。圖中人物有男有女、有老有少，且多著庶民服飾，不難想像當時導引之術的流行與普及。繼馬王堆《導引圖》之後，一九八三年底至一九八四年初，湖北江陵張家山247號漢墓中出土了一批簡書，其中一部題名為《引書》，〔註56〕據墓葬年代的考證，與《導引圖》約為同一時期。《引書》的內容主要論述導引養生及治病之法，文中明確提出導引除了健身之外，還可以防病治病。其作者說：

〔註52〕 王冰注云：「熨謂藥熨，引謂導引。」漢時期按摩和導引還是有所差別。

〔註53〕 王冰注云：「按謂按摩，蹻謂蹻捷者之舉動手足，是謂導引。」

〔註54〕 王冰注云：「導引謂搖筋骨，動肢節。按，謂抑按皮肉。蹻，謂捷舉手足。」

〔註55〕 參見張機撰、李克光主編：《金匱要略》（台北：知音出版社，1990年），頁20。

〔註56〕 《引書》應是迄今所發現最古老的一部關於導引的專著，書中所記載有關導引術式內容豐富，遠超過《導引圖》。且不同於《導引圖》只有圖譜沒有文字說明，《引書》對於各種導引操作有著詳盡的解說。

人之所以得病者，必於暑濕風寒雨露，腠理啓闔，食飲不和，起居
不能與寒暑相應，故得病焉。是以春夏秋冬之間，亂氣相薄遝也，
而人不能自免其間，故得病。是以必治八經之引，吹呴呼吸天地之
精氣，伸腹直腰，力伸手足，軮踵曲指，去起寬亶，偃治巨引，以
與相求也，故能毋病，偃臥吹呴，引陰，春日再呴，壹呼壹吹；夏
日再呼，壹呴壹吹；冬日再吹，壹呴壹呼。人生於情，不知愛其氣，
故多病而易死。人之所以善瘚，早衰於陰，以其不能節其氣也。能
善節其氣而實其陰，則利其身矣。〔註57〕

《引書》裡詳細解說了各式導引動作及各種疾病之導引方法，表現了導引術
式與醫學理論的結合。《引書》與《導引圖》，一爲文字說明，一爲圖譜，兩
相補充參照，不僅補足了導引發展史上的空缺，也大大擴展了導引術的內容。
值得注意的是仿生術式的增加，所謂的仿生導引，是指模仿動物特有的姿勢
動作而成的導引術式，這些術式的來源，大抵如《春秋繁露》與《抱朴子》
所說：「鶴之所以壽者，無宛氣於中，是故食在；猿之所以壽者，好引其末，
是故氣四越。」（《春秋繁露·循天之道》）、「知龜鶴之遐壽，故效其道引以增
年。」（《抱朴子·對俗》）此乃古人觀察不同動物特有的姿態動作，發現這正
是牠們健壯長壽的原因，從而予以模仿，創造出並非人平時慣用的體態，藉
此以達健康長壽的目的。關於仿生術式名稱的來由，李豐楙認爲：

這些名稱有其深刻的意義：一是基於弗萊哲（Sir Frazer），威伯斯特
（Webster）所說的巫術性思考原則，根據交感巫術的象徵律、模仿
律，由模仿動物的動作而傳達其神秘的力量，乃是先民觀察動物而
獲致的靈感；另一層意義，則是由於先民在長期發展的身體文化中，
發現最有功能的動作，依象徵性原則，賦予動物動作的名稱，強調
其特點，並便於記憶。〔註58〕

李氏援引西方巫術性思考原則，來解釋模仿這些動物的目的，並認爲先民命
名這些仿生術式的原則，除了基於不同動物的特點外，也有便於記憶的考量，
這樣的說法頗有道理。至於文獻中關於仿生術式名稱之記載，最早見於《莊

〔註57〕參見張家山二四七號漢墓竹簡整理小組編著：《張家山漢墓竹簡（二四七號墓）
（釋文修訂本）》（北京：文物出版社，2006年5月），頁185。本章所引有關
《引書》引文皆以此本爲據，不再另注出處。

〔註58〕參見李豐楙：《不死的探求——抱朴子》（台北：時報文化出版事業有限公司，
1981年1月），頁271。

子‧刻意》，不過只提到熊經、鳥伸兩種。《淮南子‧精神》也載有：「熊經、鳥伸、鳧浴、蝯躩、鴟視、虎顧」六種，〔註59〕東漢末名醫華陀所發展的五禽戲，只有虎、鹿、熊、猿、鳥五種。大致而論，在漢代以前可見的文獻記載中未有超過以上術式。導引之式到了東晉葛洪《抱朴子‧雜應》已有：龍導、虎引、熊經、龜咽、燕飛、蛇屈、鳥伸、猿據、兔驚九種。馬王堆《導引圖》則有「熊經、鳥申、鷂北、鶴潭、鸇勢、龍登、猵蹶、沐猴讙、猿呼、猿據、螯狼、犬恳」，竹簡《合陰陽》與《天下至道談》也提到虎游、蟬附、尺蠖、黶桷、蝗礫、猿據、瞻諸、兔鶩、蜻蛉、魚嘬等十種。〔註60〕《引書》所載的仿生術式計有：尺汙（蠖）、鳧沃、梟栗、䉖（龍）興、蛇𧇭、受（爰）據、虎引、復鹿、虎偃、甬莫（踊蟆）、度狼、熊經、虎顧、猿行、堂落（螳螂）、雞信（伸）共十六種，不僅較《莊子》、《淮南子》乃至華陀五禽戲的記載更為豐富，也擴大我們對秦漢以來導引的認識。

不過上述史籍均僅著錄仿生術式的名稱，對於具體操作方法，未有進一步的說明。〔註61〕直到《導引圖》的出土才為我們揭開莊子「熊經鳥伸」的真實面貌，「鳥伸（信）」一圖，畫著一位上身赤裸的男子，雙腿伸直、俯地彎腰，面向前方，狀若鳥之曲伸。而「熊經」則畫著一位身著寬鬆衣物的男子，一手斜伸在前，兩足開立。然而《導引圖》每個圖像均只有幾字說明，加上該圖是以靜態的畫面來表現動態的動作，讓人難以明其究竟，所幸可與只有文字說明的《引書》相互參照。如《淮南子‧精神》提到的「鳧浴」，《引書》的文字說明為：「鳧沃者，反昔（錯）手北（背）而揮頭。旋信（伸）者，

〔註59〕《淮南子‧精神》：「若夫吹呴呼吸，吐故納新，熊經鳥申，鳧浴蝯躩，鴟視虎顧，是養形之人也。」
〔註60〕《天下至道談》稱此為「十節」，主要是模仿動物姿態的十種性交動作。
〔註61〕《後漢書‧方術列傳‧華陀傳》所提及五禽戲的名稱，雖未記載其操作方法，不過唐代李賢在「熊經鴟顧」句下注云：「熊經，若熊之攀枝自懸也。鴟顧，身不動而迴顧也。」約可窺知一二，在南朝陶弘景編著之《養性延命錄》中「導引按摩」一節，對這套操作方法做了說明，其文如下：「虎戲者，四肢距地，前三躑，卻二躑，長引腰，側腳仰天，即返距行前卻各七過也。鹿戲者，四肢距地，引項反顧，左三右二，伸左右腳，伸縮亦三亦二也。熊戲者，正仰以兩手抱膝下，舉頭，左擗地七，右亦七，蹲地以手左右托地。猿戲者，攀物自懸，伸縮身體，上下一七，以腳拘物自懸左右七，手鉤卻立按頭各七。鳥戲者，雙立手，翹一足，伸兩臂，揚眉用力，各二七，坐伸腳，手挽足趾各七，縮伸兩臂各七也。夫五禽戲法，任力為之，以汗出為度。有汗，以粉塗身。消谷氣，益氣力，除百病，能存行之者，必得延年。」

昔（錯）手，搞而後揮。」這個動作主要是將雙手相交，反背於身後，搖頭。旋伸，雙手相交，舉起兩手並向後揮動。又如「猿據」，《引書》的說明爲：「受（爰）據者，右手據左足，搞左手負而（偃），左右。參倍者，兩手奉，引前而旁軒（軹）之。」即「右手按著左足，舉起左手，將手低下，彎腰向左右參倍，兩手相捧，牽引向前兩旁用力推拉」。〔註62〕此外，《引書》也記載：「引北（背）甬（痛），熊經十」，意即若要以導引治療背痛，可做熊經十次，也說明熊經所具之醫療效果，這些均是以往文獻未有的記載。

　　導引與行氣這種健身之術在神仙方士的倡導下，自秦漢以來始終受到重視，社會上施行導引及行氣者亦不在少數，史籍與文學作品裡皆充斥著彭祖、王喬、赤松子等神仙方士導引行氣的傳說，諸如：

　　余至江南，觀其行事，問其長老，云龜千歲乃遊蓮葉之上，著百莖共一根，又其所生，獸無虎狼，草無毒螫，江傍家人常畜龜飲食之，以爲能導引致氣，有益於助衰養老。（《史記·龜策列傳》）

　　今夫王喬、赤誦子，吹呴呼吸，吐故內新，遺形去智，抱素反眞，以游玄眇，上通雲天。今欲學其道，不得其養氣處神，而放其一吐一吸，時詘時伸，其不能乘雲升假亦明矣。（《淮南子·齊俗》）

　　安神閨房，思老氏之玄虛，呼吸精和，求至人之彷彿。（《後漢書·仲長統列傳》）

　　王喬、赤松，呼則出故，翕則納新，天矯經引，積氣關元，精神周洽，鬲塞流通。（桓譚〈仙賦〉）

至東漢後期，在長生成仙的社會思潮刺激下，導引行氣的發展更達高峰，對於是否眞可藉由此途達至長生不老、度世成仙，亦有不少人提出質疑與批評，像是王充僅承認「適輔服藥導引，庶冀性命可延，斯須不老」（〈自紀〉），反對此途可以度世不死，他說：

　　道家或以導氣養性，度世而不死，以爲血脈在形體之中，不動搖屈伸，則閉塞不通。不通積聚，則爲病而死。……案草木之生，動搖者傷而不暢，人之導引動搖形體者，何故壽而不死？（《論衡·道虛》）

〔註62〕關於「兔浴」與「猿據」的解釋，整句悉依高大倫之譯文。（參見氏著：《張家山漢簡《引書》研究》（四川：巴蜀書社，1995 年 5 月），頁 104、頁 110。）

荀悅《申鑒·俗嫌》也說「導引蓄氣，歷藏內視，過則失中，可以治疾」，認為此道並非「養性之聖術也」。此外，崔寔《政論》也批評道：

> 熊經鳥伸，雖延屬之術，非傷寒之理；呼吸吐納，雖度記之道，非續骨之膏。（《後漢書·崔駰列傳》）

神仙方士將行氣導引視爲長生不死之術，雖然渲染誇大了導引的作用，但是導引確有醫療保健之效，東漢名醫華陀即基於健身療病的立場，創發「五禽戲」，據《後漢書·方術列傳·華陀傳》記載：

> 陀語普曰：「人體欲得勞動，但不當使極耳。動搖則穀氣得銷，血脈流通，病不得生。譬猶戶樞，終不朽也。是以古之仙者，爲導引之事，熊經鴟顧，引挽腰體，動諸關節，以求難老。吾有一術，名五禽之戲：一曰虎，二曰鹿，三曰熊，四曰猿，五曰鳥。亦以除疾，兼利蹄足，以當導引。體有不快，起作一禽之戲，怡而汗出，因以著粉，身體輕便而欲食。」

「五禽戲」以健身爲主，治病爲輔，華陀的弟子吳普依此法鍛鍊，活到九十多歲仍「耳目聰明，齒牙完堅」。《抱朴子·至理》也說吳普：「從華陀受五禽之戲，以代導引，猶得百餘歲。」可見這套戲法確實行之有效，因此導引之術歷來備受醫家與道徒的應用與推崇。〔註63〕

第三節　房中保養

性是一切生物得以繁衍的基礎，也是與生俱來的原始本能，《孟子》書中有謂：「告子曰：『食色，性也。』」（〈告子上〉）、「男女居室，人之大倫也。」（〈萬章上〉），《禮記·禮運》也說：「飲食男女，人之大欲存焉。」男女和合

〔註63〕《雲笈七籤》卷三十六「玄鑒導引法」記載：「《抱朴子》曰，道以爲流水不腐，戶樞不蠹，以其勞動故也。若夫絕坑停水，則穢臭滋積；委木在野，則蟲蝎太半。真人遠取之於物，近取之於身，故上天行健而無窮，七曜運動而能久，小人習勞而湛若，君子悠游而易傷，馬不行而腳直，車不駕而自朽。道引之道，務於詳和，俛仰安徐，屈伸有節。導引秘經，千有餘條，或以逆卻未生之眾病，或以攻治已結之篤疾，行之有效，非空言也。……一則以調營衛，二則以消穀水，三則排卻風邪，四則以長進血氣。故老君曰天地之間其猶橐籥乎！虛而不屈，動而愈出，言人導引搖動而精神益盛也。導引於外而病癒於內，亦如針艾攻其榮俞之源，而眾患自除于流末也。」（參見《道藏》第22冊（北京：文物出版社，1996年），頁252。）此言可謂對導引之術的總結。

如同飲食呼吸一般乃人性的自然需求。古人十分重視房中保健養生，至少在戰國時期已形成專門的學問，房中一門，在《漢書‧藝文志‧方技略》裡已自成一家，與醫經、經方、神仙並列，它與神仙關係密切，但又不完全隸屬與神仙術範疇。〈方技略〉並著錄房中八家著作共計一百八十六卷，這些著作的篇目分別爲：《容成陰道》二十六卷、《務成子陰道》三十六卷、《湯盤庚陰道》二十卷、《堯舜陰道》二十三卷、《天老雜子陰道》二十五卷、《天一陰道》二十四卷、《黃帝三王養陽方》二十卷、《三家內房有子方》十七卷，從名稱上來看，多是假託古代聖王名臣之作，在這些書目底下班固評論道：

> 房中者，情性之極，至道之極。是以聖王制外樂以禁內情，而爲之
> 節文。傳曰：「先王之作樂，所以節百事也。」樂而有節，則和平壽
> 考。及迷者弗顧，以生疾而殞性命。

此論首先認同男女交合爲「情性之極，至道之極」，象徵男女情感的高度表現，房中之事在人類原始繁衍本能的基礎外，亦具「樂」的功能，但此「樂」並非任意而爲、縱欲肆恣，必須掌握「有節」的原則，如此才可臻於「和平壽考」，這也透露出房中術具有益壽延年之功效。反之，一旦縱欲無度，輕則傷生，重則喪命。班固此言可謂概括了古代房中術的要旨，反映當時對房中術認眞與嚴肅的態度。〔註64〕然而《漢書‧藝文志》所列之房中著作均已亡佚，後世無法窺見其內容，所幸馬王堆漢墓出土了大批簡帛醫書，其中尤以房中著作爲最大宗。這類簡帛經整理小組的定名分別爲：《養生方》、《雜療方》、《胎產書》、《十問》、《合陰陽》、《雜禁方》、《天下至道談》等七種。不過兩相對照馬王堆出土的性學著作及班固《漢書‧藝文志》所著錄的書目，兩者在名稱上並無相同之處。不過據學者的分析，應該有兩種可能：第一是班固在撰寫《漢書‧藝文志》時沒有看過或是聽聞過馬王堆出土的那批著作，另外一個假設是《漢書‧藝文志》所著錄者和馬王堆所出土的書籍內容其實大致相

〔註64〕姚偉鈞對《漢書‧藝文志》房中一類所做的評價，頗值得參考，其說以爲：「它表明，至少在相當長一段歷史中，深受先秦理性精神沐浴和推動的中國文化傳統之房事生活，並非像宋明以後那樣充滿禁慾主義腐氣。它肯定了房事的娛樂價值，肯定了人享受基本官能慾望滿足的合理性，肯定了房事生活不僅是建築在原始的本能生殖繁衍基礎上，而是建築在人性和兩性間『樂』的基礎上。但是這種『樂』又不是縱慾，而是要用人類的理性，用社會的道德來節制它，這種『樂』不至於對人的身體及社會秩序產生危害。」（參見氏著：《中華養生術》（台北：文津出版社，1995年3月），頁150。）

同，只是名稱上的差別，此一說法的可能性較大。〔註65〕

　　這些作品經學者研究，發現它們涉及的專業知識甚廣，內容涵蓋房中補
益、男女性生活調適、房室宜忌、療病增壽、優生孕育等議題。這些著作的
出土，填補了我國古代醫學史與性文化的空缺，也象徵秦漢時期房中養生學
已發展到相當高的水準。廖育群對於馬王堆出土房中類著作的看法頗值得參
考，他說：

> 由於人類性行爲已不單純是爲了繁衍後代，而是作爲文化、精神生
> 活的一部分，構成人際關係的要素之一，所以「房中」類專著的出
> 現，標誌著人類文明的進步。特別值得注意的是，在男尊女卑的倫
> 理道德占統治地位的封建社會中，於這些「房中」類著作中卻絲毫
> 看不到這種不正常的意識。相反，女性被置於極爲重要的地位，這
> 一點表現在兩方面：首先，當性行爲被視爲是一種精神和文化生活
> 時，女性的意願與歡愉得到了充分的強調，並認爲賴此方能達到兩
> 性間，以及家族間人際關係的合洽（《天下至道談》：「先戲兩樂，
> 女欲爲之，曰知時」；「弗欲強之，曰絕」。（「知時」爲八益之一，「絕」
> 爲七損之一）又：「怒樂之要，務在遲久，苟能進久，女乃大喜，
> 親之弟兄，愛之父母」。）其次，當性行爲作爲一種生理活動出現
> 時，不僅強調前戲及全過程方式的重要，以使女性高潮得以實現，
> 而且認爲男性精液對於女性具有補益作用（《合陰陽》：「吾精以養
> 女精，筋脈皆動，皮膚氣血皆作。故能發閉通塞，中府受輸而盈。」）」

〔註66〕

廖育群觀察到馬王堆房中醫書裡，女性被置於極高的地位，且房中補益也是
雙方面的事，又性生活的和諧可促進男女彼此，甚至家族間人際關係的合洽。
是故馬王堆房中醫書再次證明了早期房中術並非爲淫樂之設，而具有養生保

〔註65〕　參見劉達臨：《中國古代性文化》（上）（台北：新雨出版社，1995年8月），
頁404。馬伯英也認爲《漢書·藝文志》所載房中八家與馬王堆出土的房中著
作：「大抵可視爲同期作品，有些部分可能就是馬王堆出土書內容。至少出土
書（主要爲《十問》）中提到的姓名（黃帝、天師、大成、曹熬、容成、堯、
舜、王子巧父、彭祖、盤庚、耉老、禹、師癸、文摯、齊威王、王期、秦昭
王、黃神、左神）中有幾位與房中八家書名中提到的名字相同。」（參見氏著：
《中國醫學文化史》（上海：人民出版社，1994年5月），頁683。）
〔註66〕　參見廖育群：《岐黃醫道》（台北：洪葉文化事業有限公司，1994年4月），頁
51～52。

健，使人延年益壽的嚴肅意義。

在馬王堆所出土的房中著作裡，《天下至道談》以「至道」來稱呼男女之事，凸顯房中之事的重要。文中以「人產而所不學者二：一曰息，二曰食，非此二者，無非學與服。故貳生者食也，孫（損）生者色也。是以聖人合男女必有則也。」提出人自出生，除了呼吸與飲食乃與生俱來的本能外，其它均仰賴後天學習才能掌握，尤其兩性之事，如何使其「有則」，是聖人養生上的重要課題。爲何要特別注重性方面的養生？原因在於古人已敏感地察知人的生殖器官雖與四肢九竅同時肇生，但功能往往先身而衰，它說：

> 陰陽與九譤（竅）十二節俱產而獨先死，何也？左神曰：「力事弗使，衰樂弗以，飲食弗右，其居甚陰而不見陽，萃（猝）而暴用，不寺（待）其莊（壯），不刃（忍）兩熱，是故亟傷。諱其名，匿其膲（體），至多暴事而毋（無）禮，是故與身俱生而獨先死。〔註67〕（《天下至道談》）

性早身而衰的主要原因在於性器在人之下身，因此陰甚而陽少，加上有時在交合時不待其壯盛，即行之倉促粗暴，這些因素皆會導致生殖器官遭受到極大的耗傷，因此它們雖與身同來，卻易於衰老。故必須格外重視這方面的保養，作者要求「必愛而喜之，教而謀之」，只要遵循一定的養生之道，必可達到「虛者可使充盈，壯者可使久榮，老者可使長生」（《十問》）的效果。

《黃帝內經》也從醫學的角度，依不同階段年齡來探討男女「性」生理發展變化的過程，《素問‧上古天眞論》說：

> 女子七歲腎氣盛，齒更髮長。二七而天癸至，任脈通，太衝脈盛，月事以時下，故有子。三七腎氣平均，故眞牙生而長極。四七筋骨堅，髮長極，身體盛壯。五七陽明脈衰，面始焦，髮始墮。六七三陽脈衰於上，面皆焦，髮始白。七七任脈虛，太衝脈衰少，天癸竭，地道不通，故形壞而無子也。丈夫八歲腎氣實，髮長齒更。二八腎氣盛，天癸至，積氣溢瀉，陰陽和，故能有子。三八腎氣平均，筋骨勁強，故眞牙生而長極。四八筋骨隆盛，肌肉滿壯。五八腎氣衰，髮墮齒槁。六八陽氣衰竭於上，面焦，髮鬢頒白。七八肝氣衰，筋不能動，天癸竭，精少，腎臟衰，形體皆極。八八則齒髮去。

〔註67〕 參見李零主編：《中國方術概觀》（房中卷）（北京：人民中國出版社，1993年12月），頁41。

此言提出女子以七歲爲一個週期，男子以八歲爲一個週期。女子自七歲起開始發育；十四歲左右月經來潮，具備生育能力；二十一歲，腎氣充滿，眞牙生出，牙齒長全；至二十八歲時身體及生殖能力正處於壯盛的狀態；三十五歲起容顏開始焦枯，頭髮脫落；四十二歲時芳華已去，生殖能力銳減；至四十九歲止，內外生殖器萎縮，月經閉絕，多半無法再生育。男子則從八歲起腎氣充實；十六歲時腎氣旺盛，精氣滿溢能外瀉，具有生殖能力；二十四歲時，腎氣滿盈，筋骨強健有力，生殖能力更爲成熟；三十二歲，肌肉壯滿，性功能處於全盛時期；四十歲起，腎氣始衰，齒髮開始脫落；四十八歲面色焦枯、頭髮花白；五十六歲，腎氣衰矣，筋疲乏力；至六十四歲，天癸枯竭，性機能衰萎。一般而言，女子不超過四十九歲，男子不超過六十四歲，精氣便枯竭殆盡。

此外，〈陰陽應象大論〉也分析男女性生理發展歷程大抵是：「年四十而陰氣自半也，起居衰矣；年五十體重，耳目不聰明矣；年六十陰痿，氣大衰，九竅不利，下虛上實，涕泣俱出矣。」人體平均在四十歲之後，身體機能逐漸走下坡，尤其是生殖能力，〔註68〕此說和馬王堆《天下至道談》不謀而合，《黃帝內經》也認爲若懂得修道養生，則「能卻老而全形身，年雖壽，能生子也。」（《素問・上古天眞論》）《黃帝內經》裡關於房中保養的論述頗多，諸如：

> 上古之人，其知道者法於陰陽，和於術數，食飲有節，起居有常，不妄作勞，故能形與神俱，而盡終其天年。……以酒爲漿，以妄爲常，醉以入房，以欲竭其精，以耗散其眞，不知持滿，不知御神，務快其心，逆於生樂，起居無節，故半百而衰也。（《素問・上古天眞論》）

> 數醉若飽以入房，氣聚於脾中不得散，酒氣與穀氣相薄，熱盛於中。

〔註68〕至唐代孫思邈，對房中術之適用對象提出明確的限制：「人年四十以下，多有放恣，四十以上，即頓覺氣力一時衰退，衰退既至，衆病蜂起，久而不治，遂至不救。……故年至四十。須識房中之術。……然此方之作也，非欲務於淫佚，苟求快意，務存節欲，以廣養生也。非苟欲強身力，幸女色，以縱情，意在補益以遺疾也，此房中之微旨也，是以人年四十巳下。即服房中之藥者，皆所以速禍，愼之愼之。故年未滿四十者，不足與論房中之事。」（參見氏著：《備急千金要方・養性房中補益》（台北：中國醫藥研究所，1990 年），頁 488 ～489。）可見房中術並非人人需學或可學，更非爲淫樂者所設，而是具有養生與遺疾目的。

> 故熱偏於身，內熱而溺赤也。夫酒氣盛而慓悍，腎氣有衰。（《素問·
> 厥論》）
>
> 因而強力，腎氣乃傷，高骨乃壞。（《素問·生氣通天論》）
>
> 入房太甚，宗筋弛縱，發爲筋痿，及爲白淫。（《素問·痿論》）
>
> 若醉入房中，氣竭傷肝，故月事衰少不來也。（《素問·腹中論》）
>
> 起居不節，用力過度則絡脈傷。（《靈樞·百病始生》）
>
> 若醉入房，汗出當風，則傷脾。……若入房過度，汗出浴水，則傷
> 腎。（《靈樞·邪氣臟腑病形》）

歸納上列引文可知，《黃帝內經》主要從正反兩面告誡人們房室活動的規律性與節制性，對人體健康有著十分重大的影響，首則即分析上古之人所以能盡其天年，關鍵就在於「有節」、「有常」、「不妄」，故能致其「和」度百歲而去，因此對於房中之事應給予合理的安排。至於房中禁忌，《黃帝內經》最爲反對入房太甚、強力入房與醉酒入房。它提出若不注意房事頻率而不加以節制，反映在人身體疾病上，將會導致手足無力或白淫〔註69〕等病症。《黃帝內經》認爲陰陽合和必須在雙方神和意感的情況下進行，若是強力入房，對雙方生理心理上都會造成損傷。此外，若飽足、酒醉之後行房，除了入胃飲食難以消化外，酒後入房往往因性慾抗進而難以自制，竭其慾而後快的結果不僅耗精腎傷，女子也會有「月事衰少不來」（《素問·腹中論》）的後遺症，這些都是導致人「半百而衰」的主因。

東漢張仲景在《金匱要略》中也分析人體疾病發生的原因不外三方面，其中之一就是「房室所傷」，故也主張「房室勿令竭乏，……不遺形體有衰，病則無由入其腠理。」故《素問·陰陽應象大論》總結道：「能知七損八益，則二者可調，不知用此，則早衰之節也。」不過，《內經》對於「七損八益」的具體內容未有進一步的敘述，歷代注家對「七損八益」的注解眾說紛紜，頗爲分歧，〔註70〕直到馬王堆醫書《天下至道談》的出土，才讓我們一窺「七

〔註69〕 馬蒔曰「白淫」：「在男子爲精滑，在女子爲白帶。」（參見《黃帝內經素問注證發微》，（北京：科學技術文獻出版社，2000 年）頁 290。）

〔註70〕 歷代醫家對「七損八益」的解釋很多，經學者整理如下：如「張介賓《類經》和李中梓的《內經知要》爲代表所作的注解認爲：『七爲陽數，八爲陰數，損即消，益即長，陽不宜消，陰不宜長，反之，非病即死，故能知七損八益，察消長之機，則二者可以調。和。』而張志聰《素問集注》則認爲：『陽常有

損八益」之究竟，所謂的「七損八益」，指的是八種做法對精氣有所補益，有七種做法對精氣會造成損傷，它說：

> 氣有八益，又有七損。不能用八益、去七損，則行年卅而陰氣自半也，五十而起居衰，六十而耳目不聰明，七十下枯上脫，陰氣不用，澡泣流出。今之復壯有道，去七損以振其病，用八益以貳其氣，是故老者復壯，壯者不衰，君子居處安樂，飲食恣欲，皮腠曼密，血氣充贏，身體輕利。疾使內，不能導，生病出汗，喘息，中煩氣亂，弗能治，生內熱，飲藥、灼炙以致其氣，服餌以輔其外。強用之，不能導，生痤，腫橐。氣血充贏，九竅不道，上下不用，生痤，疽。故善用八益，去七損，五病者不作。

這裡對於男女性生理週期的分析和《內經‧陰陽應象大論》所論如出一轍，關於七損與八益的具體內容分別是：

> 八益：一曰治氣，二曰致沫，三曰知時，四曰畜氣，五曰和沫，六曰竊氣，七曰待贏，八曰定頃。

> 七損：一曰閉，二曰泄；三曰竭；四曰勿；五曰煩；六曰絕；七曰費。

八益主要在講述交合時行氣蓄精的方法；七損則在探討交合時容易發生的問題。八益主要在講述交合時行氣蓄精的方法，以及如何把握交接時機；七損則在探討交合時容易發生的問題，「閉」指精道閉塞不通；「泄」即汗出不止，造成陽氣外泄；「竭」指交接無度，造成精氣虛耗；「勿」指交合時陽痿不舉；「煩」指交合時呼吸急促、氣喘心煩；「絕」指女方沒有性要求時，男方強行房事，有損女方健康，更會影響胎孕優劣，造成下一代危害；「費」指交合時

餘，故需損，陰常不足，故需益。然陽氣生於陰精，則陰之不足而使虧損，則二者可調。』高世木式認爲：『七損者，女子以七爲紀，月事貴乎時下，故曰損。八益者，男子以八爲紀，精氣貴乎充滿，故曰益，知七損八益，則陰平陽秘，故二者可調。』日‧丹波元簡《素問識》確認爲：『《上古天真論》述男女生長發育過程，女子七歲腎氣始盛，經二七、三七、四七而極，是女子四益；男子八歲腎氣始盛，經二八、三八、四八而極，是男子亦有四益，合爲八益。女子脈衰始於五七，經六七至七七而竭，是女子有三損；男子腎氣衰始於五八，經六八、七八至八八而竭，是男子有四損，三四合爲七損』總之，各家多是從陰陽之數，或其有餘不足，或其氣之盛衰來理解《內經》的『七損八益』。」（參見：王洪圖總主編《黃帝內經研究大成》（中冊）（北京：北京出版社，1997 年 8 月），頁 1493。）

急速貪快，徒然耗散精氣。可見房中之事不僅要行房有度，還需有術，作者呼籲若能「善用八益，去七損」，將帶來「耳目聰明，身體輕利，陰氣益強，延年益壽，居處樂長。」的好處。

　　值得注意的是，房中術雖爲早期方仙道的一支，不過此派似乎不如服食、行氣導引流行，可能是因爲一般小民房中問題較爲單純之故。《列仙傳》裡所列七十餘仙中，除了容成公〔註71〕「能善補導之事，取精於玄牝」與女丸〔註72〕行「養性交接之術」，大抵與房中有關外，其餘諸仙的致仙緣由多憑藉服食或導引行氣。隨著東漢末年道教的創立，房中術逐漸被納入道教龐雜的修煉體系中，早期道教的重要流派五斗米道的創教人張陵、張魯，即以行氣、導引、房中術作爲成仙的重要途徑，把房中養生思想應用於修道實踐的即是《老子想爾注》，在〈第六章注〉提到：

> 谷者，欲也。精結爲神，欲令神不死，當結精自守。牝者，地也，體性安，女像之，故不擊。男欲結精，心當像地似女，勿爲事先。牝，地也，女像之。陰孔爲門，死生之官也，最要，故名根。男茶亦名根。陰陽之道，以若結精爲生。年以知命，當名自止。年少之時，雖有，當閑省之。綿綿者微也，從其微少，若少年則長存矣。今此乃爲大害，道造之何？道重繼嗣，種類不絕，欲令合精產生，故教之。年少，微省，不絕，不教之勤力也。勤力之計出於愚人之心耳，豈可怨道乎。上德之人，志操堅彊，能不戀結產生，少時便絕。又善神早成，言此者道精也；故令天地無祠。……能用此道，應得仙壽，男女之事，不可不勤也。〔註73〕（〈六章注〉）

所謂「道重繼嗣，種類不絕」，肯定男女之道存在的嚴肅性與必要性。不過

〔註71〕《列仙傳》：「容成公者，自稱黃帝師，見於周穆王，能善補導之事，取精於玄牝。其要谷神不死，守生養氣者也。髮白更黑，齒落更生。事與老子同，亦云老子師也。」

〔註72〕《列仙傳》：「女丸者，陳市上沽酒婦人也。作酒常美，遇仙人過其家飲酒，以《素書》五卷爲質。丸開視其書，乃養性交接之術。丸私寫其文要，更設房室，納諸年少，飲美酒，與止宿，行文書之法。如此三十年，顏色更如二十時。仙人數歲復來過，笑謂丸曰：『盜道無私，有翅不飛。』遂棄家追仙人去，莫知其所之云。」

〔註73〕原文本作「男女之事不可不勤也」，饒宗頤認爲第二個「不」字疑爲衍文，「不可不勤也」應爲「不可勤也」。參見氏著：《老子想爾注校箋》（上海：古籍出版社，1991年11月），頁10。

人隨著年歲增長，體內精氣不斷消耗，爲避免精氣提早耗散枯竭，《老子想爾注》呼籲對於男女之事需特別愼重，當「結精自守」、「男欲結精，勿爲事先」，即便年少之時精滿氣壯，性慾強盛，亦當有所節制，不可縱情肆欲，更不可以淫逸爲目的。〈第九章注〉也說：「結精成神，陽氣有餘，務當自愛，閉心絕念，不可驕欺陰也。驕欺，咎即成。」對於房中之事《老子想爾注》抱持保精節制，不完全禁絕的態度。並勉人若能妥善遵循此道，則「應得仙壽」。可見《老子想爾注》所推崇的房中養身術，重在闡發陰陽交合以繁衍後代是合乎大道之旨，但必須藉由閉心絕念、結精自守、保精勿費、有所節制，告誡人若行之過勤將造成養生大害。並針對當時一些術士假託黃帝、玄女、龔子、容成之名來傳授房中御女的方術的作法提出抨擊，[註74] 它說：

> 道教人結精成神，今世間僞技詐稱道，託黃帝、玄女、龔子、容成之文相教，從女不施，思還精補腦，心神不一，失其所守，爲揣悅不可長寶。（〈第九章注〉）

> 知守黑者，道德常在，不從人貸，必當償之，不如自有也。行《玄女經》龔子容成之法，悉欲貸，何人主當貸若者乎？故令不得也。
> 唯有自守，絕心閉念者，大無極也。（〈第二十八章注〉）

《老子想爾注》指出這種與女子交合而握固不泄的「還精補腦」之術，不僅有違自然，更會導致人心神不一，迷失其中而背離正道，《老子想爾注》極力反對，斥之爲僞技。尤其警告人主不可施行此道，唯有絕心閉念，重個人自守而非採補才是根本之道。

根據史書記載，漢末迄至魏晉是房中術興盛時期，當時不少學習此技者：

> 壽光年可百五六十歲，行容成公御婦人法，常屈頸鷦息，須髮盡白，而色理如三四十時，死於江陵。（《後漢書・方術傳》）

> 甘始、東郭延年、封君達三人者，皆方士也，率能行容成御婦人術，或飲小便，或自倒懸，愛嗇精氣，不極視大言，……皆爲操所錄，問其術而行之。（《後漢書・方術傳》）

> 甘始、左元放、東郭延年行容成御婦人法，並爲丞相所錄，行其術，亦得其驗。（《博物志》）

[註74] 王充《論衡・命義》裡亦曾批評道：「素女對黃帝陳玉女之法，非徒傷父母之身，乃又賊男女之性。」

曹丕《典論》中概述當時房中術流行的狀況：

> 盧江左慈，知補導之術。……左慈到，又競受其補導之術，至寺人
> 嚴峻往從受問，奄豎真無事於斯術也。人之逐聲，乃至於是也。

連寺人都往從受問此道，漢魏之際房中術流行之盛況可見一斑。至葛洪《抱朴子》，書中已載有「房中之法十餘家」、「房中之術近有百餘事」，可見房中術在當時頗受道徒青睞，且廣為流行，又據該書〈遐覽〉之載錄，計有《玄女經》、《素女經》、《彭祖經》、《容成經》、《元陽子經》、《六陰玉女經》、《陳赦經》、《子都經》、《張虛經》、《天門子經》等房中相關的著作，反映此時房中術發展的盛況。葛洪對於房中術的態度為：

> 人不可以陰陽不交，坐致疾患。若欲縱情恣欲，不能節宣，則伐年
> 命。善其術者，則能卻走馬以補腦，還陰丹以朱陽，采五液為金池，
> 引三五於華梁，令人老有美色，終有所享之天年。（〈微旨〉）

> 或以補救傷損，或以攻治眾病，或以采陰益陽，或以增年益壽，
> 其大要在於還精補腦一事耳。此法乃真人口口相傳，本不書也，
> 人復不可都絕陰陽，陰陽不交，則坐致壅閼之病，故幽閉怨曠，
> 多病而不壽也。任情肆意，又損年命。唯有得其節宣之和，可以
> 不損。若不得口訣之術，萬無一人為之，而不以此自傷煞者也。（〈釋
> 滯〉）

葛洪同樣反對縱欲或禁欲，認為一旦完全斷絕性愛，不僅有礙健康，也容易導致疾病產生，唯有能「得其節宣之和」，才能不損年命。且為了得致神仙，除了服藥、行氣之外，修習男女之事有其必要。葛洪也肯定房中術對於治療疾病，有一定的功效。此外，上列引文也透露出房中術需透過師傳，否則將誤入邪徑，可見房中術的秘傳性格。值得注意的是在《老子想爾注》中被斥之為「偽技」的「還精補腦」〔註75〕之說，此時已成為許多房中著作的要旨，

〔註75〕所謂的「還精補腦」，根據日人丹波康賴《醫心方》卷二八引《仙經》之說提到：「還精補腦之道，交接精大動欲出者，急以左手中央兩指卻抑陰囊後大孔前，壯事抑之，長吐氣，並叩齒數十遍，勿閉氣也。便施其精，精亦不得出，但從玉莖復還，上入腦中也。」（參見高羅佩著、李零、郭曉惠等譯：《中國古代房內考——中國古代的性與社會》（台北：桂冠圖書股份有限公司，1991年11月），頁154。）據高羅佩的解釋：「在達到高潮前，男人應自我克制。他應當用控制意念的方法或者用諸如以手指按壓精道這樣的方法來防止射精。然後，他那通過與陰氣感應而充盈的陽氣，會沿著脊柱"上行"而使身體機能增強。」（詳文參見氏著、楊權譯：《秘戲圖考》（廣

甚至有一派主張「房中之事，能盡其道者，可單行致神仙，并可以移災解罪，轉禍爲福，居官高遷，商賈倍利。」（〈微旨〉），對於這種專行房中之道便可成仙的說法，葛洪斥之爲「巫書妖妄過差之言，由於好事增加潤色，或亦姦僞造作虛妄，以欺誑世人，隱藏端緒，以求奉事，招集弟子，以窺世利耳。」（〈微旨〉）文中再次強調「陰陽之術，高可以治小疾，次可以免虛耗而已。安能致神仙而能卻禍致福乎？」（〈微旨〉）並提醒「玄素論之水火，水火煞人，而又生人，在於能用與不能耳。」（〈微旨〉）理性的揭示出房中術如同水火，既可有利於人，亦可氾濫成災。

葛洪的論點大抵上是正確且健康，不過此時房中之學已發生重大變化，爾後更發展出如縱欲淫穢、多御少洩、采戰御女之術，房中術逐漸步往神秘與爭議的道路，是故此派在歷史上飽受批判與非議。〔註76〕

服食、行氣與房中三大流派，在現實操作上彼此密切相關，首先就辟穀而言，除了與行氣（食氣）之法相配合外，辟穀並非絕食或單純的斷食，必須藉助特定的替代食物，如上述所說的食石葦、棗、茯苓或兼服礦物之藥，

東：廣東人民出版社，1992 年 7 月），頁 14。）當然，從今日生理學的角度而論，沒有射出的精液是不會沿著脊柱上行補腦的，只會進入膀胱最後隨著尿液排出。李建民對於「還精補腦」則有不同的解讀，其說以爲：「然而若我們（將）『回精』、『還精』理解爲『氣』，而不是『精液』（semen）；沿脊柱而上於腦，是經由導引、氣功，而不用現代生理學去了解，或許能稍近於房中術的原貌吧。」此說亦值得參考。（參見氏著：《方術　醫學　歷史》（台北：南天書局有限公司，2000 年 6 月），頁 75。）

〔註76〕蓋建民指出：「道教房中術自魏晉發展到隋唐五代，其房事養生的主要指導思想已從早期的節欲保精逐漸演變爲閉精縱欲，出現了以『採陰補陽』爲目的所謂『男女雙修』、『三峰採戰』等修煉法。一些道教房中術士認爲，人體內的精液爲人身至寶，外泄則有損於健康。在房事中應閉精守一，交而不泄，配合行氣、導引等道教內丹術，令精液上行，就可達到還精補腦的養生效果。而且，道教房中家還認爲，草木、金石類這類異物雖可以治療人的疾病虛損，但終究不如同類物質，如異性的『陰氣』來的更靈驗。因此，男子可以通過女子交合而汲取其『陰氣』，補益陽氣，即所謂『採陰補陽』。這也是後期道教房中術的主要指導思想之一。……在這些思想指導下，道教房中家甚至認爲通過多次『採戰』、『數數御女』，就可以採陰補陽，達到消病、長生的目的，甚至得出了『御女多多益壽』的荒唐結論。」蓋氏認爲諸如此類乃道教房中術的糟粕，違反科學的荒唐結論，也是造成房中著作被視爲淫穢之術而湮沒不傳的一個內在原因。（詳說參見氏著：〈道教房中術的性醫學思想及其現代意義〉收錄於氏著：《道教醫學導論》（台北：中華道統出版社，1999 年 2 月），頁 535～536。）

故需與服食相配合。再者就導引而論，除了與行氣並行外，在施行房中之術時，也需搭配導引及行氣之法，如馬王堆出土之《養生方》，提及對於老不起、不起（老年陽痿、青壯年陽痿）的治療方法，除了藥物以外，亦需配合房事進行「氣鉤口仰」。另外，《天下至道談》所論之房中「八益」，其中「治氣」、「蓄氣」、「聚氣」，皆是行氣在房中的應用，文曰：

> 治八益：旦起起坐，直脊、開尻，翕州，印（抑）下之，曰治氣……爲而脊奊，翕周（州），呴（抑）下之，曰蓄氣；飲食，垂尻，直脊，翕周（州），通氣焉，曰致沫……出臥，令人起之，怒擇（釋）之，曰積氣；幾已，內脊，毋疃（動），翕氣，印（抑）下之，靜身須之，曰侍（待）贏。

上述說明行「八益」之法，即清晨早起打坐，伸直背脊，放鬆臀部，收斂肛門，以導氣下行，自交合起至結束，皆須納氣使之運行於背脊。又《合陰陽》與《天下至道談》也記載行房時可依循虎游、蟬附、尺蠖、麕桷、蝗磔、猿據、瞻諸、兔鶩、蜻蛉、魚嚼等十種仿生導引的術式來進行。在《合陰陽》中也提到：

> 凡將合陰陽之方：握手，土捾陽，揗（肘）房，抵夜（腋）旁，上灶綱，抵領鄉，揗拯匡，覆周環，下缺盆，過醴津，陵勃海，上常山，入玄門，御交筋，上欲精神，乃能久視而與天地牟（侔）存。

王明輝對於此段文字有如下的解讀：

> 《合陰陽方》中還提出了氣功導引的具體做法。要求夫婦性交前宜先作導引，可兩手交握，呼吸清氣，引氣循肘窩、經腋旁、上肩胛，經頸項，環眼周，撫面頰，再下鎖骨上窩，過乳房，至腹，歷臍下，上陰阜，觸撫陰器龜頭或陰蒂。行此導引時，如能做到精神收斂內守，久之即可耳聰目明，卻病延壽。這種旨在促使氣血流通，精神內守的導引法，應是夫婦性生活時的一種有益的攝生措施。〔註77〕

王氏所言再次證明了導引之術配合房事的進行，則可達到耳聰目明、卻病延壽的效果。此外，房中與服食間更有密切關係，馬王堆出土之《養生方》裡，記載不少壯陽及增強女子興奮等藥方，在《十問》中第二問與第十問接均提

〔註77〕 見王明輝：《中醫性醫學》（台北：旺文社股份有限公司，1995 年 5 月），頁74。

到若能「食松柏，飲走獸泉英」〔註78〕則可「卻老復壯，曼澤有光」。可見服食對於房中所具之補益功效。

　　服食、導引與房中在《抱朴子》裡已被視爲神仙道教成仙的主要方術，葛洪也具體討論過三者間的關係，〈釋滯〉說：「欲求神仙，唯當得其至要，至要者在於寶精、行炁，〔註79〕服一大藥便足，亦不用多也。然此三事，復有淺深，不值明師，不經勤苦，亦不可倉卒而盡知也。」葛洪認爲三者中以服食金丹大藥爲修煉長生的最高指導原則，在〈金丹〉與〈黃白〉兩篇中具體記錄了許多煉丹方法，〈金丹〉說：「雖呼吸道引，及服草木之藥，可得延年，不免於死也；服神丹令人壽無窮已，與天地相畢。」、「不得金丹，但服草木之藥及修小術者，可以延年遲死耳，不得仙也。」不過，〈微旨〉也強調須「藉眾術之共成長生」，意謂欲養生以長生，不可偏修一事，〔註80〕可見三者間雖有輕重之別，但須彼此相互配合，才能達到最好的效果。〈至理〉說：

　　　服藥雖爲長生之本，若能兼行氣者，其益甚速，若不能得藥，但行
　　　氣而盡其理者，亦得數百歲。然又宜知房中之術，所以爾者，不知
　　　陰陽之術，屢爲勞損，則行氣難得力也。

可見葛洪雖主服食金丹大藥乃長生之本，但也認爲輔以行氣則可加速服藥之效，而房中術又能配合行氣，故三者相輔相成，缺一不可。

　　最後總結這三大流派，服食派最受企圖永保富貴權位的帝王顯貴所青睞與熱衷，位居顯位的他們沒有耐心長期施行吹呴呼吸、熊經鳥申之導引行氣

〔註78〕所謂的「飲走獸泉英」指的大抵是「飲牛羊乳或爲動物之精液，包括以動物陰莖或睪丸煎湯服食，如狗鞭、馬鞭之類。」詳說參見周一謀：《馬王堆漢墓出土房中養生著作釋譯》（香港：今日中國出版社，1990年8月），頁22。

〔註79〕「行炁」即「行氣」，李豐楙指出：「在養生學史上，『氣』字較早使用，『炁』則較晚出，之所以要新造『炁』字，是與煉氣的經驗累積有關，從火造字，顯示煉氣士發現身體內部的運氣經驗，是內在的火在經絡中運行，是一種呼吸生理學的進展，讓道士有意另造新字，它的出現時代尚有待進一步的考證。」而葛洪之所以稱爲「行炁」，應該是「襲用『氣』的觀念與方法，又特別突顯了『炁』的語意，賦予道教煉氣說的獨特風格。」（參見氏著〈葛洪《抱朴子》內篇的『氣』、『炁』學說〉收錄於楊儒賓主編：《中國古代思想中的氣論及身體觀》（台北：巨流圖書公司，1993年3月），頁533、539。）

〔註80〕〈微旨〉說：「凡養生者，欲令多聞而體要，博見而善擇，偏修一事，不足必賴也。又患好事之徒，各仗其所長，知玄素之術者，則曰唯房中之術，可以度世矣；明吐納之道者，則曰唯行氣可以延年矣；知屈伸之法者，則曰唯導引可以難老矣；知草木之方者，則曰唯藥餌可以無窮矣；學道之不成就，由乎偏枯之若此也。」

術，對於房中之事也往往難以節制，〔註81〕而服食對他們而言，只需藉著特定藥物，即可達成長生不死的目的，無疑是通往神仙之域的終南捷徑。且尋藥煉丹所耗，需雄厚的人力財力支持，非一般人所能從事，也因此史書文獻與文學作品裡，俯拾可見方士爲人主尋藥獻藥的熱情歌頌。隨著神仙思想蔓延、道教的建立及服食理論的累積，至魏晉以迄南北朝，服食風氣逐漸擴散開來，此一時期所流行的「遊仙詩」，在書寫神仙漫遊的內容時，大多以服食一途追求長生不死，社會嗜談服食養生，成爲服食史上極爲興盛的時期，〔註82〕此後有關服藥致死所釀成的悲劇史冊更是斑斑可考，對於煉丹之道欺人的批判更是不絕於書，不過服食派方士促進了醫藥學與化學的發展，這方面的貢獻實不容否定。

　　導引行氣應該是淵源最古且最爲流行的一派，它不像服食丹藥風險甚大，如同玩生命遊戲，且不需耗費人力鉅資，也不同於房中補導有年齡限制，從《導引圖》圖譜所描繪的四十四幅不同年齡、性別的人，正在進行導引鍛鍊可知，此術不分男女老幼，不需行之於閨房，人人隨處皆可施行。它的流行程度誠如高大倫分析馬王堆《導引圖》與張家山《引書》時所指出：

> 江陵與長沙，兩個相距遙遠的地方，竟在同一時期的墓葬中出了相
> 同內容的書籍（除導引術方面的，還有《脈書》）。它反映出戰國末
> 期，尤其秦統一後，各種文化都在加快整合進程，楚地的文化相當

〔註81〕根據史書記載，可知西漢時王莽亦好此道，《漢書·王莽傳》說他：「染其鬚髮，進天下所徵淑女，凡百二十人。……莽日與方士涿郡等於後宮考驗方術，縱淫樂焉。」可見王莽縱情於房中之術，甚至以眾多女子當作試驗品。《後漢書·襄楷傳》裡也載有襄楷對於桓帝的勸誡：「今陛下淫女豔婦，極天下之麗，甘肥飲美，單天下之味，奈何欲如黃老乎？」由此可見帝王權貴或富豪人家，往往因坐擁美女佳麗而貪溺於男女之歡，無所節制。徐復觀《兩漢思想史》也提及：「漢室自朝廷以至諸侯王及一般權貴，在男女關係上的荒淫無度，由《二十二史箚記》卷三『漢諸王荒亂』條，可見一般。」（參見氏著：《兩漢思想史》（卷二）（台北：臺灣學生書局，1993 年 9 月），頁 412。）

〔註82〕顏進雄分析魏晉以降，服食之風熾盛的時代因素，他說：「魏晉之世，由於政治社會紛亂黑暗，人們油然地產生了生命自覺，無時不以全生保命爲念，加上風俗的敗壞與道德的淪亡，益使社會充斥著淫靡浮華，餌藥壯身恣慾成爲理所當然，且食髓知味。而名士們注重外在容止，無形中更助長了服食聲勢，尤其神仙道教在東晉南北朝的大盛，其理論體系更把服食精神推到長生不死的最高點。在各種外在條件都成熟的情形下，服食蔚爲風尚，自是必然的趨勢。」（參見氏著：《六朝服食風氣與詩歌》（台北：文津出版社，1993 年 8 月），頁 63。）

繁榮，導引也是極為流行的。如果說，早期的導引也許還可能有地區和流派上的差異的話，到這時應該是接近於合流認同了。〔註83〕

至於房中之術，男女交接既是人性本能需求，亦為人倫大事，如何使其「樂而有節」以臻於「和平壽考」是房中術的主旨。從近年來陸續出土的早期房中醫學著作顯示，自先秦時期，性方面的養生知識已獲得高度重視，房中養生的宗旨並非為了圖樂縱慾，而是以宣情節欲、遣疾防病、延年增壽、優生孕育為目的，其動機極為嚴肅。就現今醫學角度觀之，適當和諧的性生活，確實有利於男女雙方身心健康，當時已將房中術視為祛病延年的養生之道，極具時代意義。

神仙方士以追求形軀生命的不死為終極目標，故對形軀生命特為重視，從上述討論的養生方技可知，其絕大部分是以養形為主，廖育群分析馬王堆出土的簡帛醫書認為：

> 嚴格地講，對於這批出土材料既要考慮到其內容與先秦文化具有極為密切的傳承關係，也要考慮到其墓葬年代為西元前 168 年這一事實決定了這些材料不可能不包含西漢前期的文化。然而即便如此，在有關「養生」的種種方法中仍然看不到任何道家有關精神修養學說的影響。道家名其為「養形之士」，確實是恰如其分地把握了這些養生方法的實質。〔註84〕

不過必須說明的是，這些「養形之士」雖將生命養護的重點放在形軀之身，但並不表示他們全然忽略了精神的保養，無論導引行氣或是房中補導，在施行的過程中，仍需注意精神的配合。當然，若是以肉體成仙為目的來檢視這些養生方術，或許流於荒誕無稽，但以客觀的角度來看待這些養生方技，則如廖氏所言，他們實際展現出養生方法的真實面貌，對於傳統醫學發展與道教的成立，有著直接且深切的影響。

〔註83〕 參見高大倫：《張家山漢簡《引書》研究》（四川：巴蜀書社，1995 年 5 月），頁 40。

〔註84〕 參見廖育群：《醫者意也——認識中國傳統醫學》（台北：東大圖書股份有限公司，2003 年 8 月），頁 179。

第六章 結 語

　　本章分爲三節，首先就各章作一簡單的總結，其次探討漢代養生思想的現代意義，最後針對本論文不足處提出未來展望。

第一節　各章總結

　　養生行爲最早可溯源至生民之初，早期人類爲了與大自然環境相抗衡，逐漸摸索出一套相應之法，隨著經驗的積累與生命意識的覺醒，逐漸由本能的求生演變成有意識的護生，養生之道應運而生。自先秦以來，養生思想的發展與先秦道家、醫家及方士關係密切。

　　先秦老莊道家高揚個體生命價值，在貴生、重生的旗幟下，將生命立於至尊之位，如何使生命得到妥善的安頓爲其學說的終極關懷。老子要人「貴以身爲天下，愛以身爲天下」（〈第十三章〉）並建立起對待生命的正確態度，教人「無以生爲生」（〈第七十五章〉）與「不自生」（〈第七章〉），亦即不對形軀生命做過當養護，才能「無遺身殃」（〈第五十二章〉），認爲在這樣的前提下講養生才有意義。不同於老子對生命的觀照著眼於整體層面，莊子更明確地將生命理解爲外在的形軀與內在的精神，形、神間有賓主之分，莊子認爲形軀生命乃有限且不自由的存在，呼籲勿以形軀存養爲重，明白道出「養形不足以存生」（〈達生〉），反對刻意的養形，認爲做爲生命主體的精神，才是養生的焦點所在，這種神爲生之主，養生貴在養神是傳統形神觀的基本主張。

　　先秦道家講論貴生、重生，暢述生命的可貴，卻又清醒地一語道出人是無可逃於天地間的有限存在，以「氣化」的觀念爲人們呈顯生命的真相，生

-199-

不足樂，故無須以聲色之厚益之；死不足懼，不必因恐懼死亡而惶惶不可終日，藉此破除時人對形軀生命的執著所產生的樂生惡死情緒。雖然人無法逾越死亡的鴻溝，但卻可藉由養生之道的落實而全生盡年，這種重生貴己、死生一如、寡欲清靜、順性而爲的養生理論，奠定了養生思想的發展，對於黃老養生思想以及後世道教皆有相當的啓發。

醫學脫離傳統巫術走上獨立發展的道路，亦是促進先秦養生思想發展的一大因素，目前最早的醫學專著《黃帝內經》，較爲全面且系統的總結先秦以來醫家理論、陰陽五行說及諸子哲學思想，並從醫療實踐來闡發養生要義，證實了人只要能「法於陰陽，和於術數，食飲有節，起居有常，不妄作勞」，的確可以「盡終其天年，度百歲而去」(《素問‧上古天眞論》)，並進一步提出「不治已病治未病」的主張，告誡人與其治療於有疾之後，不如攝養於未疾之先，更著實有力強調了「養」先於「醫」；「防」重於「治」的重要性。

此外，《黃帝內經》對於人體生命做整體觀照，不僅視人體內部爲一個統一整體，各部分彼此相屬，亦將人之生命活動置於自然界中加以考察，與廣袤自然相互連結，在天、地、人一體的框架中，人乃自然的一部分，與天地自然亦是一個整體，彼此間有共同依循的規律，故《黃帝內經》進一步提出「人與天地相參，與日月相應。」(《靈樞‧歲露》) 的主張，《素問‧四氣調神大論》更揭示：「四時陰陽者，萬物之根本也。所以聖人春夏養陽，秋冬養陰，以從其根，故與萬物沈浮於生長之門。逆其根，則伐其本，壞其眞矣。故陰陽四時者，萬物之終始也，死生之本也。逆之則災害生，從之則苛疾不起。」強調人體配合陰陽四時的重要性，並根據四季陰陽消長的規律，制訂了一套養生標準，舉凡日常起居、情志調攝、作息勞動均要求人「順四時而適寒暑」(《靈樞‧本神》)，如此才能「僻邪不至，長生久視」。《黃帝內經》天、地、人一體的整體觀，不僅成爲中國傳統醫學的主軸，其順四時、調陰陽，人與天合的養生原則更爲歷代養生論者所奉行。

諸子與醫者皆坦然接受死亡乃不可改變的必然結局，因此落實生命的「盡」與「全」，享盡自然賦予人的歲數〔註 1〕是他們對於養生的最終期待。

〔註 1〕 《韓非子‧解老》說：「能保其身，必能終其天年。」《呂氏春秋‧盡數》也提出：「精神安乎形，而年壽得長焉。長也者，非短而續之也，畢其數也。」「天年」究竟有多久？《禮記》稱百歲爲「期頤」，《尚書‧周書‧洪範》：「一曰壽」注說：「百二十歲也。」疏云：「人之大期百年爲限。世有長壽百二十年者，故傳以最長者言之。」此外，自古以來有上、中、下三壽的說法。諸

然而，有一類人卻不以盡其天年、度百歲而終爲滿足，他們不甘生命終有期限，想方設法要突破生命藩籬，因而萌發長生不死的念頭，深信人可藉由後天的努力達到到神仙不死的境地。自戰國至秦漢，對神仙不死的追求成爲一股十分強烈的社會意識，方士們積極探索各種超越生命極限的方法，他們前仆後繼地或訪仙求藥，或祠灶致物，或導引行氣，或房中補導，實可謂生命科學的先行者，其煉養實踐大大豐富了傳統養生學的內容，神仙思想在東漢更與黃老思想合流，造成黃老思想的轉化，不僅豐富了漢代養生思想的內容，神仙思想更爲道教所汲取發展，成爲其重要的思想理論淵源。

做爲漢代學術主流的黃老思想，繼承先秦老莊道家貴生重生的傳統，又不離現世的關懷，它將此一保全身體生命之理擴充到治國之術，由形神修養去推行治術，希冀藉由內養其身的工夫，達至外應萬方的理想，使修身治事均能臻於圓滿，因此在黃老思想的指導下，修身養生成爲全備帝王之道的基礎，亦爲明君聖主之必修。黃老思想將養生拉抬到治國等齊的高度，更爲後者前提的論述，實爲中國傳統養生思想的特殊風貌。

《淮南子》關於養生方面的討論，大抵上承先秦道家清靜寡欲、循性以養的本旨，並吸收稷下《管子》、《呂氏春秋》的精氣說，在漢代氣化宇宙論的視野下來考察生命問題。它以「氣」釋「道」，根源性地大談人類生命創生與來源問題，標舉「煩氣爲蟲、精氣爲人」（〈精神〉）、「天人相參同構」（〈天文〉），以彰顯出人異於萬物的生命價值。並以氣來縮結形與神，建構出「形者，生之舍也；氣者，生之充也；神者，生之制也。一位失則三者傷矣。」（〈原道〉）的關係。在老莊全神爲上、養神遺形的基礎上，《淮南子》雖貴神賤形，但亦主形神交養，並對兩者根源性的「氣」也有妥善安排，它教人「將養其神、和弱其氣、平夷其形」（〈原道〉），才能使生命能得到全面的觀照。此外，《淮南子》從人性本質上來探討生命安養的問題，在承認人生而有欲的前提下，卻又不厭其煩地從反面呈顯出縱欲失性，治身身危、治國國亂的嚴重後

如《莊子·盜跖》：「上壽百歲，中壽八十，下壽六十」、《呂氏春秋·安死》：「人之壽久之不過百，中壽不過六十。」、《淮南子·原道》：「凡人中壽七十歲」、《論衡·正說》：「上壽九十，中壽八十，下壽六十。」不過〈氣壽〉又說：「彊弱天壽，以百爲數；不至百者，氣不足也」、「百歲之命，是其正也。」桓譚《新論·袪蔽》：「夫古昔平和之世，人物蒙美盛而生，皆堅強老壽，咸百年左右乃死。」《太平經·感身卻災法》認爲「人生百二十上壽，八十中壽，六十下壽，過此皆夭折。」綜上所論，大致將「天年」的標準界定在一百歲至一百二十歲之間。

果，提醒人們（尤其是統治者）原心反性、以內樂外的重要，它發展了《老子》的「寡」與「嗇」原則，拈出「節」與「適」更爲彈性的養生標準。

此後，隨著儒學定於一尊，黃老思想淡出政治舞臺，逐漸由君人南面之術偏轉至修身養生之學，《老子河上公章句》正反映了黃老思想的歷史轉折。該書雖治國治身並舉，但多將治身置於首位，其次才論及治國，或將《老子》原本與養生之理毫無關涉的篇章，都從養生的角度來闡發。據其對養生的偏重看來，應是撰作於黃老養生理論盛行的時代。首章更明白指出用於治國的「經術政教之道」只是「可道之道」而非「常道」。故《河上公章句》雖也提及政教之術，但其思想宗旨已歸向治身，書中養生理論大致承襲秦漢以來黃老思想，反覆強調如何以道治身，來愛養精氣、除情去欲、靜以養神，以達到「使壽命延長」（〈仁德第三十五〉）而不致早死的理想生命狀態。故其養生目的僅在於延年益壽，與後世不死求仙的追求仍有相當距離，書中亦不見強烈的宗教意圖，將其視爲黃老學轉變的過度代表，應是較爲保守與允當的看法。

東漢中後期黃老之學與方仙道進一步合流，黃老道的形成可謂黃老思想與神仙信仰合流的鮮明標誌，此時黃老學已褪去學術外衣，展現濃郁的宗教性質，《老子》逐步被轉化到宗教領域，成爲闡述長生成仙的重要典籍。道教早期重要經典的《老子想爾注》，全然以宗教立場去注解《老子》，基於宗教需要將《老子》長生久視的養生理想加以附會擴張，以長生成仙當作人生的終極目標。書中充滿對行道長生的宣揚，它將「生」解讀爲道之別體，認爲「生」乃道的表現形式，將學「生」視爲人世間第一要事，更是人生的最佳選擇。在《老子想爾注》裡，清靜養氣、結精自守、房中節制等養生之理，均成了道誡的主要內容，還教人輔以行善積德的宗教使命，能落實此途則人人皆可長生仙壽，至此時人對人體結構與生命存在的理解發生了重大轉變。老莊以來重神輕形的形神觀與盡其天年的生命理想已徹底轉化，養生儼然成爲以養形爲主、追求生命不死的主要途徑，此後養生更成爲道教組成的重要部分。誠如學者所言：

> 煉丹、吐納、導引、行氣、房中、符籙、辟穀等神仙方術經過多年的分散流傳，終於歸入道教這個大家庭，或者說共同組成建立了這個大家庭。道教依靠眾多的神仙方術吸引民眾招攬信徒才得以建立，並一直以神仙方術作爲修道的主要手段，對他們採取兼容並蓄、

> 大力扶持的態度。神仙方術也因此有了組織上的依靠和人力物力上
> 的固定支持，從而獲得更大的發展。〔註2〕

隨著道教的創立，古代許多神仙方術相繼被納入道教的修煉體系中，誠所謂「道以術立，術隨道興」，可見兩者間相互依存、相輔相成的關係，就現存道書內容分析，養生相關的論述佔有不小的比重，傳統養生方技在相當程度上豐富充實了道教內容。

此外，漢代養生思想更下開魏晉養生之風氣，自東漢末年起迄至魏晉，政治黑暗、災亂踵繼，時人籠罩於死亡危機的陰影下，對於生命之飄忽無常分外清醒，如何「全生養生」與「神仙是否可成」的討論，成為此時最重要的人生課題，嵇康、向秀兩人對養生的往復論難，促使論辯養生成為盛極一時的時代風尚，更是魏晉清談的重要議題。據《世說新語‧文學》所載：「舊云王丞相過江左，止道聲無哀樂、養生、言盡意三理而已，然宛轉關生，無所不入。」〔註3〕直至王導渡江，猶為三大名理之一，可見有關養生的論辯仍持續發燒，身處兩晉之際的葛洪著有《抱朴子》一書，《內篇》詳細闡述了其養生觀點，書中廣泛吸收及綜合了秦漢以來的養生理論，可謂集大成之作，由此可見漢代黃老養生思想對於魏晉養生思想的發展有著推進之功，具有特殊的時代地位。

第二節　漢代養生思想的現代意義

本論文雖以漢代為時代背景，探討傳統養生思想的內容與價值，然而如何將傳統思想開展出現代意義，使歷史產物從故紙堆中煥發出時代活力，應為研究過程之終極目標，以下嘗試從兩方面揭示漢代養生思想的現代意義。

一、養生與政治的結合

作為漢代學術主流的黃老思想，它繼承了先秦老莊道家重生的傳統，卻又不離現世的關懷，它將此一保全身體生命之理擴充到治國之術，從形神修養去推衍治術，希冀藉由內養其身的工夫，達至外應萬方的理想，使修身治事均能臻於圓滿，因此在黃老思想的指導下，修身養生成為全備帝王之道的

〔註2〕 參見參見姜生、湯偉俠主編：《中國道教科學技術史》（漢魏兩晉卷）（北京：科學出版社，2002年4月），頁288。

〔註3〕 參見余嘉錫：《世說新語箋疏》（台北：華正書局，2002年8月），頁211。

根本，亦爲明君聖主之必修。黃老思想將養生拉抬與治國等齊，更是治國的前提，養生與政治的結合，治身治國一體之論，實爲中國傳統養生思想的特殊風貌。其中，省事寡欲乃人君立身施政的重要內容，《黃老帛書》說：「生有害，曰欲，曰不知足。」（《經法》），《稱》認爲天下有「三死」，其中一項即是「嗜欲無窮」，《呂氏春秋》也說聖人「必先嗜欲」、「修節以止欲」，〈重己〉並援引先王儉樸生活爲例，〔註4〕論證其「非好儉而惡費也，節乎性也」的物欲標準。這種節欲崇儉的主張，在《淮南子》裡更得到高度闡發，書中剴切叮嚀人主當「適情辭餘，以己爲度，不隨物動。」（〈精神〉）、「閉四關、止五遁」（〈本經〉），理治好自身才有取得施政成功的可能。嚴遵《老子指歸》亦總結歷代帝王失政的歷史教訓，揭示出君主奢侈無度，正是導致身敗國亡的主要原因之一，〈方而不割〉裡指出：「治國之道，生民之本，嗇爲祖宗，是故明王聖主損其容，卑宮室，絕五味，滅聲色。」它們均一致強調身爲一國之君節欲省事的重要，畢竟國君一己之欲望直接牽動著黎民百姓與國家的安危，若其能自養有度，取下有節，使自己的性情回復到質樸的原始狀態，循道以治，則民豈有不樂？國豈有不安？黃老思想這種治身與治國理結合的理論，在二十一世紀物欲橫流、政局紛擾的今日，統治者實應參酌此說作爲自我修身與治政之範式。

二、養生方技在現實生活的施用

　　神仙派方士將極大的熱情投注在生命不死的探索，其追求不死的主要路徑就是養生一途，以今日眼光檢視這些以成仙爲目的的養生方術，固然荒誕無稽，但不可否認的是，爲了達到他們心目中生命不死的理想境界，所創發與提倡的各式養生方術，對於中國傳統醫學與養生思想的發展，乃至道教教義的建立，有著不可抹滅的重要貢獻，在科技發達的今日仍有著相當的影響性。

　　首先就服食而言，服食之物主要可分爲植物性藥物與金石礦物兩大類，屬於草木類的服食藥物種類繁多，在《列仙傳》裡所提到的就有松實、巨勝（胡麻）、朮、桃李、蒲韭根（菖蒲）、松脂、桂、荔枝、黃精、天門冬、茯苓、彭藑根、瓜子、地黃、當歸、獨活、苦參、菊花、地膚、桑上寄生、巴

〔註4〕　《呂氏春秋‧重己》：「昔先聖王之爲苑圃園池也，足以觀望勞形而已矣；其爲宮室臺榭也，足以辟燥溼而已矣；其爲輿馬衣裘也，足以逸身煖骸而已矣；其爲飲食酏醴也，足以適味充虛而已矣；其爲聲色音樂也，足以安性自娛而已矣。五者，聖王之所以養性也，非好儉而惡費也，節乎性也。」

豆、蕪菁子、百草花、芝草……等。在《神農本草經》中這些藥物多被歸於
上品之列，被視為具有「輕身益氣，不老延年」的功效。葛洪《抱朴子·仙
藥》裡也提及不少具有滋補強壯功效的草木藥物，芝菌類可謂草木藥物的代
表，許慎《說文解字》將「芝」字釋為「神草」，王充《論衡》也提到：「芝
草延年，仙者所食」（〈驗符〉）、「芝草一年三華，食之令人眉壽慶世，蓋仙人
之所食。」（〈初稟〉），《漢書·藝文志》所著錄神仙家所服食書目中亦有《黃
帝雜子芝菌》十八卷，可見至漢代時已十分重視芝菌類藥物，深信其具有使
人成仙的功效，《抱朴子·仙藥》也載有：「五芝者，有石芝，有木芝，有草
芝，有肉芝，有菌芝，各有百許種也。」此後芝菌類藥物一直是歷來傳統醫
學保健上的重要藥材。現代藥理研究證實了靈芝類萃取物的確具有鎮靜、鎮
痛、鎮咳、平喘、強心、保肝、降血脂、降血糖、降血壓、抗過敏、抗發炎、
抗腫瘤、調整免疫功能等作用，在臨床上廣泛應用於治療呼吸系統疾病、心
血管疾病、肝臟疾病、過敏性疾病與癌症。〔註5〕現今坊間靈芝產品種類包羅
萬象，從醫療保健到美容養生都可看到靈芝的蹤影，是十分流行的養生保健
食品。除了靈芝之外，上述所列被神仙方士視為具有成仙之效的植物藥，絕
大多數仍為今日中醫方劑所採用。

　　其次，在丹藥服食方面，雖然煉丹服食在魏晉至唐代付出了極大的社會
成本與慘痛代價，〔註6〕仍終無其驗，但是煉丹過程中對於礦物屬性的發掘與
認識，相當程度地促進醫藥與化學的發展，甚至可以說古代化學製藥源起之
功，部分應歸於煉丹活動的實踐。煉丹術士常用的丹砂（朱砂）、黃金，雖無
法圓成人類長生不死的美夢，但直至今日，它們在日常生活衛生保健與醫學
用藥上仍扮演重要角色。如歷來被擢列為成仙藥物首選的丹砂，在《神農本
草經》中已將其列為上品礦物藥物之首，並言其可「養精神安魂魄，益氣明
目，殺精魅邪惡鬼」，具有鎮心安神、辟除鬼魅之效，《抱朴子·仙藥》也說：

〔註5〕　參見許瑞祥：〈靈芝——21 世紀台灣生物技術產業的試金石〉，收錄於中國微
　　　　生物文教基金會 care 健康網 http://www.ganoderma.org.tw/care/allpagecare.htm
〔註6〕　廖芮茵研究指出：「唐代帝王服食的普遍情況熱烈，可說是歷代君主中之冠，
　　　　然而也是帝王之家受丹藥的毒害最為嚴重的一個朝代。清朝趙翼《二十二史
　　　　箚記》的〈唐諸帝多餌丹藥〉條，雖然羅列了太宗、高宗、武后、憲宗、穆
　　　　宗、敬宗、武宗、宣宗等帝餌丹喪命之事，但事實上唐代帝王服食的人數與
　　　　進獻丹藥的道士之多，並不僅於趙翼所敘述的那幾位。」廖氏尋繹載籍文獻
　　　　所記，對於唐代服食盛況與有深入的分析，值得參考。（詳文參見氏著：《唐
　　　　代服食養生研究》（臺北：臺灣學生書局，2004 年 5 月），頁 138。）

「仙藥之上者丹砂，次則黃金」，對丹砂可謂推崇備至。

根據科學藥理研究分析，丹砂「能降低大腦中樞神經的興奮性，有鎮靜作用，亦可導致睡眠」，〔註7〕也爲歷代醫家廣泛應用，如被中醫界視爲急救良藥的「三寶」——安宮牛黃丸、至寶丹、紫雪丹中皆含有丹砂。〔註8〕在臨床運用上，丹砂常與黃連、生地、琥珀等同用，製成朱砂安神丸，以治療心血不足，心火偏盛而引起的心神不安、煩躁不寐等症狀，民間亦有將丹砂與豬心隔水燉服，以治療神經性心悸。在外用上，丹砂能抑殺皮膚細菌、寄生蟲，故在臨床上往往用以治療癰疽疔瘡、口鼻生瘡、咽喉腫痛等疾病，在配製上常與火硝、雄黃、冰片等配用，製成紅升丹、冰硼散。〔註9〕不過，現今醫者對於丹砂的使用十分謹慎，主要考量其畢竟爲有毒藥品，故在用量上有嚴格的規範，也強調不可長期服用。

除了丹砂之外，被葛洪列爲仙藥第二位的黃金，在近年來也颳起金箔養生旋風，〔註10〕市面上陸續推出添加金箔的各式食品，業者主打添加金箔除

〔註7〕 參見中國生草藥研究發展中心編著：《中國方藥學》（台北：啓業書局，1981年12月），頁757。

〔註8〕 參見王煥華、倪惠珠、儲農：《中國藥話集》（三）（台北：旺文社股份有限公司，1998年11月），頁57。

〔註9〕 參見張豐強、李岩、李曉銳、毛效軍：《現代中醫臨床手冊》（台北：志遠書局，2002年10月），頁360。與《中國方藥學》（台北：啓業書局，1981年12月），頁756～757。

〔註10〕 中醫師陳潮宗指出：「古代中醫已將金箔視爲一味藥材。金箔可以吃？如何吃？古代要食用金箔時，可是要大費周張，首先要將一小塊純金夾在兩片厚的草紙中，利用純金的延展性，用力敲打，打到變成薄薄的一片金箔，就可以食用。現代用機器壓製，一公克的純金可以製成5500平方公分大小的金箔，而且只有 0.0001mm 厚，進來更研發出以奈米化打碎成極細小的黃金粉末，除了金箔還有液態金箔，在一杯香濃的咖啡中噴灑一點液態金箔，使咖啡更加耀眼，還號稱有養生美容的功效。《本草備要》中記載金箔：『性味辛平、有毒』，功用爲鎮心肝、安魂魄，主治驚癇風熱、肝膽之病；亦記載大抵『寶物』多能鎮心安魂，如金箔、琥珀、眞珠之類，銀的效用與金箔最爲類似。金箔可加入藥煮成煎劑，炮製成丸劑多用爲『衣』，與現代西藥藥錠的外層糖衣類似，不同的是金箔有其療效；最有名的『安宮牛黃丸』就是以金箔爲衣的一味藥品，有降腦壓、治療腦膜炎引起高燒溫病導致的神昏譫語，當時鳳凰衛視女主播劉海若的性命就因運用此方得宜而得救；另外如出自《春腳集》的十香返魂丹、《外科證治全生集》的梅花點舌丹都以金箔爲衣，《太平惠民和劑局方》的至寶丹則內含金箔與銀箔，皆以金箔增強藥物重鎮安神的作用。」參見陳潮宗：〈中醫藥也吃『金』〉（〈聯合報〉，2004年3月4日）同文收錄於陳潮宗醫師美麗健康網 http://www.drchen.com.tw/beautyhealth/。

了可增加視覺美感外，亦具有修補神經、鎮靜安神的功能，對食用金箔已行之有年的日本而言，他們深信金箔具有壯陽及延壽的良效。這種觀念正是煉丹術士「金性入體內，則與金同壽」、「食金者壽如金，食玉者壽如玉」理論的延伸。總言之，從現代醫學看觀點看來，丹藥內所含的微量元素、礦物質，適當的運用對於治療與調理身體確有裨益。

　　再者就辟穀之術而論，從現代營養學的角度來分析，人們以五穀作爲主食的習慣，近年來備受挑戰與質疑，營養學家認爲穀物的營養成分主要以澱粉爲主，經消化後會產生過多的碳水化合物，因此不少營養學家建議應減少穀物（尤其是去殼去糠的精緻穀類）的攝取，多以新鮮蔬菜、水果與豆類等富含纖維質的食物爲主食。對於習慣甘旨肥濃、大魚大肉的現代人而言，偶而讓自身腸胃休息一下是維護健康的必要方法，現今醫學研究也證實，短時間內的斷食，不僅可以自然淨化身體，做好體內環保，也能使生理機能回復以增強免疫力，達到排毒與療病的功效，甚至還可減肥美容，可見不極端的辟穀斷食，實爲一合時之養生方法。

　　至於行氣導引，它不像服食丹藥需耗費人力鉅資，又有極高喪命風險，也不同於房中補導有年齡限制且需行之於閨房，此術不分性別年齡，隨時隨處均可施行，馬王堆《導引圖》與張家山《引書》的出土，不僅證明了此術醫療保健之效及在當時社會流行的狀況，更擴大我們對於導引術式的認識。秦漢以後導引流派繁衍眾多，可謂淵源最古且最爲流行的一種養生之法，近年來更稱譽海外，引起國際廣泛重視，今日無論公園或廣場，放眼可見操行太極拳、氣功、太極導引的男男女女，其普遍性與流行性可見一斑。

　　房中術在歷史上的評價雖毀譽參半，但至少在秦漢時期並非以淫穢猥邪之面目出現，班固對於房中一類的評價，反映當時社會文化對於此道的基本看法，其認爲男女之事乃「情性之極，至道之極」，乃人類合理的本能需求，亦是生殖繁衍的基礎。此外，更肯定房中之事具有「樂」的價值，不過必須以節制有度爲前提，才可享受兩性之事的愉悅，妥善行之甚至可藉此臻於和平壽考，班固此論概括出早期房中術之宗旨。《漢書・藝文志》所羅列的房中著作雖業已亡佚，所幸馬王堆大批房中醫書的出土彌補了這段空缺，據學者研究指出，這些出土醫書涉及的層面甚廣，涵蓋了房室宜忌、房中補益、優生延嗣、遣疾防病等議題，可見在當時房中養生的發展已有相當的水準，值得注意的是在性行爲中，女性被置於極高的地位，且男女補益之事是雙方面

的，必須以雙方情合意感、兩情相悅為前提，並重視「戲道」，即交合時的方法技巧，藉此達到健身防病與治疾的目的。這些論述與現代性醫學看法相當一致，醫學研究指出，規律和諧的性生活可以協調生理機能，促進性激素正常分泌，確實有利於維繫男女雙方的身心健康，增進情感融洽，這些看法早在兩千多年前就已獲得重視，可見傳統房室養生理論極具時代意義。

第三節　未來展望

　　本論文雖已粗具初步之研究成果，然仍有不足之處尚待日後繼續挖掘。首先，本論文將討論的主題設限於漢代黃老思想，主要依沿黃老思想變化軌跡──由君人南面之術，到修身養性的養生之術，最終演變為以修道成仙為目的的黃老道為討論主軸，故在選材的取捨上主要以能呈顯這條軌跡變化的作品為主，因此早期道教代表性之經典《太平經》於此未能深入討論，然而該書存有豐贍可觀的養生理論，值得繼續開發探討。尤其書中「三氣共一，為神根也，一為精，一為神，一為氣，此三者共一位也，本天、地、人之氣。」（〈令人壽治平法〉）之精、氣、神三者一體的生命結構，更是我們探索先秦道家、黃老道家之形、氣、神如何演變成後世道教精、氣、神的一個關鍵。該書亦可與《老子想爾注》作比較研究，以明養生思想在早期道教中所扮演的角色及定位。

　　其次，養生學隸屬於傳統醫學的一部份，關於這方面的討論，本論文僅能涉及《黃帝內經》之大略，然漢代為傳統醫學極為發達的時代，更為我國傳統醫學的奠基時期，此一時期締造出許多傑出醫者與醫學成就，尚有許多醫療典籍可資探勘，希冀日後能進修傳統醫學方面的智識，以更深入的醫學觀點彌補今日的不足。

　　在論文最後，總結秦漢以來兩種不同的生命觀。神仙不死的追求雖荒誕不經，但在修道養生的過程中肯定個人後天的努力，神仙思想昭示鼓舞著人們，人的生命主導權是掌握在自己手中，這種認為人生幸福不當寄託在來世，而是建立在今生的看法，是十分可貴的。此外，在科學與醫藥衛生發達的今日，人能「度百歲而去」早已非難事，不過在距今兩千多年前的秦漢，其養生動機不管是出於理性的「盡其天年」，或是非理性的「長生不死」，對於生命均有如此深切的期待，在重生的前提下，無數的哲人、醫者與方士不斷身

體力行的探詢各種維護健康、延長壽命的方法，盡其在我地為生命健康做最大的努力，不僅促進醫藥衛生與科學的發展，無形中亦使自古以來先民對生命短暫無常的焦慮，得到相當程度的釋放，這種積極進取的生命態度，正是中國傳統養生思想最可貴的價值所在。自戰國秦漢以來所發展的養生文化，對於哲學、醫學與文化產生著深遠的影響，是故時至今日，仍以其獨特魅力風行於世。

參考書目

一、古籍及其校注（依四部為序，以類相從，依時相次）

（一）經　部

1. 王弼注、孔穎達正義，《周易正義》（阮刻本），台北：藝文印書館，1989 年 1 月。

2. 孔安國傳、孔穎達正義，《尚書正義》（阮刻本），台北：藝文印書館，1989 年 1 月。

3. 鄭玄箋、孔穎達正義，《毛詩正義》（阮刻本），台北：藝文印書館，1989 年 1 月。

4. 鄭玄注、賈公彥疏，《儀禮注疏》（阮刻本），台北：藝文印書館，1989 年 1 月。

5. 鄭玄注、賈公彥疏，《周禮注疏》（阮刻本），台北：藝文印書館，1989 年 1 月。

6. 鄭玄注、孔穎達正義，《禮記正義》（阮刻本），台北：藝文印書館，1989 年 1 月。

7. 杜預注、孔穎達正義，《春秋左傳正義》（阮刻本），台北：藝文印書館，1989 年 1 月。

8. 何晏注、邢昺疏，《論語注疏》（阮刻本），台北：藝文印書館，1989 年 1 月。

9. 趙岐注、孫奭疏，《孟子注疏》，台北：藝文印書館，1989 年 1 月。

10. 郭璞注、邢昺疏，《爾雅》（阮刻本），台北：藝文印書館，1989 年 1 月。

11. 許慎著、段玉裁注，《說文解字注》，台北：黎明文化事業公司，1986 年 10 月。

12. 劉熙，《釋名》，北京：中華書局，1985 年。

13. 王冰，《黃帝內經素問》北京：人民衛生出版社，2002 年 12 月。

（二）史　部

1. 司馬遷，《史記》，北京：中華書局，1982 年 11 月。

2. 班固，《漢書》，北京：中華書局，1987 年 10 月。

3. 范曄，《後漢書》，北京：中華書局，1987 年 10 月。

4. 陳壽，《三國志》，北京：中華書局，1959 年 12 月。

5. 荀悅，《漢紀》，北京：中華書局，2001 年 6 月。

6. 司馬光等，《資治通鑑》，台北：西南書局，1982 年 9 月。

7. 王先謙，《後漢書集解》，北京：中華書局，1991 年 9 月。

（三）子　部（依作者姓氏筆順爲序）

1. 王先謙，《荀子集解》，北京：中華書局，1988 年 9 月。

2. 王利器，《新語校注》，北京：中華書局，1997 年 10 月。

3. 王利器，《鹽鐵論校注》，北京：中華書局，1992 年 7 月。

4. 王弼注，《老子‧帛書老子》，台北：學海出版社，1989 年 9 月。

5. 王德有，《老子指歸點校》，北京：中華書局，1994 年 3 月。

6. 王卡點校，《老子道德經河上公章句》，北京：中華書局，1997 年 10 月。

7. 王明，《抱朴子內篇校釋》，北京：中華書局，1985 年 3 月。

8. 王明，《太平經合校》，北京：中華書局，1992 年 3 月。

9. 王念孫，《讀書雜志》，台北：廣文書局，1977 年。

10. 向宗魯，《說苑校證》，北京：中華書局，1987 年 7 月。

11. 汪繼培，《潛夫論箋校正》，北京：中華書局，1985 年 9 月。

12. 俞樾，《諸子平議補錄》，台北：世界書局，1978 年 10 月。

13. 荀悅，《申鑒》，台北：世界書局，1967 年 9 月。

14. 郭慶藩，《莊子集釋》，台北：河洛圖書出版社，1974 年 3 月。

15. 陳一平，《淮南子校注譯》，廣州：廣東人民出版社，1994 年 1 月。

16. 陳奇猷，《呂氏春秋校釋》，台北：華正書局，1985 年 8 月。

17. 陳奇猷，《韓非子集釋》，台北：華正書局，1982 年 8 月。

18. 黃暉，《論衡校釋》，北京：中華書局，1990 年 2 月。

19. 劉文典，《淮南鴻烈集解》，北京：中華書局，1989 年 5 月。

20. 黎翔鳳撰、梁運華整理，《管子校注》，北京：中華書局，2004 年 6 月。

21. 董仲舒著、蘇輿義證，《春秋繁露義證》，北京：中華書局，1996 年 9 月。

22. 饒宗頤，《老子想爾注校箋》，上海：古籍出版社，1991 年 11 月。

（四）集　部

1. 郭茂倩，《樂府詩集注》，台北：里仁書局，1980 年 12 月。
2. 朱熹，《楚辭集注》，台北：文津出版社，1987 年 10 月。
3. 嚴可均輯，《全上古三代秦漢三國六朝文》，北京：中華書局，1958 年 2 月。

二、近現代研究論著（依作者姓氏筆順爲序）

1. 丁原明，《黃老學論綱》，濟南：山東大學出版社，1997 年 12 月。
2. 于大成，《淮南子論文集》，台北：文光出版社，1975 年 12 月。
3. 于大成，《淮南論文三種》，台北：文史哲出版社，1975 年 7 月。
4. 戈國龍，《道教內丹學溯源》北京：宗教文化出版社 2004 年 6 月。
5. 王仁祥，《先秦兩漢的隱逸》（國立臺灣大學文史叢刊），台北：臺大出版委員會，1995 年 5 月。
6. 王夫之，《莊子解》，台北：河洛圖書出版社，1977 年 9 月。
7. 王旭東編著，《中國傳統性醫學》，江蘇：科學技術出版社，1992 年 8 月。
8. 王邦雄，《老子的哲學》，台北：東大圖書公司，1997 年 10 月。
9. 王德有，《老子指歸全譯》，四川：巴蜀書社 1992 年 7 月。
10. 王叔岷，《先秦道法思想講稿》，台北：中研院文哲所，1992 年 5 月。
11. 王叔岷《列仙傳校箋》，台北：中史研究院中國文哲研究所籌備處，1995 年 4 月。
12. 王明輝，《中醫性醫學》，台北：旺文社股份有限公司，1999 年 7 月。
13. 王松齡，《中國氣功的史、理、法》，北京：華夏出版社，1989 年 11 月。
14. 王明，《道家和道教思想研究》，重慶：中國社會科學出版社，1984 年 6 月。
15. 王淮，《老子探義》，台北：臺灣商務印書館，1988 年 1 月。
16. 王鐵，《漢代學術史》，上海：華東師範大學出版社，1995 年 12 月。
17. 王洪圖總主編，《《黃帝內經》研究大成》（中），北京：北京出版社，1997 年 8 月。
18. 王雲度，《劉安評傳》，南京：南京大學出版社，1997 年 5 月。
19. 王青，《漢朝的本土宗教與神話》，台北：洪葉文化事業有限公司，1998 年 8 月。
20. 王繼如，《淮南子譯注》，台北：建安書局，1998 年 11 月。

21. 王強，《遮蔽的文明：性觀念與古代中國文化》，台北：文津出版社，2003年4月。

22. 王建《中國古代避諱史》貴陽：貴州人民出版社2002年4月。

23. 白奚，《稷下學研究——中國古代的思想自由及百家爭鳴》，北京：三聯書店，1998年9月。

24. 史蘭華等，《中國傳統醫學史》，北京：科學出版社，1992年8月。

25. 任繼愈編，《中國哲學史》，北京：人民出版社，1996年4月。

26. 任繼愈編，《中國哲學發展史》（秦漢卷），北京：人民出版社，1985年2月。

27. 任繼愈，《中國道教史》（上），台北：桂冠圖書公司，1991年10月。

28. 朱越利，《道經總論》，瀋陽：遼寧教育出版社，1991年12月。

29. 朱哲，《先秦道家哲學研究》，上海：上海人民出版社，2000年9月。

30. 牟宗三，《才性與玄理》，台北：臺灣學生書局，1985年4月。

31. 牟鍾鑒，《《呂氏春秋》與《淮南子》研究》，濟南：齊魯書社，1987年9月。

32. 那薇，《漢代道家的政治思想和直覺體悟》，濟南：齊魯書社，1992年1月。

33. 何寧，《淮南子集釋》（上）、（中）、（下），北京：中華書局，1998年10月。

34. 何介均，《馬王堆漢墓》，北京：文物出版社，2004年9月。

35. 吳光，《黃老之學通論》，杭州：浙江人民出版社，1985年6月。

36. 吳澄，《道德經注》，台北：廣文書局，1985年。

37. 呂錫琛，《道家、方士與王朝政治》，長沙：湖南出版社，1991年12月。

38. 宋天彬、胡衛國，《道教與中醫》，台北：文津出版社，1997年8月。

39. 宋書功，《中國古代房室養生集要》，北京：中國醫藥科技出版社，1991年10月。

40. 李剛，《勸善成仙——道教生命理論》，四川：四川人民出版社，1994年7月。

41. 李志林，《氣論與中國傳統思維方式》，上海：學林出版社，1990年9月。

42. 李玉潔，《先秦喪葬制度研究》，河南：中州古籍出版社，1991年10月

43. 李存山，《中國氣論探源與發微》，北京：中國社會科學出版社，1990年7月。

44. 李良松、郭洪濤編著，《中國傳統文化與醫學》，福建：廈門大學出版社，1990年5月。

45. 李建民，《方術 醫學 歷史》，台北：南天書局，2000 年 6 月。

46. 李建民，《死生之域——周秦漢脈學之源流》，台北：中央研究院歷史語言研究所，2000 年 7 月。

47. 李祥唐編，《中國養生文化》上海：上海古籍出版社，2001 年 11 月。

48. 李景明，《中國儒學史·秦漢卷》，廣州：廣東教育出版社，1998 年 6 月。

49. 李經緯、林昭庚主編，《中國醫學通史》（古代卷），北京：人民衛生出版社，2000 年 1 月。

50. 李漢三，《先秦兩漢之陰陽五行學說》，台北：維新書局，1981 年 4 月。

51. 李養正原著、張繼禹編訂，《道教經史論稿》，北京：新華書店，1995 年 10 月。

52. 李學勤，《簡帛佚籍與學術史》，南昌：江西教育出版社，2001 年 9 月。

53. 李豐楙，《不死的探求——抱朴子》，台北：時報文化出版事業有限公司，1981 年 1 月。

54. 李豐楙，《不死的探求》，台北：久大文化股份有限公司，1987 年 9 月。

55. 李平，《氣功與中國文化》，西安：陝西人民教育出版社，1998 年 9 月。

56. 李平，《中國文化散論》，合肥：安徽大學出版社，2001 年 10 月。

57. 李申，《中國古代哲學和自然科學》，上海：人民出版社，2002 年 1 月。

58. 李剛，《漢代道教哲學》，四川：巴蜀書社，1995 年 5 月。

59. 李零，《中國方術續考》，北京：東方出版社，2001 年 8 月。

60. 李零主編、張廣保校點，《中國方術概觀——導引行氣卷》，北京：人民中國出版社，1993 年 12 月。

61. 李零主編、馮國超、盧國龍校點，《中國方術概觀——服食卷》，北京：人民中國出版社，1993 年 12 月。

62. 李零主編、松村校點，《中國方術概觀——房中卷》，北京：人民中國出版社，1993 年 12 月。

63. 李零，《中國方術考》（修訂本），北京：東方出版社，2001 年 8 月。

64. 李增，《淮南子》，台北：東大圖書公司，1992 年 7 月。

65. 李增，《淮南子哲學思想研究》，台北：洪葉文化有限公司，1997 年 10 月。

66. 李霞，《生死智慧——道家生命觀研究》，北京：人民出版社，2004 年 5 月。

67. 呂理政，《天、人、社會——試論中國傳統的宇宙認知模型》，台北：中央民族研究所，1990 年 3 月。

68. 余明光，《黃帝四經與黃老思想》，哈爾濱：黑龍江人民出版社，1989 年

8 月。

69. 余英時著、侯旭東等譯，《東漢生死觀》，臺北：聯經出版事業股份有限公司 2008 年 6 月。

70. 杜而未，《崑崙文化與不死觀念》，台北：臺灣學生書局，1977 年 5 月。

71. 杜正勝，《從眉壽到長生——醫療文化與中國古代生命觀》，台北：三民書局，2005 年 4 月。

72. 汪涌豪、余灝敏，《中國游仙文化》，北京：法律出版社，1997 年 11 月。

73. 汪延，《先秦兩漢文化傳承述略》，陝西：陝西人民教育出版社，1998 年 9 月。

74. 車離等著，《探尋思想軌跡——中醫學史的文化哲學研究》，北京：中國人民大學出版社，1992 年 2 月。

75. 周一謀，《馬王堆漢墓出土養生著作釋譯》，香港：海峰出版社，1990 年 8 月。

76. 周一謀、蕭佐桃，《馬王堆醫書考注》，天津：天津科學技術出版社，1988 年 7 月。

77. 周世榮，《馬王堆導引術》，湖南：岳麓書社，2005 年 11 月。

78. 周桂鈿，《中國歷代思想史》（秦漢卷），台北：文津出版社，1993 年 12 月。

79. 周桂鈿，《秦漢思想史》，石家莊：河北人民出版社，2000 年 1 月。

80. 周與沈，《身體：思想與修行——以中國經典爲中心的跨文化觀照》，北京：中國科學出版社 2005 年 1 月。

81. 林富士，《疾病終結者——中國早期的道教醫學》，台北：三民書局，2001 年 11 月。

82. 林富士，《漢代的巫者》，台北：稻香出版社，1988 年 4 月。

83. 林聰舜，《西漢前期思想與法家的關係》，台北：大安出版社，1991 年 4 月。

84. 林殷，《儒家文化與中醫學》，福建：科學技術出版社，1993 年 11 月。

85. 金正耀，《道教與煉丹術論》，北京：宗教文化出版社，2001 年 2 月。

86. 金春峰，《漢代思想史》，北京：中國社會科學出版社，1997 年 12 月。

87. 俞美霞，《東漢畫像與道教發展兼論敦煌壁畫中的道教圖像》，台北：南天書局有限公司，2000 年 5 月。

88. 姜生，《漢魏兩晉南北朝道教倫理論稿》，成都：四川大學出版社，1995 年 12 月。

89. 姚偉鈞著，《中華養生術》，台北：文津出版社，1995 年 3 月。

90. 洪丕謨，《道教內丹養生術》，上海：上海書店出版，1991 年 12 月。

91. 胡孚琛，《魏晉神仙道教——《抱朴子內篇研究》》，台北：台灣商務印書館股份有限公司，1992 年 10 月。

92. 胡家聰，《稷下爭鳴與黃老新學》，北京：中國社會科學出版社，1998 年 9 月。

93. 姜守誠，《《太平經研究》——以生命為中心的綜合考察》，北京：社會科學文獻出版社，2007 年 10 月。

94. 胡新生，《中國古代巫術》，濟南：山東人民出版社，1998 年 12 月。

95. 胡楚生，《老莊研究》，台北：台灣學生書局，1992 年 10 月。

96. 卿希泰、詹石窗主編，《道教文化新典》（上），台北：中華道統出版社，1996 年 9 月。

97. 卿希泰主編，《道教與中國傳統文化》，台北：中華道統出版社，1996 年 2 月。

98. 孫以楷主編、陳廣忠、梁宗華著，《道家與中國哲學》（先秦卷），北京：人民出版社，2004 年 6 月。

99. 孫以楷主編、陳廣忠、梁宗華著，《道家與中國哲學》（漢代卷），北京：人民出版社，2004 年 6 月。

100. 徐復觀，《中國人性論史》，台中：私立東海大學，1962 年 4 月。

101. 徐復觀，《兩漢思想史》，台北：臺灣學生書局，1989 年 9 月。

102. 徐復觀，《中國藝術精神》，台北：台灣學生書局，1987 年。

103. 徐漢昌，《管子思想研究》，台北：台灣學生書局，1990 年 6 月。

104. 祝亞平，《道家文化與科學》，安徽：中國科技大學出版社，1995 年 7 月。

105. 郝勤，《中國古代養生文化》，四川：巴蜀書社，1989 年 12 月。

106. 馬伯英，《中國醫學文化史》，上海：人民出版社，1994 年 5 月。

107. 馬濟人，《道教與氣功》，台北：文津出版社，1997 年 11 月。

108. 馬濟人，《道教與煉丹》，台北：文津出版社，1997 年 11 月。

109. 馬繼興主編，《神農本草經輯注》，北京：人民衛生出版社，1995 年 12 月。

110. 馬繼興，《馬王堆古醫書考釋》，長沙：湖南科學技術出版社，1992 年 11 月。

111. 馬王堆漢墓帛書整理小組，《馬王堆漢墓帛書》（肆），北京：文物出版社，1985 年 3 月。

112. 高柏園，《莊子內七篇思想研究》，台北：文津出版社，199 年 4 月。

113. 高大倫，《張家山漢簡《引書》研究》，四川：巴蜀書社，1995 年 5 月。

114. 袁保新，《老子哲學之詮釋與重建》，台北：文津出版社 1991 年 9 月。

115. 康韻梅,《中國古代死亡觀之探究》,台北:國立台灣大學文史叢刊,1994年6月。

116. 張金儀,《漢鏡所反映的神化傳說與神仙思想》,台北:國立故宮博物院,1981年7月。

117. 張光直,《考古學專題六講》,北京:文物出版社,1986年5月

118. 張舜徽,《周秦道論發微》,台北:木鐸出版社,1983年9月。

119. 張岱年,《文化與哲學》,北京:教育科學出版社,1988年。

120. 張榮明,《中國古代氣功與先秦哲學》,台北:桂冠圖書公司,1992年1月。

121. 張立文等,《心》,台北:漢興書局有限公司,1994年5月。

122. 張立文等,《氣》,台北:漢興書局有限公司,1994年5月。

123. 張立文等,《道》,台北:漢興書局有限公司,1994年5月。

124. 張國華,《中國秦漢思想史》,北京:人民出版社,1994年4月。

125. 張三夕,《死亡之思》,台北:洪葉文化事業有限公司,1996年3月。

126. 張岫峰《中國傳統養生學》北京:新華出版社1996年9月。

127. 張宏,《道骨仙風》,北京:華文出版社,1997年2月。

128. 張雙棣,《淮南子校釋》,北京:北京大學出版社(兩冊),1997年8月。

129. 張琦,《素問釋義》,北京:科學技術文獻出版社,1998年8月。

130. 張運華,《先秦兩漢道家思想研究》,長春:吉林教育出版社,1998年12月。

131. 張其成、曲黎敏,《中華養生智慧》,北京:華夏出版社,2005年4月。

132. 張家山二四七號漢墓竹簡整理小組編著,《張家山漢墓竹簡(二四七號墓)》,北京:文物出版社,2006年5月。

133. 許匡一,《淮南子全譯》,貴陽:貴州人民出版社,1995年3月。

134. 許抗生,《老子與道家》,北京:新華出版社,1993年12月。

135. 郭沫若《奴隸制時代》,北京:科學出版社1953年5月。

136. 郭金彬,《中國傳統科學思想史論》,知識出版社,1993年。

137. 郭于華,《死的困惑與生的執著》,台北:洪葉文化事業有限公司,1994年10月。

138. 郭靄春編著,《黃帝內經素問校注語譯》,天津:天津科學技術出版社,1999年。

139. 郭靄春編著,《黃帝內經靈樞校注語譯》,天津:天津科學技術出版社,1999年。

140. 郭重威、孔新芳,《道教文化叢談》,哈爾濱:黑龍江人民出版社,2005

年 4 月。

141. 陳櫻寧，《道教與養生》，北京：華文出版社，1989 年 7 月。

142. 陳可冀、周文泉主編，《中國傳統養生學精粹》，臺灣商務印書館，1994 年 9 月。

143. 陳可冀、林殷，《國學舉要──醫學卷》，武漢：湖北教育出版社，2002 年 9 月。

144. 陳希寶主編著，《中國古代醫學倫理道德思想史》，西安：三秦出版社，2002 年 2 月。

145. 陳邦賢，《中國醫學史》，台北：臺灣商務印書館，1958 年 11 月。

146. 陳鼓應，《老莊新論》，台北：五南圖書出版公司，1993 年 3 月。

147. 陳鼓應，《黃帝四經今註今譯──馬王堆漢墓出土帛書》，台北：臺灣商務印書館，1995 年 6 月。

148. 陳鼓應，《管子四篇詮釋──稷下道家代表作》，台北：三民書局，2003 年 2 月。

149. 陳廣忠，《淮南子譯注》，長春：吉林文史出版社，1990 年 6 月。

150. 陳樂平，《出入“命門”中國醫學文化導論》，上海：三聯書店，1991 年 12 月。

151. 陳廣忠，《劉安評傳──集道家之大成》，廣西：廣西教育出版社，1996 年 8 月。

152. 陳廣忠，《中國道家新論》，合肥：黃山書社，2001 年 11 月

153. 陳德和，《淮南子的哲學》，嘉義：南華管理學院出版社，1999 年 2 月。

154. 陳麗桂先生，《戰國時期的黃老思想》，台北：聯經出版事業公司，1991 年 4 月。

155. 陳麗桂先生，《秦漢時期的黃老思想》，台北：文津出版社，1997 年 2 月。

156. 陶建國，《兩漢魏晉之道家思想》，台北：文津出版社，1986 年 8 月。

157. 傅偉勳，《從創造的詮釋學到大乘佛學》，台北：東大圖書股份有限公司，1990 年 7 月。

158. 傅偉勳，《學問的生命與生命的學問》，台北：正中書局，1994 年 1 月。

159. 梅新林，《仙話──神人之間的魔幻世界》，上海：生活‧讀書‧新知三聯書店，1992 年 6 月。

160. 曾振宇，《中國氣論哲學研究》，濟南：山東大學出版社，2001 年 10 月。

161. 曾春海，《兩漢魏晉哲學史》，台北：五南圖書出版股份有限公司，2002 年 1 月。

162. 湖南醫學院主編，《長沙馬王堆一號漢墓‧古尸研究》，北京：文物出版社，1980 年 10 月。

163. 湯其領，《漢魏兩晉南北朝道教史研究》，開封：河南大學出版社，1994年 10 月。

164. 馮友蘭，《新編中國哲學史》（第一冊），台北：藍燈文化事業股份有限公司，1991 年 12 月。

165. 黃釗，《道家思想史綱》，長沙：湖南師範大學出版社，1991 年 4 月。

166. 楊儒賓主編《中國古代思想中的氣論與身體觀》，台北：巨流圖書，1993年 3 月。

167. 葉海煙，《老莊哲學新論》，台北：文津出版社，1997 年 9 月。

168. 詹石窗，《新編中國哲學史》，北京：中國書店，2002 年 2 月。

169. 詹石窗，《道教文化十五講》，北京：北京大學出版社，2003 年 1 月。

170. 詹石窗，《道教科技與文化養生》，北京：科學出版社，2004 年 3 月。

171. 勞思光，《新編中國哲學史》，台北：三民書局 1997 年 10 月。

172. 廖育群，《岐黃醫道》，台北：洪葉文化事業有限公司，1994 年 4 月。

173. 廖育群、傅芳、鄭金生著，《中國科學技術史》（醫學卷），北京：科學出版社，1998 年 8 月。

174. 廖育群，《醫者意也——認識中國傳統醫學》，台北：東大圖書股份有限公司，2003 年 8 月。

175. 鄭世根，《莊子氣化論》，台北：臺灣學生書局 1993 年 7 月。

176. 廖芮茵，《唐代服食養生研究》，台北：臺灣學生書局 2004 年 5 月。

177. 漆浩，《巫、醫與氣功——神秘的中國養生治病術》，北京：人民體育出版社，1990 年 9 月。

178. 熊鐵基，《秦漢新道家論稿》，上海：上海人民出版社，1984 年 3 月。

179. 熊鐵基、馬良懷、劉韶軍，《中國老學史》，福州：福建人民出版社，1995年 7 月。

180. 甄志亞主編、傅維康副主編，《中國醫學史》（修訂版），台北：知音出版社，2003 年 9 月。

181. 熊禮匯，《新譯淮南子》（兩冊），台北：三民書局，1997 年 2 月。

182. 蒙文通，《先秦諸子與理學》，桂林：廣西師範大學出版社，2006 年 5 月。

183. 蓋建民，《道教醫學導論》，台北：中華道統出版社，1999 年 2 月。

184. 蓋建民，《道教醫學》，北京：宗教文化出版社，2001 年 4 月。

185. 裴錫榮、徐嘯、童近仁、李光羽，《中華氣功發展史》，西安：天則出版社，1989 年 8 月。

186. 趙匡華，《中國煉丹術》，香港：中華書局，1989 年 12 月。

187. 趙仲明，《巫師、巫術、秘境——中國巫術文化追蹤》，昆明：雲南大學

出版社，1993 年 12 月。

188. 趙有聲、劉明華、張立偉，《生死‧享樂‧自由——道家和道教的關係及其人生理想》，台北：雲龍出版社 1991 年 3 月。

189. 趙璞珊，《中國古代醫學》，北京：中華書局，1997 年 9 月。

190. 趙中偉，《道者萬物之宗——兩漢道家形上思維研究》，台北：洪葉文化事業有限公司，2004 年 4 月。

191. 劉文典，《淮南鴻烈集解》（兩冊），北京：中華書局，1989 年 5 月。

192. 劉澤華，《中國古代政治思想史》，天津：南開大學出版社，1992 年 1 月。

193. 劉鋒，《道教的起源與形成》，台北：文津出版社，1994 年 4 月。

194. 劉達臨，《中國古代性文化》，（上）、（中），台北：新雨出版社，1995 年 8 月。

195. 劉仲宇，《道教的內秘世界》，台北：文津出版社，1997 年 11 月。

196. 蔡璧名，《身體與自然——以《黃帝內經素問》爲中心論古代思想傳統中的身體觀》，國立台灣大學文學院，1997 年 4 月。

197. 鄭杰文，《中國古代養生之道》，濟南：山東教育出版社，1990 年 10 月。

198. 鄭世根，《莊子氣化論》，台北：台灣學生書局，1993 年 7 月。

199. 鄭曉江，《中國死亡智慧》，台北：東大圖書股份有限公司，1994 年 4 月。

200. 鄭曉江，《超越死亡》，台北：正中書局，1999 年 1 月。

201. 鄭志明主編，《道教文化的精華——第二屆海峽兩岸道教學術研討會論文集》（一），嘉義：南華大學宗教文化研究中心，2000 年 7 月。

202. 鄭志明主編，《道教的歷史與文學——第二屆海峽兩岸道教學術研討會論文集》（三），嘉義：南華大學宗教文化研究中心，2000 年 7 月。

203. 燕國材，《漢魏六朝心理思想研究》，台北：谷風出版社，1988 年 6 月。

204. 蕭登福，《先秦兩漢冥界及神仙思想探原》，台北：文津出版社，2001 年 1 月。

205. 蕭登福，《周秦兩漢早期道教》，台北：文津出版社，1998 年 6 月。

206. 龍伯堅，《黃帝內經概論》，上海：上海科學技術出版社，1980 年 9 月。

207. 謝松齡著、龐樸審定，《陰陽五行與中醫學》，北京：新華出版社，1993 年 12 月。

208. 鍾怡、澤林編著，《中國古代攝生養性秘訣》，北京：學苑出版社，1993 年 6 月。

209. 鍾泰，《莊子發微》，上海：上海古籍出版社，2002 年 4 月。

210. 鄺芷人，《陰陽五行及其體系》，台北：文津出版社 1992 年 12 月。

211. 韓廷傑、韓建斌，《道教與養生》，台北：文津出版社，1997 年 8 月。

212. 顏進雄，《六朝服食風氣與詩歌》，台北：文津出版社，1993 年 8 月。

213. 魏啓鵬、胡翔驊，《馬王堆漢墓醫書校釋》（壹），四川：成都出版社，1992年 6 月。

214. 魏啓鵬、胡翔驊，《馬王堆漢墓醫書校釋》（貳），四川：成都出版社，1992年 6 月。

215. 魏子孝、聶莉芳，《中醫中藥史》，台北：文津出版社，1994 年 4 月。

216. 魏源，《老子本義》，台北：台灣商務印書館，1967 年 6 月。

217. 蘇志宏，《先秦禮樂教化論》，四川：四川人民出版社，1991 年 5 月。

218. 顧頡剛，《秦漢的方士與儒生》，上海：上海古籍出版社，1998 年 1 月。

219. 顧寶田、張忠利注釋，《新譯老子想爾注》，台北：三民書局，1997 年 1月。

三、期刊論文（依作者姓氏筆順爲序）

1. 丁原明，〈從原始道家到黃老之學的邏輯發展〉，《山東大學學報》（哲學社會科學版），1996 年第 3 期，1996 年。

2. 于首奎，〈試論淮南子的宇宙觀〉，《文史哲》，第 5 期（總第 134 期），1979年 10 月。

3. 毛良，〈〈行氣玉佩銘〉及其釋文的討論〉，《中華醫史雜誌》，第 5 期，1982年。

4. 王卡，〈兩漢之際的儒生與老莊學〉，《宗教哲學》，第 1 卷第 1 期，1995年 1 月。

5. 王璟，〈《呂氏春秋》養生思想探究〉，《孔孟學報》，第 81 期，2003 年 9月。

6. 王曉，〈道教醫學的哲學思考〉，《江西社會科學》，第 6 期，1999 年。

7. 王邦雄，〈從修養工夫論莊子「道」的性格〉，《鵝湖》，21 卷第 6 期（總246 期），1995 年 12 月。

8. 王邦雄，〈莊子思想及其修養工夫〉，《鵝湖》，第 17 卷第 1 期，1991 年 6月。

9. 王開府，〈思想研究法綜論—以中國哲學爲例〉，《國文學報》，第 27 期，1998 年 6 月。

10. 王雲度，〈《淮南子》論養生〉，《中國哲學史複印報刊資料》，第 8 期，1995年 8 月。

11. 王德裕，〈《淮南子》哲學思想評述〉，《重慶師院學報》（哲社版），第 4期（總第 60 期），1994 年 12 月。

12. 王萍，〈道家思想在東漢中後期的發展〉，《中國哲學史研究》，第 22 卷第

5 期，2001 年 9 月。

13. 王寶利，〈從避諱現象談《老子河上公章句》的成書時代〉，《蘭州學刊》，第 8 期（總第 155 期），2006 年。

14. 王寶利，〈《老子河上公章句》成書時限再考〉，《廣西社會科學》第 1 期（總第 139 期），2007 年。

15. 申國昌，〈《老子河上公注》養生教育思想探析〉，《中國道教》，2001 年 1 期，2001 年。

16. 白光華，〈我對《淮南子》的一些看法〉，收錄於陳鼓應主編《道家文化研究》（第六輯），上海：上海古籍出版社，1995 年 6 月。

17. 朱良志，〈試論中國古代生命哲學——以「生」字爲中心〉，《傳統文化與現代化》，1996 年第 2 期，1996 年。

18. 朱建平，〈道教養生學的源流與特點〉，《中華醫史雜誌》，第 23 卷第 3 期，1993 年。

19. 何保中，〈死亡問題在莊子思想中的意義與地位〉，《國立台灣大學哲學論評》第 22 期，1999 年 1 月。

20. 黃釗，〈《老子河上公章句》成書時限考論〉，《中州學刊》，第 2 期（總第 122 期），2001 年 3 月。

21. 余明光、譚建輝，〈黃老學術向黃老道教之轉變〉，《湘潭大學學報》（哲學社會科學版），第 5 期，1995 年。

22. 吳相武，〈《老子想爾注》之年代和作者考〉，收錄於陳鼓應主編，《道家文化研究》（第十五輯），上海：上海古籍出版社 1995 年 3 月。

23. 呂凱，〈《淮南子》的形神論〉，《第三屆漢代文學與思想與學術研討會論文集》，政大中文系出版，2000 年 12 月。

24. 呂有云，〈從全生避害到長生不死——論道家重生養生思想向道教神仙信仰的演進〉，第 29 卷第 3 期，2003 年 5 月。

25. 呂利平、周毅，〈從《導引圖》等文物看中華養生文化〉，《安慶師範學院學報》（社會科學版），第 22 卷第 2 期，2003 年 3 月。

26. 呂宗麟，〈試論老莊的生死觀——兼探道教的長生之術〉，《宗教哲學》，第 1 卷第 3 期，1995 年 7 月。

27. 李美燕，〈由老莊的生死觀論其養生哲學〉，《屏東師院學報》，11 卷，1998 年 6 月。

28. 李美燕，〈由莊子的形神觀論其養生哲學〉，屏東師專學報，12 期，1999 年 6 月。

29. 李申，〈黃老、道家即道教〉，《世界宗教研究》，1999 年第 2 期，1999 年。

30. 李剛，〈道教老學的誕生——《老子想爾注》〉，《安徽大學學報》（哲學社

會科學版），1993 年第 1 期，1993 年。

31. 李增，〈論河上公注老之氣化宇宙觀特色〉，《哲學與文化》，第 30 卷第 9 期，2003 年 9 月。

32. 杜正勝，〈形體、精氣與魂魄：中國傳統對「人」的認識的形成〉，收錄於黃應貴主編，《人觀、意義與社會》，台北：中央研究院民族研究所，1993 年 3 月。

33. 谷方，〈河上公《老子章句》考證——兼論其與《抱朴子》的關係〉，收錄於《中國哲學》（第七輯），北京：生活・讀書・新知三聯書店，1982 年 3 月。

34. 余明光、譚建輝，〈黃老學術向黃老道教之轉變〉，《湘潭大學學報》（哲學社會科學版），第 5 期，1995 年。

35. 周桂鈿，〈秦漢時代的哲學特點〉，《貴州社會科學》，第 3 期（總 24 期），1984 年 7 月。

36. 尚志鈞，〈《神農本草經》與古代方士存在歷史淵源關係〉，《北京中醫要大學學報》，第 25 卷第 1 期，2002 年 1 月。

37. 胡孚琛，〈道教醫藥學述要〉，《中國中醫基礎醫學研究》，第 4 期，1995 年。

38. 胡奐湘，〈淮南子的人體觀和養生思想〉，收錄於楊儒賓主編《中國古代思想中的氣論及身體觀》，台北：巨流圖書公司，頁 496～505，1993 年 3 月。

39. 韋蒹堂，〈從淮南子的「養生」學試論道家「養形」之術〉，《東吳大學哲學系傳習錄》，第 3 期，1984 年 10 月。

40. 唐紹廉、呂錫琛，〈論《淮南子》生命觀的深層意蘊〉，《西南交通大學學報》（社會科學版），第 5 卷第 3 期，2004 年 5 月。

41. 徐欽鈿，〈《列仙傳》有關神仙和服食的討論〉，《東方人文學誌》，第 2 卷第 4 期，2003 年 12 月。

42. 祝瑞開，〈《淮南鴻烈》思想的剖析〉，《西北大學學報》（哲學社會科學版），第 3 期，1980 年 7 月。

43. 袁信愛，〈《淮南子》中的人學思想〉，《哲學與文化》，23 卷第 8 期，1996 年 8 月。

44. 袁信愛，〈「管子」中黃老道家的人學思想〉，《哲學與文化》，第 24 卷 12 期（總 283 期），1997 年 12 月。

45. 高漢聲，〈論淮南子關於形神知行的心理思想〉，《南京大學學報》，第 4 期，1983 年 10 月。

46. 高漢聲，〈論淮南子關於性、欲、情的心理學思想〉，《江西師範大學學報》（哲學社會科學版），第 1 期（總第 33 期），1984 年 1 月。

47. 張承宗，〈魏晉南北朝醫藥與服食養生〉，《蘇州大學學報》（哲學社會科學版），第 1 期，1996 年。

48. 張國華，〈《淮南鴻烈》與《春秋繁露》〉，收錄於陳鼓應主編《道家文化研究》（第六輯），上海：上海古籍出版社，1995 年 6 月。

49. 張運華，〈從《老子想爾注》看道家思想的神學化〉，《人文雜誌》，1996 年第 3 期，1996 年。

50. 張運華，〈《老子河上公章句》與道家思想的世俗化〉，《江西社會科學》，1997 年第 8 期。

51. 張運華，〈身國並重的道家養生論──論《老子河上公章句》〉，《宗教哲學》，第 2 卷第 2 期，1996 年 1 月。

52. 曹劍波，〈《老子想爾注》養生智慧管窺〉，《宗教學研究》，第 2 期，2004 年。

53. 梁宗華，〈道家哲學向宗教神學理論的切換──《老子想爾注》"道"論剖析〉《哲學研究》，第 8 期，1999 年。

54. 陳松長，〈馬王堆漢墓帛書的道家傾向〉，收錄於陳鼓應主編《道家文化研究》（第三輯），台北：文史哲出版社，2000 年 8 月。

55. 陳司直，〈先秦神仙思想之「長生不死」觀〉，《吳鳳學報》，第 11 期，1993 年 5 月。

56. 陳進國，〈道家與道教的"理身理國"思想──先秦至唐的歷史演進〉，《宗教學研究》，2000 年第 2 期，2000 年。

57. 陳鼓應，〈從《呂氏春秋》到《淮南子》論道家在秦漢哲學史上的地位〉，《國立台灣大學文史哲學報》，第 52 期，2000 年 6 月。

58. 陳劍昆、周軍，〈略論《淮南子》與黃學的關係〉，《淮陰師專學報》，第 4 卷 19 期，1997 年 3 月。

59. 陳廣忠，〈《淮南子》──黃老道學的集大成〉，《鵝湖》，25 卷第 10 期，2000 年 4 月。

60. 陳麗桂先生，〈《淮南子》與《春秋繁露》感應思想的異同〉，收錄於輔仁大學中國文學系主編《先秦兩漢哲學思想研討會論文集》，台北：洪葉文化有限公司印行，1999 年 7 月。

61. 陳麗桂先生，〈漢代的氣化宇宙論及其影響〉，收錄於陳鼓應主編，《道家文化研究》（第八輯），上海：上海古籍出版社，1995 年 6 月。

62. 陳麗桂先生，〈《春秋繁露·循天之道》所顯現的養生之理〉，《中國學術年刊》，第 19 期，1998 年 3 月。

63. 陳麗桂先生，〈「老子河上公章句」所顯現的黃老養生之理〉」，《中國學術年刊》，第 21 期，2000 年 3 月。

64. 陳麗桂先生，〈道家養生觀在漢代的演變與轉化──以《淮南子》、《老子

指歸》、《老子河上公章句》、《老子想爾注》爲核心〉,《國文學報》,第 39 期,2006 年 6 月。

65. 陸玉琳,〈論《淮南鴻烈》的儒道整合〉,《複印報刊資料》(中國哲學史), 第 5 期,1993 年 5 月。

66. 彭浩,〈張家山漢簡《引書》初探〉,《文物》,第 10 期,1990 年。

67. 黃釗,〈《老子河上公章句》成書時限考論〉,《中州學刊》,第 2 期(總第 122 期),2001 年 3 月。

68. 黃釗,〈簡論道家學術對我國古代科學技術和養生理論的重大貢獻〉,《管子學刊》,1997 年第 3 期,1997 年。

69. 楊儒賓,〈論管子〈白心〉、〈心術上下〉、〈內業〉四篇的精氣說與全心論——兼論其身體觀與形上學的連繫〉,《漢學研究》,第 9 卷第 1 期,1991 年 6 月。

70. 董平,〈淮南子形而上學探討〉,《杭州大學學報》(哲社版),第 19 卷第 3 期,1989 年 9 月。

71. 裘錫圭,〈稷下道家精氣說的研究〉,收錄於陳鼓應主編《道家文化研究》(第二輯),上海:上海古籍出版社,頁 167~192,1992 年 8 月。

72. 鄒登順,〈稷下道家精氣說的研究〉,收錄於陳鼓應主編《道家文化研究》(第二輯),上海:上海古籍出版社,頁 167~192,1992 年 8 月。

73. 雷建坤,〈從《老子想爾注》看神仙思想的宗教理論化〉,《北京行政學院學報》,第 6 期,2002 年。

74. 楊儒賓,〈從「生氣通天」到「與天地同流」——晚周秦漢兩種轉化身體的思想〉,《中國文哲研究集刊》,第 4 期,1994 年 3 月。

75. 鄔昆如,〈莊子的生死觀〉,《哲學與文化》,第 21 卷第 7 期,1994 年 7 月。

76. 廖德清,〈中國古代思想史上關於形神關係的論爭〉,《遼寧大學學報》(哲社版),第 4 期,1981 年 7 月。

77. 熊鐵基,〈從《呂氏春秋》到《淮南子》——兼論秦漢之際的新道家〉《文史哲》,第 2 期(總第 143 期),1981 年 3 月。

78. 蓋建民、詹石窗,〈道教醫學模式及其現代意義〉,《廈門大學學報》,第 1 期,1999 年。

79. 趙吉惠,〈淮南子與黃老之學理論體系的最後完成〉,《中國哲學史研究》,第 2 期,1989 年 4 月。

80. 劉光義,〈老莊養生哲學——從其對宇宙之至精論析〉,《東方雜誌》,22 卷第 1 期,1988 年 7 月。

81. 劉昭瑞,〈《老子想爾注》雜考〉,《敦煌研究》,2004 年第 5 期(總第 87 期),2004 年。

82. 蔡明田，〈莊子的養生觀念〉，《大陸雜誌》，71 卷第 5 期，1985 年 11 月。

83. 鄭杰文，〈中國古代養生觀說略〉，《文史哲》，第 2 期，1992 年 3 月。

84. 鄭燦山，〈《河上公注》成書時代及其思想史、道教史之意義〉，《漢學研究》，第 18 卷第 2 期，2000 年 12 月。

85. 鄭燦山，〈老子河上公注長生思想析論〉，《孔孟學報》，第 77 期，1999 年 9 月。

86. 鍾肇鵬，〈論精氣神〉，收錄於陳鼓應主編《道家文化研究》（第九輯），上海：上海古籍出版社，1996 年 6 月。

87. 魏敦友，〈生命的自我審視——《淮南子・精神訓》探微〉，《湖北大學學報》（哲社版），第 4 期（總第 80 期），1992 年 7 月。

四、博碩士論文（依作者姓氏筆順爲序）

1. 毛忠民，《莊子氣論思想研究》，私立輔仁大學哲學研究所博士論文，李振英指導，1997 年 12 月。

2. 王璟，《黃老思想治身治國一體之理論研究——以《淮南子》爲中心》，國立臺灣師範大學國文研究所碩士論文，陳麗桂先生指導，2001 年 6 月。

3. 林宣佑，兩漢《老子》注中之「道論」研究——以《河上公注》、《指歸》、《想爾注》爲例，私立輔仁大學哲學研究所碩士論文，陳福濱指導，2005 年 6 月。

4. 胡倩茹，《孔孟荀之養生論及其比較》，國立中正大學中文研究所博士論文，劉文起指導，2004 年 7 月。

5. 郭璟瑩，《魏晉名士養生思想研究——以養生成仙思想爲中心》，國立臺灣大學中文研究所碩士論文，張蓓蓓指導，1993 年 6 月。

6. 陳明恩，《氣化宇宙論主體架構的形成及其開展》，台北：私立淡江大學中國文學研究所碩士論文，李正治指導，1998 年 4 月修正稿。

7. 陳昭銘，《魏晉養生思想研究》，國立高雄師範大學國文研究所博士論文，蔡崇名指導，2006 年 7 月。

8. 董家榮，《《黃帝內經》養生思想研究》，國立臺灣師範大學國文研究所碩士論文，陳麗桂先生指導，2004 年 6 月。

五、譯著及外文論著（依作者姓氏筆順爲序）

1. 〔日〕小野精一等，氣的思想——中國自然觀和人的觀念的發展》，上海：人民出版社，1990 年 7 月。

2. 〔日〕石田秀實著、楊宇譯，《氣・流動的身體——中醫學原理與道教養生術》，台北：武陵出版社，1996 年 2 月。

3. 〔日〕坂出祥伸，《中國思想研究——醫藥養生・科學思想篇》，大阪：

關西大學出版部，平成 11 年 9 月。

4. 〔美〕克里斯蒂納・拉娜著，劉靖華、周曉慧譯，《巫術與宗教》，北京：今日中國出版社，1992 年 6 月。

5. 〔英〕李約瑟著、陳立夫等譯，《中國古代科學思想史》，（第十五冊）台北：臺灣商務印書館，1985 年。

6. 〔荷蘭〕高羅佩著、李零、郭曉惠等譯，《中國古代房內考——中國古代的性與社會》，台北：桂冠圖書股份有限公司，1991 年 11 月。

7. 〔荷蘭〕高羅佩著、楊權譯，《秘戲圖考》，廣東：廣東人民出版社，1992 年 7 月。

8. 〔德〕馬克斯・韋伯著、洪天富譯，《儒教與道教》，江蘇：人民出版社，1993 年 8 月。

9. 〔日〕丸山敏秋，古代中國醫學における心身の一側面——《內經醫學》の場合〉，《倫理學》，第 1 期，1983 年 3 月。

10. 〔日〕小林理惠，〈《淮南子》における治身，治國論と世界觀——「精神」を軸として〉《集刊東洋學》，60 期，1988 年 11 月。

11. 〔日〕版出祥伸，〈神仙思想の身體觀〉，《理想》，1983 年。

12. 〔日〕原田二郎，〈養生家の肉體表象について〉，《東方學》，72 期，1986 年 7 月。

13. 〔日〕森田傳一郎，〈「巫」より「醫」への展開について〉，《二松學舍大學人文論叢》17 期，1980 年 3 月。